粤港澳大湾区创新能力与创新效率评价研究

胡珊珊 著

中国财经出版传媒集团
中国财政经济出版社
·北京·

图书在版编目（CIP）数据

粤港澳大湾区创新能力与创新效率评价研究／胡珊珊著． -- 北京：中国财政经济出版社，2025.1

ISBN 978 - 7 - 5223 - 3758 - 6

Ⅰ. F124.3

中国国家版本馆 CIP 数据核字第 20252SE884 号

责任编辑：彭　波	责任校对：张　凡
封面设计：孙俪铭	责任印制：史大鹏

粤港澳大湾区创新能力与创新效率评价研究
YUEGANGAO DAWANQU CHUANGXIN NENGLI YU CHUANGXIN XIAOLÜ PINGJIA YANJIU

中国财政经济出版社 出版

URL：http：//www.cfeph.cn

E - mail：cfeph@ cfeph.cn

（版权所有　翻印必究）

社址：北京市海淀区阜成路甲 28 号　邮政编码：100142

营销中心电话：010 - 88191522

天猫网店：中国财政经济出版社旗舰店

网址：https：//zgczjjcbs.tmall.com

涿州汇美亿浓印刷有限公司印刷　各地新华书店经销

成品尺寸：170mm×240mm　16 开　13.75 印张　200 000 字

2025 年 1 月第 1 版　2025 年 1 月河北第 1 次印刷

定价：78.00 元

ISBN 978 - 7 - 5223 - 3758 - 6

（图书出现印装问题，本社负责调换，电话：010 - 88190548）

本社图书质量投诉电话：010 - 88190744

打击盗版举报热线：010 - 88191661　QQ：2242791300

前　　言

在21世纪的全球版图上,创新已成为推动国家与地区经济转型升级、实现可持续发展的核心引擎。粤港澳大湾区,作为中国开放程度最高、经济活力最强的区域之一,其创新能力与创新效率的持续提升,不仅是区域自身高质量发展的内在要求,也是国家参与全球竞争、构建新发展格局的重要支撑。在此背景下,本书《粤港澳大湾区创新能力与创新效率评价研究》应运而生,它不仅是对我博士研究工作的深化与拓展,同时也得到了广东省自然科学基金(2023A1515011616)和岭南师范学院人才专项(ZW2416)的资金支持。

一、研究缘起与意义

我的博士论文聚焦于区域创新体系的研究,试图通过理论构建与实证分析,揭示影响区域创新能力与创新效率的关键因素及其作用机制。在这一过程中,我深刻认识到粤港澳大湾区作为中国乃至全球创新网络中的重要节点,其独特的地理位置、丰富的创新资源、完善的产业链条以及开放的合作环境,为开展区域创新研究提供了得天独厚的条件。因此,将粤港澳大湾区作为研究对象,不仅有助于深化对区域创新规律的认识,还能为区域创新政策的制定提供科学依据,推动区域创新生态的优化与升级。

在博士论文的基础上,我结合广东省自然科学基金(2023A1515011616)项目的资助,进一步拓展和深化了研究内容。该项目旨在通过多维度、多层次的分析,全面评估粤港澳大湾区的创新能力与创新效率,探索提升区域创新能力的有效途径和策略。本书的撰写,正是这一研究过程的结晶,它不仅凝聚了我多年来的研究心血,也融入了项目团队的智慧与努力。

二、研究内容与框架

本书共分为七章,每章都紧密围绕粤港澳大湾区创新能力与创新效率这一核心主题展开。

第一章绪论,首先提出了研究问题的背景与意义,阐述了在当前全球化和区域一体化背景下,研究粤港澳大湾区创新能力与创新效率的重要性和紧迫性。接着,梳理了国内外关于创新能力、创新效率以及创新水平评价指标体系构建等方面的研究现状,明确了本研究的定位与贡献。最后,介绍了研究方案,包括研究内容、技术路线、研究方法以及可能的创新点。

第二章相关概念与理论基础,界定了城市群、合作、区域创新能力、区域创新效率等关键概念,并阐述了创新集聚理论、空间经济学理论、区域发展理论、产业分工理论以及合作创新理论等理论基础。这些概念和理论为后续的实证分析提供了坚实的支撑。

第三章至第五章是本书的核心部分。第三章粤港澳大湾区城市内部合作创新能力评价通过构建评价指标体系,运用因子分析等方法,对粤港澳大湾区各城市的内部合作创新能力进行了全面评估。第四章粤港澳大湾区城市内部合作创新效率分析则采用三阶段DEA模型和Malmquist指数分析等方法,深入剖析了各城市的创新效率及其变化趋势。第五章粤港澳大湾区城市间合作创新的空间演进则从空间维度出发,探讨了城市间创新合作的空间结构、动态演进及影响因素。

第六章提升粤港澳大湾区创新能力和效率的建议,基于前面的实证分析结果,从城市内部合作和城市间合作两个视角出发,提出了一系列提升区域创新能力和效率的政策建议。这些建议旨在促进创新资源的优化配置、加强产学研协同创新、优化创新环境等方面发挥积极作用。

第七章珠海横琴粤澳深度合作区实践是本书的案例研究部分。本章选取了珠海横琴粤澳深度合作区作为典型案例，深入剖析了其在高端制造业引领下产业结构优化升级的实践经验和制度安排。这一案例不仅展示了横琴合作区在区域创新中的独特贡献，也为其他地区提供了可借鉴的宝贵经验。

三、研究贡献与展望

本书在以下几个方面做出了贡献：一是构建了全面系统的粤港澳大湾区创新能力与创新效率评价指标体系；二是运用多种先进的计量方法和分析工具对区域创新能力和效率进行了深入剖析；三是提出了具有针对性和可操作性的政策建议；四是通过案例研究展示了区域创新实践的成功经验。

然而，创新是一个永无止境的过程。随着全球科技革命和产业变革的加速推进，粤港澳大湾区的创新发展也将面临新的挑战和机遇。因此，未来的研究需要继续关注区域创新的最新动态和趋势变化，不断优化和完善评价指标体系和分析方法，为区域创新政策的制定和实施提供更加科学、精准的支持。

总之，《粤港澳大湾区创新能力与创新效率评价研究》是我多年研究工作的结晶，也是广东省自然科学基金（2023A1515011616）项目的重要成果。我相信本书的出版将对推动粤港澳大湾区乃至全国的创新发展产生积极影响。同时我也期待更多的学者和专家能够加入这一研究领域中来共同为构建创新型国家和世界科技强国贡献力量。

胡珊珊

2024 年 10 月

目 录

第一章 绪论 ………………………………………………………………… 1
 第一节 问题的提出 ………………………………………………… 1
 第二节 研究意义 …………………………………………………… 4
 第三节 国内外研究现状 …………………………………………… 6
 第四节 研究方案 …………………………………………………… 26

第二章 相关概念与理论基础 …………………………………………… 33
 第一节 相关概念 …………………………………………………… 33
 第二节 理论基础 …………………………………………………… 38

第三章 粤港澳大湾区城市内部合作创新能力评价 …………………… 67
 第一节 粤港澳大湾区创新发展现状 ……………………………… 67
 第二节 分析方法、指标体系构建与数据处理 …………………… 72
 第三节 指标体系构建与数据处理 ………………………………… 74
 第四节 因子分析检验过程 ………………………………………… 76
 第五节 计算结果分析 ……………………………………………… 81

第四章 粤港澳大湾区城市内部合作创新效率分析 …………………… 87
 第一节 模型选择、指标选取与数据来源 ………………………… 87
 第二节 城市创新效率三阶段 DEA 分析 ………………………… 95

第三节　Malmquist 指数分析 ·· 108
　　第四节　创新水平的综合比较 ·· 114

第五章　粤港澳大湾区城市间合作创新的空间演进 ···························· 116
　　第一节　创新合作的基本情况 ·· 116
　　第二节　城市创新合作空间指标选取 ·· 118
　　第三节　城市创新合作空间结构 ··· 122
　　第四节　城市创新合作空间动态演进 ·· 129

第六章　提升粤港澳大湾区创新能力和效率的建议 ···························· 139
　　第一节　城市内部合作视角的建议 ·· 139
　　第二节　城市间合作视角的建议 ·· 140

第七章　珠海横琴粤澳深度合作区实践 ·· 150
　　第一节　实践背景 ··· 150
　　第二节　横琴粤澳深度合作区的环境分析 ·································· 151
　　第三节　高端制造业优化横琴产业结构的共生演进 ···················· 165
　　第四节　横琴产业结构合理化的趋势分析 ·································· 172
　　第五节　横琴产业结构高度化的趋势分析 ·································· 180
　　第六节　产业结构测度结果分析 ··· 186
　　第七节　横琴产业结构升级的制度安排 ···································· 190
　　第八节　政策保障 ··· 193

参考文献 ·· 202

第一章

绪　　论

第一节　问题的提出

自20世纪起,美国、日本、韩国和欧洲等国都非常重视科技创新,并取得了令人瞩目的成绩。中国在1978年改革开放后,也开始重视科技创新,并在进入21世纪后,不断加大科技投入[①]。中国2023年GDP总量为126.06万亿元人民币,人均GDP为8.94万元,折算总量17.70万亿美元,人均1.24万美元。2023年美国26.94万亿美元,人均GDP为8.01万美元,德国4.42万亿美元,人均5.28万美元,日本4.23万亿美元,人均3.39万美元,英国3.33万亿美元,人均4.89万美元,法国3.04万亿美元,人均4.63万美元,韩国1.70万亿美元,人均3.31万美元[②]。对比之下,中国的人均GDP与这些国家相比还有不小的差距。中国经济目前已经从高速增长进入高质量增长的阶段,要把经济结构和质量提升作为经济发展的主线,不再一味追求增速。

当下受到世界经济衰退的影响,交通、物流、贸易、旅游等行业备受影响,在经济下行压力陡增的背景下,中国如何转变经济增长方式已经到

[①] Lin, S. F., Xiao, L., & Wang, X. J. Does air pollution hinder technological innovation in China? A perspective of innovation value chain. *Journal of Cleaner Production*, Vol. 278, No. 1, 2021, pp. 1–12.

[②] 根据"世界银行"官网数据计算得出。

了攻坚克难时期。经济的发展需要新引擎，需要改变过去那种粗放型增长方式，需要提升创新在驱动经济发展的作用。创新已经成为一个国家最重要的战略，落在全局建设中的最核心位置，目的是提高综合国力和社会生产力。党的十九大报告中提到要坚定不移地走"创新、协调、绿色、开放、共享"五大发展理念，创新依旧被放在了首位，要加快建设现代化创新型国家。党的二十大报告提出，加快实施创新驱动发展战略坚持面向世界科技前沿、面向经济主战场、面向国家重大需求、面向人民生命健康，加快实现高水平科技自立自强。最近几年，中国的科技投入持续稳步增加，R&D 经费已经从 2010 年的 7062.6 亿元人民币，增加到 2022 年的 22143.6 亿元人民币，连续 6 年居世界第二位。2022 年 R&D 经费投入强度为 2.23%，比上年提高 0.09 个百分点。按研究与试验发展（R&D）人员全时工作量计算的人均经费为 46.1 万元，比上年增加 1.2 万元。从活动类型看，全国基础研究经费 1335.6 亿元，比上年增长 22.5%；应用研究经费 2498.5 亿元，增长 14.0%；试验发展经费 18309.5 亿元，增长 11.7%。基础研究、应用研究和试验发展经费所占比重分别为 6.0%、11.3% 和 82.7%[①]。

成绩斐然的同时，中国的创新质量和创新效率与世界其他发达国家还存在不小的差距。企业创新绩效指标排名还比较落后，这与国家对创新的高投入水平不相匹配。可以看出，创新成果产出的技术拉动作用不强，主要靠规模来维持，单位能耗和劳动生产率等绩效指标与发达国家存在较大差距。中国经济社会发展目前仍停留在投资驱动和要素驱动的阶段，产业发展质量还亟待改变。提高区域创新能力和创新效率是实现区域经济协调发展的根基，创新要素是当中最重要的战略资源，需要不断探究良好的创新型驱动的经济增长模式。

一、区域创新需要测度创新能力和创新效率

区域创新能力是一个地区将新知识转化为新产品、新工艺、新服务的

---

① 根据《中国统计年鉴》数据计算得出。

能力，其核心是促进创新主体间的互动和联系，表现为对区域社会经济系统的贡献能力。区域创新能力不等于科技能力，也不等于科技竞争力，但科技能力和科技竞争力是区域创新能力的基础。它不仅是区域经济获取竞争优势的决定性因素，而且也是解释地区经济繁荣程度差异的重要指标。区域创新系统在整个国家的创新系统内发挥着重要作用，目前形成的珠三角、长三角、京津冀等经济圈，也是为了可以打破区域内部的行政界线，做到生产要素的自由流动。城市群汇集了人力、物力、资金、技术、信息等重要资源，在区域创新中是重要的创新地理单元。城市自身的创新效率和城市之间要素流动的自由程度，决定了城市群整体的经济活力。因此，研究城市群的创新能力和创新效率，是区域经济发展的两个关键。以城市群为研究目标，有利于体现资源配置和产业集聚对创新效率的影响。强调创新对区域经济发展的贡献，各区域也结合自身资源禀赋形成了各具特色的创新系统，创新系统的主体包括政府、高校、科研院所、企业和中介等，这些主体共同作用，促进了区域科技创新能力和效率的提升。值得注意的是，由于区域之间经济发展基础差异性较大，创新资源不断向东南沿海集聚是不争的事实，这加剧了不同城市群之间发展的不平衡。

二、区域创新突出合作

党的十九大报告提出深入实施并加快建设创新型国家，在区域层面构建区域联动发展新机制，实现区域协调发展。基于合作角度出发，中国出台了一系列的区域发展规划政策。党的二十大报告进一步提出，到2035年，我国发展的总体目标是：经济实力、科技实力、综合国力大幅跃升，人均国内生产总值迈上新的大台阶，达到中等发达国家水平；实现高水平科技自立自强，进入创新型国家前列。2015年，中共中央政治局审议通过《京津冀协同发展规划纲要》，指出推动京津冀协同发展是一个重大国家战略，核心是有序疏解北京非首都功能，要在京津冀交通一体化、生态环境保护、产业升级转移等重点领域率先取得突破。2016年，国务院常务会议通过《长江三角洲城市群发展规划》，提出培育更高水平的经济增长极。

到 2030 年，全面建成具有全球影响力的世界级城市群。长三角的经济总量占中国的 20% 左右，在国际上横向比较，与整个印度相当。在这样的基础上，只要政府因势利导，到 2030 年长三角城市群完全有能力建设成和世界五大城市群（美国东北大西洋沿岸城市群、北美五大湖城市群、日本东海道城市群、欧洲西北部城市群、英国中南部城市群）并肩的世界级城市群。2019 年 2 月 18 日，中共中央、国务院印发了《粤港澳大湾区发展规划纲要》，要求充分发挥粤港澳地区的综合优势，深化粤港澳合作，推进粤港澳大湾区建设，高水平参与国际合作，提升在国家经济发展和全方位开放中的引领作用，为港澳发展注入新动能，保持港澳长期繁荣稳定[①]。区域内部城市群之间的合作已经是区域创新发展的抓手，高校、科研院所和高新技术企业跨主体的合作领域不断拓展，各种创新要素空间流动持续加强。伴随着创新资源的交换，创新合作网络成为创新活动的主要形式。各城市的创新主体开展了基于专利、论文、项目等方面的创新合作，提升了整个区域的创新活力，体现了创新绩效的发展水平。学界关注到了这一外在变化，并开始关注区域合作创新，但目前这方面的研究还比较薄弱。因此，如何发挥区域协同创新引导作用，优化合作创新网络，提升区域创新水平，将是未来一段时间的热点。

基于这样的背景，本书以粤港澳大湾区的 11 个城市为研究对象，将创新合作、创新能力、创新效率放在一个框架中进行研究。

第二节 研究意义

一、理论意义

区域创新能力和区域创新效率是区域经济和创新管理中的热点问题，

---

① Liu, Z. J., Chen, J. Development Strategy of Guangdong, Hong Kong and Macao Talent Cooperation Demonstration Zone in the New Period. *Science and Technology Management Research*, Vol. 39, No. 8, 2019, pp. 122 – 127.

高水平的创新能力和高效的创新效率能够持续提升区域经济发展质量，为协调区域内部创新资源的配置关系提供理论支撑。本书利用科学的研究方法，分析粤港澳大湾区 11 个城市的创新合作基础，并测度该区域的创新能力和创新效率，能够从城市间合作角度解析区域创新系统的运作机制。市域范围的创新水平结果将会直接反映各城市的创新绩效，有助于探索创新主体和环境之间的相互作用关系，也有助于丰富现有的区域创新系统理论。另外，粤港澳大湾区各地市的创新资源分布不均，创新主体的能力不等，整体创新发展将会受到这些不利因素的影响。伴随着科技创新复杂性不断加大的背景，传统带有"路径依赖"式的创新模式已经不能适应今天协同创新和区域发展的内在要求。创新价值链的前后环节为创新主体提供了延伸式的发展，如反馈效应、外溢效应和循环效应等，也将成为未来研究的新方向。区域创新理论被运用在新经济地理学理论中，为两个学科之间的融合嫁接了桥梁。本书将重点研究研发创新和生产创新之间的关系，通过创新价值链和空间合作视角，对城市间的创新能力和创新效率进行分析。通过对城市间创新资源的不平衡性进行研究，有助于丰富创新效率空间传导机制的研究视角，能够为建设粤港澳大湾区创新系统提供有力的建设方案，构建多尺度下的创新外溢研究理论框架，能够更好地丰富中国实践下的区域创新系统理论。

二、现实意义

中国经济发展已经从高速增长向高质量发展转变，粤港澳大湾区创新能力不仅可以作为中国经济增长的重要一极，同时也为衡量地区经济发展质量作出重要贡献。中国各区域发展不平衡的状况极为突出，东南沿海集聚了大量的人才、产业、资金，而西北内陆则处于创新资源匮乏的状态，协同创新合作的难度仍然较大。优化创新资源在地理空间上的配置，促进区域之间的创新活动交流与合作，创新能力和创新效率的提升不言而喻。基于此，本书的研究可能具有以下现实意义：首先，创新能力和创新效率具有空间差异，通过分析产生这些差异的结构化原因，能够更有针对性地制订相应政策措施,进而构建区域创新系统,优化创新发展环境。其次,创新价值链增值需要各个城市的积极参与,需要各个环节的共同努力,厘清价值链上各城市创新主体间合作机制。衡量粤港澳大湾区创新合作网络结构特征,通过粤港澳大湾区城市间合作专利数据,分析创新合作网络的特征,发现位于网络核心的关键节点城市、次级周边次级核心城市及相关性特征。这将可以有效分析创新效率、创新能力和创新合作之间的影响机理,加强创新效率提升的路径选择。最后,在分析粤港澳大湾区创新效率结构特征的基础上,从合作角度提出协同发展的对策建议,为创新资源优化布局、制订差异化政策提供实证依据。除了有助于湾区内的创新发展外,研究还将为中国其他区域城市群的创新合作提供可复制的成功模式。

第三节 国内外研究现状

一、创新能力方面的研究

关于创新能力的研究起源于20世纪三四十年代,熊·彼得(Schumpeter)认为企业家精神是创新成功的关键因素[①]。伴随着城市融入全球化进程中,20世纪90年代,对城市创新方面的学者越来越多。阿卡尔(Akar,1991)指出,城市竞争环境已经伴随知识技术发展变得越发复杂,创新主体为了适应新的环境,必须寻求新的经济增长方式,打破原来的发展模式[②]。寇恩等(Cohen et al.,1992)在生产函数中引入主流知识理论模型,将创新活动看作投入和产出双向过程。他们认为科研经费投入和研发人员投入是主要投入,创新产出受到投入结构和投入规模的影响。投入

---

① King, R. G., Levine, R. Finance and Growth: Schumpeter Might Be Right. *The Quarterly Journal of Economics*, Vol. 108, No. 3, 1993, pp. 717 – 737.

② Akar, E. O. The Functions of Intermediate – Sized Cities in Innovation Diffusion and National Socio – Economic Development in Developing Countries. *African Urban Quarterly*, Vol. 6, No. 3 – 4, 1991, pp. 175 – 184.

结构越合理产出越大，投入规模越大产出也越大①。库克（Cooke，1996）对区域创新系统进行了详细说明，认为上层建筑和基础设施投入是区域创新体系能力的基础②。不少研究基于要素视角对创新能力进行了研究，生产要素跨区域流动成为创新能力提升的重要路径（Fujita et al.，1996）③，产业集聚为外生经济发展奠定基础，也就是说，产业要素活化和产业集聚才是创新能力的本质（Paci et al.，1999）④。因此，产业集聚和创新主体集聚成为创新能力提升的基础，也成为创新集聚的条件。

（一）创新系统构建与创新能力

进入21世纪后，学界开启了城市创新能力研究的高潮。一部分学者关注于创新系统的研究，昂格尔（Unger，2000）提出了在创新系统中设置竞争能力、联系与协同、规模效应等12个指标，构建创新系统的评价指标体系⑤。弗里奇（Fritsch，2001）等研究了区域经济发展中城市创新系统、路径依赖、现实矛盾等问题⑥；佛罗里达（Florida，2002）从高科技、高素质劳动力、要素多样化的角度设立了创新系统的指标，构建反映创新能力的指标体系⑦。翰尔（Haner，2002）及其研究团队深入探索了柏林、法兰克福、巴黎等欧洲重要城市的创新系统，旨在揭示这些城市内部创新能力与创新系统之间的内在联系。通过对这些城市创新活动的细致分析，他们

---

① Cohen, W. M., Klepper, S. The anatomy of industry of R&D intensity distribution. *American Economics Review*, Vol. 82, No. 4, 1992, pp. 773 – 799.

② Cooke P., Uranga, M. G., & Etxebarria, G. Regional Systems of Innovation: an Evolutionary Perspective. *Environment and Planning*, Vol. 30, No. 9, 1998, pp. 1563 – 1584.

③ Fujita, M. Development, geography, and economic theory – Krugman, P. *Journal of Economic Literature*, Vol. 34, No. 4, 1996, pp. 2003 – 1584.

④ Paci, R., & Pigliaru, F. Is dualism still a source of convergence in Europe? *Applied Economics*, Vol. 31, No. 11, 1999, pp. 1423 – 1436.

⑤ Unger, B. Innovation Systems and Innovative Performance: Voice Systems. *Organization Studies*, Vol. 21, No. 5, 2000, pp. 941 – 969.

⑥ Fritsch, M. Co – operation in regional innovation systems. Regional Studies, Vol. 35, No. 4, 2001, pp. 297 – 307.

⑦ Florida, R. The Economic Geography of Talent. Annals of the Association of American Geographers, Vol. 92, No. 4, 2002, pp. 743 – 755.

发现，一个城市的创新能力并非孤立存在，而是与其创新系统的发展状况紧密相连。创新系统作为城市创新活动的载体与支撑，通过整合各类创新资源、促进创新主体间的互动与合作，为城市创新能力的提升提供了坚实的基础①。当将国家创新系统视为一个综合性整体进行深入探讨时，政治关联因素往往难免渗透其中，这可能在一定程度上干扰研究的客观性与准确性，进而对研究结果的可信度构成潜在挑战（Isaksen，2017）②。近年来，学者转而聚焦于地方性区域，将其视为独立的创新单元。他们深入探究这些区域内的创新系统，以期在更微观、更具体的层面上揭示创新活动的本质与规律，从而提升研究的准确性和实用性（Asheim，2019）③。阿图罗（Arturo，2019）指出创新已成为区域经济学研究的核心议题，面对经济危机、全球化进程及全球变暖等复杂挑战，区域经济的持续发展越发倚重内部的创新驱动力。通过激发区域内部的创新活力，成为应对外部不确定性、推动经济转型升级的关键路径④。创新系统研究多聚焦于促进经济价值的技术创新，却往往忽略了宏观层面的社会问题，如社会技术的培育与扩散，以及伴随而来的环境挑战等。这些问题同样重要，需得到更多关注，以实现创新与社会的全面、可持续发展（Ghazinoory et al.，2020）⑤。禹（WOO，2021）基于绿色银行理念构建的创新系统，鼓励企业围绕自身市场定位强化创新能力。通过产品、需求、定价、分销及标签五大策略体系，详细规划运营细节，确保企业能在环保与创新间找到平衡，实现可持

---

① Haner, U. E. Innovation quality – a conceptual framework. *International Journal of Production Economics*, Vol. 80, No. 1, 2002, pp. 31 – 37.

② Isaksen, A., Trippl, M. Innovation in space: The mosaic of regional innovation patterns. *Oxford Review of Economic Policy*, Vol. 33, No. 1, 2017, pp. 122 – 140.

③ Asheim, B. T. Smart specialisation, innovation policy and regional innovation systems: what about new path development in less innovative regions? *Innovation: The European Journal of Social Science Research*, 32（1）: Vol. 32, No. 1, 2019, pp. 8 – 25.

④ Arturo, V., Mike, C. A comprehensive framework to research digital innovation: The joint use of the systems of innovation and critical realism. *The Journal of Strategic Information Systems*, Vol. 28, No. 3, 2019, pp. 242 – 256.

⑤ Ghazinoory, S., Philips, F., Masoud A. M., & Bigdelou, N. Innovation lives in ecotones, not ecosystems. *Journal of Business Research*, Vol. 135, 2021, pp. 572 – 580.

续发展①。金孝渊等（Yun et al., 2019）分析了韩国在第四次工业革命浪潮中，航空航天、传统制造等行业既面临转型压力也迎来创新机遇。通过对 2001~2014 年专利数据的深度剖析，他们设定了韩国区域创新系统构建的评估指标，对比分析了前三次工业革命与当前工业革命在效应上的差异，为韩国把握创新机遇、应对挑战提供了有益参考②。金永晋（Kim, 2020）认为韩国通过精准干预技术发展，完善了创新系统架构，确保了区域创新能力的稳步提升。他们推行的 FRI 具有明确的目标导向性，旨在促进技术创新与产业升级。然而，当前韩国在这一领域的实践尚缺乏广泛的先进经验借鉴，需要进一步探索与总结，以持续优化创新体系。③。周博文（2017）采用负二项分布法分析中国华南地区创新能力，结果显示，区域市场化程度对创新体系的构建至关重要。为优化创新环境，建议政府间加强合作，打破城际壁垒，促进资源流动与共享，共同推动区域创新能力的全面提升，为经济高质量发展注入强劲动力④。陈立泰（2019）基于中国各省（区、市）的数据分析，发现区域创新能力受多重因素影响，包括研发投入力度、政府教育经费的支持、人均国内生产总值的水平、市场化进程的指数以及技术市场交易合同的规模。因此，要增强创新体系的整体效能，需要采取多元化策略，综合考量这些因素，从加大科研投入、优化教育资源配置、促进经济增长、深化市场改革及活跃技术交易等多个维度着手。⑤ 苏屹（2020）为探究知识聚合如何影响区域创新能力，从自有知识积累与知识流动两个维度建立了评估体系，并利用 2009~2015 年中国 30 个省级行政区的面板数据，结合永续盘存法与熵权法量化知识聚合水平。

---

① Woo, E. J. The Relationship between Green Marketing and Firm Reputation: Evidence from Content Analysis, *The Journal of Asian Finance. Economics and Business*, Vol. 8, No. 4, 2021, pp. 455 – 463.

② Yun, J. J., Lee, M., Park, K., Zhao, X. Open Innovation and Serial Entrepreneurs. *Sustainability*, Vol. 11, No. 18, 2019, pp. 5055.

③ Kim, Y. J., Lee, D. H. Dynamic patterns of technological innovation in magnesium alloys in the Korean automotive industry. *International Journal of Technology Management*, Vol. 90, No. 1 – 2, 2022, pp. 28 – 53.

④ 周博文、张再生：《基于 DEA 模型的我国众创政策效率评价》，载于《财经科学》2017 年第 9 期。

⑤ 陈立泰、蔡吉多：《城市群创新能力的区域差距及空间相关性分析》，载于《统计与决策》2019 年第 22 期。

进一步地，我们实证分析了知识聚合对创新能力的作用及其地域差异，以期揭示知识聚合在推动区域创新中的具体作用①。綦良群（2023）从组织网络理论与创新互动视角，构建了区域装备制造业与生产性服务业融合影响装备制造企业创新成效的理论框架。以中国东北的代表性装备制造企业为实证对象，检验了产业融合要素与创新绩效的关联，并探究了网络特性变化下此关系的动态演变，同时深入分析了装备制造业内部能力对创新绩效的调节作用②。孙凯（2021）采用 2007～2015 年中国 31 个省（区、市）的面板数据，借助空间滞后（SAR）、空间误差（SEM）及空间杜宾（SDM）模型，从行政推动、市场驱动、金融支持、对外开放与本土资源五大方面，深入剖析了它们对区域创新能力的综合影响，并实施了灵敏度分析。结果显示，这五大力量均为区域创新能力提升的关键因素③。

（二）创新能力的影响因素

区域创新能力影响因素的研究主要集中在外生性和内生性两个方面。从外生性方面，众多研究集中在外商直接投资（FDI）对创新能力的影响关系。卡沃斯（Caves, 1974）基于对澳大利亚产业数据的深入剖析，早期研究探索了外商直接投资（FDI）与经济溢出效应之间的联系。研究结果显示，行业内外资企业的占比与本土企业生产效率之间存在显著的正相关性，有力佐证了 FDI 对于促进经济正向溢出效应的重要作用，揭示了 FDI 在推动区域经济发展中的积极影响④。罗伯特（Robert, 2019）采用 C – D 面板门槛模型，将金融发展水平设为门槛变量，对美国 2000～2017 年的外商直接投资（FDI）数据进行了考察。研究揭示，FDI 对创新能力的推动作用呈现双门槛特征，即仅当金融发展水平跨越特定阈值后，FDI 方能显著

---

① 苏屹、李丹：《能源产业集聚与绿色创新绩效的空间效应研究》，载于《科研管理》2022 年第 6 期。
② 綦良群、肖雪：《服务化对先进制造企业 GVC 升级的影响研究——动态能力的中介作用》，载于《科技管理学报》2023 年第 6 期。
③ 孙凯：《中国区域创新能力影响因素灵敏度分析》，载于《数理统计与管理》2021 年第 3 期。
④ Caves, R. E. Multinational Firms, Competition, and Productivity in Host – Country Markets. *Economica*, Vol. 41, No. 162, 1974, pp. 176 – 93.

激发创新能力的提升，表明金融环境的优化是 FDI 发挥创新激励效应的关键前提①。特罗特（Trott，2017）针对英国包装食品行业的外商投资分析显示，外商直接投资（FDI）主要促进了销售规模的扩大，但对行业创新能力的实质性提升并未产生显著影响，表明在该特定行业中，FDI 对创新的推动作用有限②。金成焕（Kim，2023）指出，2000～2013 年数据显示，外资对韩国创新能力有显著正面溢出，体现在专利申请数量的增加上。然而，从地区层面分析，触发 FDI 溢出效应的门槛值呈现区域差异性，表明不同地区的创新环境对外资溢出的响应不同③。赵慧琳（Choi，2023）基于韩国制造业企业数据，研究发现 FDI 对韩国生产率有溢出效应，且企业的创新吸收能力能增强这一正面效应，同时有效减轻潜在的负溢出影响，显示出创新吸收在优化 FDI 效应中的关键作用④。冉启英（2020）采用2006～2018 年中国省级面板数据，研究多渠道国际技术溢出及制度优化对区域创新的影响，构建动态门槛模型发现，FDI、OFDI 及对外贸易在特定制度环境下对区域创新能力具有非线性促进作用。研究结果显示，这三种国际技术溢出方式均存在明显的制度门槛效应，当制度环境迈入更高层次后，它们对区域创新能力的促进作用显著加强⑤。雷淑珍（2021）认为，外商直接投资（FDI）是驱动东道国技术创新的关键力量。"市场失灵"现象为政府介入创新活动提供了理论依据。不同类型的 FDI 对区域创新能力具有显著的非线性提升作用。为促进区域创新能力的增强，可以灵活调整各地政府的财政干预力度，通过优化外资引入结构，实现外资资源的有效配置与利用。

---

① Robert J. G. Declining American economic growth despite ongoing innovation. *Explorations in Economic History*. Vol. 69, 2018, pp. 1 – 12.

② Paul, T., Chris, S. An examination of product innovation in low – and medium – technology industries: Cases from the UK packaged food sector. *Research Policy*, Vol. 46, No. 3, 2017, pp. 605 – 623.

③ Kim, S. H., Jun, B. & Lee, JD. Technological relatedness: How do firms diversify their technology? *Scientometrics*, Vol. 128, 2023, pp. 4901 – 4931.

④ Choi, H., & Chung, J. Protection of intellectual property rights (IPRs) and multinational firm boundaries: An examination of Korean firms'exports to affiliates. *Asian Journal of Technology Innovation*, Vol. 32, No. 2, 2023, pp. 246 – 273.

⑤ 冉启英、张晋宁：《多渠道国际技术溢出对区域创新能力的影响研究——基于制度环境视角》，载于《工业技术经济》2020 年第 5 期。

这样的策略有助于平衡引资质量与数量，为区域创新能力的持续提升创造有利条件①。

内生性方面的研究，如弗里曼（Freeman，1973）通过对比分析成功与失败的创新尝试，发现国家创新系统在提升创新能力方面扮演着至关重要的角色。这些特征性的衡量标准揭示了创新系统对于推动创新成功、克服创新障碍的重要性②。范思培根（Verspagen，1992）研究综述了创新内生性的相关理论，并参考新古典主义文献，对比经济增长理论的主要结论与新古典模型。结果显示，政府在促进经济增长的内生性创新过程中扮演了核心角色。他对这一新发现进行了深入剖析与客观评价，揭示了政府在创新体系中的关键作用③。权薛秉（Kwon，2020）基于54个国家过去15年的专利数据，研究发现，当一国居民更倾向于为本国发明寻求外国专利保护时，其人均财富水平往往更高。这表明，利用外国知识产权制度促进技术国际化和商业化，不仅有助于开拓海外市场，还能进一步推动国民经济的广泛增长④。李书静等（Lee Seo - Jeong et al.，2017）以韩国世宗市为例，研究发现仅通过城际搬迁中央行政机构难以驱动城市可持续发展。他们建议从内部增长动力出发，吸引大学、企业及研究机构，构建创新集群，增加高质量创新平台，以获取竞争优势。这些举措对于建立可持续的技术基础设施、激发创新内生性至关重要⑤。徐准民等（Seo Jeong - Min et al.，2021）分析了韩国实施的公共机构迁移政策旨在分散首尔功能至其他省份。对14个创新城市的分析显示，13个城市中心性增强。然而，对于已是大城市的大邱、釜山、蔚山等地，影响有限。这一发现揭示了创新均衡发展

---

① 雷淑珍、高煜、刘振清：《政府财政干预、异质性 FDI 与区域创新能力》，载于《科研管理》2021 年第 2 期。

② Friedman, M. Facing Inflation. *Challenge*, Vol. 16, No. 5, 1973, pp. 29 – 37.

③ Verspagen, B. Endogenous innovation in neoclassical growth models: A survey. *Journal of Macroeconomics*, Vol. 14, No. 4, 1992, pp. 631 – 662.

④ Kwon, S. How does patent transfer affect innovation of firms? . *Technological Forecasting and Social Change*, Vol. 154, 2020, pp. 119959.

⑤ Lee, S. J., Lee. E. H., Oh, D. S. Establishing the Innovation Platform for the Sustainable Regional Development: Tech - Valley Project in Sejong city, Korea. *World Technopolis Review*, Vol. 6, No. 1, 2017, pp. 5.1 – 5.12.

具有内在的自然趋势，即特定地区的创新增长可能难以通过外部政策完全改变①。王益民（2009）运用协同演化理论，构建了一个分析框架，旨在探讨企业组织层面与地理空间层面能力构型、交易成本及治理机制间的互动关系，进而解析内生性全球价值链治理模式。此框架不仅弥补了全球价值链分析范式的不足，还深化了对发展中国家在国际化进程中当地集群升级内在逻辑的理解，为相关研究和实践提供了有力支持②。史丹（2019）构建了一个融合创新模式、产业结构与经济增长的理论框架，旨在分析异质性互联网式创新的影响。他将成功跨越"中等收入陷阱"的25个国家设为P组，而未跨越或长时间未跨越的25个国家设为T组，以此为样本，利用面板数据模型深入探索互联网式创新、产业结构与经济增长之间的内生性联系。研究发现，在创新动力不足的情况下，服务业若过度超前于制造业发展，可能导致产业结构早熟，进而对经济持续增长产生负面效应。这一发现为理解不同国家经济成长路径的差异提供了新的视角③。林辉（2021）指出区域创新的内生动力受融资结构与行业集中度影响。高负债企业倾向于采取低成本策略，而低负债企业则更偏好创新驱动。相较于高集中度行业，低集中度行业中高负债企业更倾向低成本战略，对创新驱动发展战略持更为排斥的态度，揭示了不同融资与行业结构下企业创新策略的差异④。

（三）不同主体创新能力运用

柯尼科尔（Knickel，2009）在商业创新能力评估上建立了一套全面的体系，用以追踪创新路径。研究揭示，创新既包含能力提升也涉及能力破

---

① Seo, J. M., Tan, L. S., Baek, J. B. Defect/Edge – Selective Functionalization of Carbon Materials by "Direct" Friedel – Crafts Acylation Reaction. *Advanced Materials*, Vol. 29, No. 19, 2017, pp. 1606317.
② 王益民、王艺霖、程海东：《高管团队异质性、战略双元与企业绩效》，载于《科研管理》2015年第11期。
③ 史丹、叶云岭、于海潮：《双循环视角下技术转移对产业升级的影响研究》，载于《数量经济技术经济研究》2023年第6期。
④ 林辉、朱珍珍、陈宝敏：《创新驱动抑或低成本战略——基于融资结构与行业集中度视角的实证检验》，载于《中国经济问题》2021年第1期。

坏，核心能力的构建源于内部整合与外部吸纳。创新往往打破既有平衡，催生新能力。通过结构化分析方法，研究评估了不同类型创新在时间及商业成功方面的效应，为理解创新如何驱动企业成长提供了新视角[1]。史密瑟斯（Smithers，2001）针对安大略省大豆种植者的研究显示，气候变化对粮食生产构成严峻挑战。为应对这一挑战，建议通过技术创新促进农业生产适应气候变化，减轻农业对全球环境的负面影响。农场主采用先进的农业技术，不仅提升了农业生产效率，还在创新能力方面取得了显著成效，为实现农业可持续发展提供了有力支撑[2]。戴杜拉（Dadura，2011）对中国台湾地区食品行业分析发现，企业满足消费者需求的能力关键在于其创新能力及以竞争力价格推出新品的能力。该行业通过一系列创新因素的成功运用，树立了行业标杆。这些创新实践不仅展示了台湾地区食品业的卓越表现，也为其他食品公司及不同国家和地区的各行业提供了宝贵的参考与借鉴，有助于推动全球食品行业的创新发展[3]。霍瑟罗（Hausera，2018）认为，在区域城市经济发展中，应用单一创新指标与综合指标体系进行对比分析，结果显示，综合指标体系在评估创新能力提升方面更具实用价值。单一指标仅聚焦于知识创新的某一维度，难以全面反映整体变化。因此，制订旨在促进创新能力提升的政策时，采用综合指标体系能更准确地把握全局动态，为政策制定提供科学依据[4]。祖克曼（Zuckerman，2023）在社区治理中引入创新能力评价，基于创新扩散理论，采用RFID定价系统分析，凸显了政府信息资源提供与过程监管的关键作用。研究发现，社区主导治理模式在构建创新环境体系中能有效促进可持续创新的采纳。这一模

---

[1] Knickel, K., Brunori, G., Rand, S., Proost, J. Towards a Better Conceptual Framework for Innovation Processes in Agriculture and Rural Development: From Linear Models to Systemic Approaches. *The Journal of Agricultural Education and Extension*, Vol. 15, No. 2, 2009, pp. 131–146.

[2] Smithers, J., Blay-Palmer, a. Technology innovation as a strategy for climate adaptation in agriculture, *Applied Geography*, Vol. 21, No. 2, 2001, pp. 175–197.

[3] Dadura, A. M., Lee, T. R. Measuring the innovation ability of Taiwan's food industry using DEA. *Innovation: The European Journal of Social Science Research*, Vol. 24, No. 1–2, 2011, pp. 151–172.

[4] Hauser, C., Siller, M., Schatzer, T., Walde, J., Tappeiner, G. Measuring regional innovation: A critical inspection of the ability of single indicators to shape technological change. *Technological Forecasting and Social Change*, Vol. 129, 2018, pp. 43–55.

式强调社区在创新过程中的主导地位，为社区治理创新提供了新路径①。柴国生（2021）指出新一轮科技革命引领乡村发展步入创新驱动新阶段。以实际需求为指引，实施科技精准供给，加速技术迭代应用，可迅速缩小技术差距，强化科技引领效应，促进乡村全面与城乡均衡进步。构建需求导向的科技研发、精准供给及转化服务体系，依托自主创新与高技术供给，协同推动内生增长与绿色循环发展，是科技赋能乡村振兴的有效路径②。王智毓（2020）针对科技服务业的创新能力研究，采用1997~2019年数据进行了中介效应分析，揭示了技术创新的作用机制。研究指出，国际技术引进与国内研发要素投入是提升技术创新能力的两大路径。其中，国际技术引进在促进技术创新路径中的中介效应尤为显著，为科技服务业的创新能力提升提供了重要启示③。实施创新驱动发展战略需要强化科技服务业的协同作用，构建多元化科技服务体系，并探索新型国际技术引进模式，以优化创新资源配置，推动创新驱动发展战略的高效落实。

二、创新效率方面的研究

创新效率机理研究聚焦于探索创新资源投入与产出间的转换关系，旨在揭示创新活动高效运作的内在规律与影响因素。众多学者从多角度深入探究，为理解创新效率提供了宝贵视角。创新资源的优化配置是提升创新效率的关键，涵盖人才、资金、技术及设备等关键因素。合理的资源配置能够确保创新活动顺畅运行，为高效创新奠定基础。通过精准匹配各项资源，可最大化激发创新潜力，推动创新活动迈向更高层次。黄寰等（2024）指出创新资源的优化配置能显著降低创新成本，提升产出质量与

---

① Zuckerman, E., Rajendra‑Nicolucci, C. From Community Governance to Customer Service and BackAgain: Re‑Examining Pre‑Web Models of Online Governance to Address Platforms'Crisis of Legitimacy. *Social Media + Society*, Vol. 9, No. 3, 2023, pp. online.
② 柴国生：《技术创新对经济增长驱动作用差异性实证研究——以河南省为例》，载于《创新科技》2018年第1期。
③ 王智毓、冯华：《科技服务业发展对中国经济增长的影响研究》，载于《宏观经济研究》2020年第6期。

数量。引进和培养高端人才可增强技术水平和创新能力；增加创新资金投入确保活动顺利进行；引进先进设备和技术则能提高效率和成功率。这些举措共同推动创新活动的高效发展[①]。对于创新效率评价的研究，主要集中在从静态评价创新效率现状和从动态评价创新效率趋势两个方面。

（一）静态评价创新效率

学者们采取静态评价创新效率的研究主要有 SFA（Stochastic Frontier Analysis）和 DEA（Data Envelopment Analysis）两种方法。其中，SFA 方法最早由 Meeusen 和 Van den Broeck（1977）在利用截面数据使用 C－D 函数时提出改种方法[②]。DEA 方法首次出现是由查恩斯等（Charnes et al.，1978）在评估非营利实体参与公共项目时，综合考量多输入多输出单元的影响，构建了线性规划模型的等价形式以评价公共管理行为。通过引入工程方法，增强了经济评估与实际操作的关联性，为提升公共项目的管理效率提供了新视角[③]。三人提出的模型是一种固定规模效益状态，即 CCR 模型，其中包含规模效率成分的影响。班克等（Banker et al.，1984）为消除规模效率中的负面干扰，采用剔除规模可变 BCC 模型的方式，将技术效率细分为纯技术效率与规模效率[④]。值得注意的是，查恩斯等提出的 DEA 方法，专注于单阶段投入产出效率研究，故也称为一阶段 DEA 模型。然而，一阶段方法在分析技术创新效率时存在局限，它无法将每个松弛变量视为独立"黑箱"，导致研究者在关注创新投入产出时，往往忽略了环境因素、转换损耗等关键信息。这种忽略可能会对 DMU（决策单元）效率测度造成偏差，无法准确揭示 DMU 无效的根本原因，从而影响了对技术创新效率全

---

① 黄寰、黄辉、肖义等：《产业结构升级、政府生态环境注意力与绿色创新效率——基于中国 115 个资源型城市的证据》，载于《自然资源学报》2024 年第 1 期。

② Meeusen, W., van den Broeck, J. Technical efficiency and dimension of the firm: Some results on the use of frontier production functions. *Empirical Economics*, Vol. 2, 1977, pp. 109 – 122.

③ Charnes, A., Cooper, W. W., Rhodes, E. Measuring the efficiency of decision making units. *European Journal of Operational Research*, Vol. 2, No. 6, 1978, pp. 429 – 444.

④ Banker, R. D., Charnes, A., Cooper, W. W. Some models for estimating technical and scale inefficiencies in data envelopment analysis. *Management science*, Vol. 30, No. 9, 1984, pp. 1031 – 1142.

面而深入的理解。为应对一阶段 DEA 在测度创新效率时的偏差，Seiford 和 Zhu（1999）对美国前 55 家商业银行进行了二阶段分析，将绩效指标细分为盈利能力和市场竞争力两个维度。然而，在对比二阶段与一阶段 DEA 结果时，两者并未展现出显著差异，这表明二阶段 DEA 模型在反映银行真实创新效率方面仍存在局限。尽管尝试通过分解绩效指标来深入剖析，但二阶段方法未能充分捕捉创新过程中的复杂因素，导致效率值评估仍不够精确，未能有效揭示创新效率的真实面貌[①]。Fried（2002）通过开创性的三阶段 DEA 研究，成功解决了创新效率评估中环境干扰与无效冗余的问题，为准确衡量创新活动的真实效率提供了更为精确和全面的方法[②]。

后来大量学者利用 SFA 和 DEA 的方法进行了应用研究。蔡（Cai，2011）运用 DEA 方法分析金砖四国与七国集团共 22 国的创新效率，结果显示，金砖国家创新系统效率差异显著，受 ICT 基础设施、企业研发、市场环境等多重因素影响。金砖国家处于粗放型经济增长阶段，创新管理水平相对较低，对自然资源依赖较重。这些发现揭示了金砖国家在创新效率上的复杂性与挑战，为其提升创新能力提供了重要参考[③]。科特斯米尔（Kotsemir，2017）综合评述了采用 DEA 技术对 11 国创新系统效率的跨国实证研究，揭示了变量与国家样本的一般趋势及差异，并通过可视化手段阐释了 DEA 方法的逻辑。研究总结了 DEA 方法的主要优势，并指出了应用中需关注的问题，为创新效率评估提供了有益指导[④]。金艺玲（Kim Ye-Jung，2019）基于 2010～2017 年 52 家电力公司的数据，运用 DEA 模型进行生产率指数分析，评估了企业生产能力变化趋势。通过问卷调查获取了可靠数据，将劳动力、费用和总资本作为投入指标，销售额和利润作为产

[①] Seiford, L. M., Zhu, J. Infeasibility of Super-Efficiency Data Envelopment Analysis Models. *INFOR: Information Systems and Operational Research*, Vol. 37, No. 2, 1999, pp. 174–187.

[②] Fried, H. O., Lovell, C. A. K., Schmidt, S. S., & Yaisawarng S. Accounting for Environmental Effects and Statistical Noise in Data Envelopment Analysis. *Journal of Productivity Analysis*, Vol. 17, 2002, pp. 157–174.

[③] Cai, Y. Factors Affecting the Efficiency of the BRICSs' National Innovation Systems: A Comparative Study Based on DEA and Panel Data Analysis. *Economics Discussion Paper*, Vol. 52, No. 2, 2011, pp. 2–25.

[④] Kotsemir, M., Shashnov, S. Measuring, analysis and visualization of research capacity of university at the level of departments and staff members. *Scientometrics*, Vol. 112, 2017, pp. 1659–1689.

出指标,为电力企业的效率评价提供了科学依据①。金俊铉(Kim Jun - Hyun,2020)指出政府增加财政研发预算,提升了国家创新效率。基于 2010~2015 年农业研发项目数据,分析显示技术、纯技术及规模效率受研发资源、水平及项目差异影响。他建议通过改善市场条件、降低管理成本、应对农村人口老龄化等措施,进一步优化创新效率②。王飞航(2019)采用 DEA 与 SFA 模型,测算中国 30 省(区、市)创新效率及高技术服务业集聚影响。结果显示,中国创新效率整体偏低,研发效率高于转化效率,且呈"两极分化"趋势。高技术服务业集聚与创新效率呈非线性"U"形关系,低中度集聚促进创新效率,高度集聚则抑制。此外,该产业集聚在低中度经济发展水平下抑制创新效率,而在高经济水平下则促进创新效率,表明其与经济发展水平密切相关③。徐建中(2021)采用改进的 J - SBM 三阶段 DEA 模型分析 2006~2015 年中国面板数据,揭示了区域低碳创新网络效率的影响机制及优化路径,直面低碳创新领域的"黑箱"挑战。研究发现,中国区域创新效率普遍被低估,一线城市引领创新前沿,其余地区潜力巨大。象限图显示,多数区域陷入"低投入低效率"困境,亟待通过优化资源配置、提升创新能力实现转型升级。④

(二) 动态评价创新效率

为了刻画创新效率的动态发展,学者们引入了 Malmquist 指数方法,Malmquist 指数起源于 1953 年由斯特恩·马尔奎斯特(Sten Malmquist)提出的缩放因子⑤。巴罗(Barro,1992)引入 α 收敛与 β 收敛概念及方程,

---

① Kim, Y. J., Park, S. B. A Study on the Effects of SNS Informativeness, Playfulness and Reliability on Purchase Intention and Business Performance. *Management & Information Systems Review*, Vol. 38, No. 3, 2019, pp. 113 - 125.

② Kim, J. H., Lee, B. S. Efficiency of Analysis Agricultural R&D Program by Data Envelopment Analysis. *Korea Trade Review*, Vol. 45, No, 1, 2020, pp. 47 - 64.

③ 王飞航、李友顺:《基于三阶段数据包络分析模型的我国西部地区国家级高新区创新效率评价》,载于《宏科技管理研究》2019 年第 1 期。

④ 徐建中、赵亚楠:《基于 J - SBM 三阶段 DEA 模型的区域低碳创新网络效率研究》,载于《管理评论》2021 年第 2 期。

⑤ Malmquist, S. Index numbers and indifference surfaces. *Trabajos de Estadistica*, Vol. 4, 1953, pp. 209 - 242.

能提升通过收敛系数判定的 DEA 方程精确度。① 法尔（Färe，1994）总结前人的研究，在探讨 1970~1985 年北欧生产力的变化时，Malmquist 指数被广泛采用并逐渐演化为目前应用最为广泛的全要素生产率指数（TFP）。TFP 是一个衡量生产效率的重要指标，它表示在资本、劳动等要素投入不变的情况下，生产量仍能增加的部分，是利用投入和产出距离函数来定义的②。弗尔曼（Furman，2002）运用收敛理论，评估了 OECD 国家创新效率的趋同情况，为理解创新效率发展提供了新视角③。西格齐安（Sigarchian，2018）针对意大利北部住宅综合楼的电量与热负荷分析，采用 Malmquist 模型后发现，相比传统策略，优化后的运行策略在经济效益和环境效益上均表现更佳。从效率角度看，热负荷管理在减少排放方面展现出更大优势，为节能减排提供了有效路径④。王（Wang，2019）针对 2012~2018 年全球 40 座主要城市的创新绩效进行了综合评估，涵盖了经济活力、宜居程度、环境保护、研发实力、交通便利性及文化互动六大核心维度。通过 Malmquist 指数的深度剖析，他追踪了各城市创新绩效变化的根源。结果显示，约 25% 的城市在资源投入向创新产出转化的过程中达到了近乎完美的效率水平，其中开罗、北京、孟买等城市表现得尤为突出。相比之下，马德里、巴塞罗那、米兰等城市虽有一定成效，但仍有提升空间；而莫斯科、圣保罗及伊斯坦布尔等城市则面临着较大的转化效率挑战，亟待优化资源配置与提升创新能力⑤。德雷诺夫（Dranove，2019）针对 128 家医疗器械生产商，采用 Malmquist 生产率指数进行分析，以总成本、有形资产、

---

① Barro, R. J., Sala - i - Martin, X. Convergence. *Journal of political Economy*, Vol. 100, No. 2, 1992, pp. 223 - 251.

② Färe, R., Primont, D. The unification of Ronald W. Shephard's duality theory. *Journal of Economics*, Vol. 60, No. 2, 1994, pp. 199 - 207.

③ Furman, J. L., Porter, M. E., Stern, S. The determinants of national innovative capacity. *Research Policy*, Vol. 31, No. 6, 2002, pp. 899 - 933.

④ Sigarchian, S. G., Malmquist, A., Martin, V. The choice of operating strategy for a complex polygeneration system: A case study for a residential building in Italy. *Energy Conversion and Management*, Vol. 163, No. 1, 2018, pp. 278 - 297.

⑤ Wang, D. D. Performance assessment of major global cities by DEA and Malmquist index analysis. *Computers, Environment and Urban Systems*, Vol. 77, 2019, pp. 1 - 11.

就业成本为投入，以销售收入和毛利率为产出。研究指出，出口企业应通过扩大规模与提升纯技术效率来增强生产效率，从而优化经营绩效①。Park（2015）采用DEA与Malmquist模型，对2005~2011年中、日、韩三国建筑企业创新效率进行了评估。结果显示，韩国建筑企业平均效率得分0.859，高于日本的0.768及中国的0.626，表明韩国在该时期内的建筑企业创新效率相对更优②。陈创练（2020）利用Malmquist指数与Prodest生产函数法，测算了1998~2015年中国285个主要城市的劳动与资本要素配置效率及其变化。结果显示，东部城市效率最高，中部次之，西部最低；沿海城市群如珠三角、长三角优于内陆如成渝城市群。科学、教育支出及FDI促进效率提升，而消费比重则起阻碍作用。要素配置效率增速方面，中部、西部及内陆城市群快于东部及沿海，特别是2008年后，西部增速最大，表明我国欠发达地区效率提升显著快于发达地区③。臧兴兵（2021）针对中国物流业发展水平不高且受城市制约明显的问题，采用传统DEA与超效率DEA模型结合Malmquist指数，对2013~2017年中国中部12市物流效率进行静态与动态分析，旨在掌握其发展状况。基于此，提出针对性策略，以期破解中部地区物流业发展缓慢之困局④。

三、创新水平评价指标体系构建

创新水平评价指标体系的构建是一个综合而复杂的过程，它涉及多个维度和层面的考量。众多学者在这一领域进行了深入研究，提出了各自的观点和建议。

---

① Dranove, D., Garthwaite, C., Heard, C., et al. The economics of medical procedure innovation. *Journal of Health Economics*, Vol. 81, 2022, pp. 102549.
② Park, H. S., Yang, D. H. The Theoretical Comparison of Malmquist and Luenberg Productivity Indices & Empirical Analysis. *Health Policy and Management*, Vol. 25, No. 2, 2015, pp. 118 – 128.
③ 陈创练、朱晓琳、高锡蓉：《中国城市劳动和资本要素配置效率动态演进及其作用机理——基于经济增长理论的Malmquist指数和Prodest生产函数法》，载于《经济问题探索》2020年第12期。
④ 臧兴兵、万燕：《基于超效率DEA和Malmquist指数的中部地区主要城市物流效率实证研究》，载于《物流工程与管理》2021年第3期。

王数等（2022）指出，构建创新水平评价指标体系需要强调全面性和系统性的重要性，这在学术领域已获得普遍共识。全面性确保指标能广泛涵盖创新活动的所有关键环节，系统性则要求这些指标间相互关联、协同作用，共同构成一个完整且协调的评价框架，以全面准确地反映创新水平[1]。郭金兴（2019）指出，创新活动涵盖投入、过程及产出等多个复杂维度。构建创新水平评价体系时，需要全面考量这些环节，确保指标能综合体现创新全貌。仅聚焦投入或产出是片面的，还需要深入考察创新过程中的组织、管理、协作等要素，以精确评估创新效能，实现评价的全面性和深入性[2]。吕健和刘朝晖（2021）在构建创新水平评价指标体系时，进一步强调系统性至关重要。创新活动是一个复杂系统，包含多个相互关联、影响的要素。因此，构建指标体系需要注重指标间的内在联系与逻辑关系，通过设计层次结构与因果关系，确保各指标协同作用，形成一个有机整体。这样不仅能全面反映创新活动的多维度特征，还能深入揭示其整体性和系统性，为精准评估创新水平提供有力支撑，促进创新活动的持续优化与发展[3]。此外，李劲和柴茂昌（2022）研究发现，全面且系统的创新活动评价是洞察其优势与不足的关键，为政策制定提供坚实的科学依据。通过构建这样的评价体系，能深刻揭示创新过程的本质与规律，促进创新活动的持续发展及提升。该体系不仅关注创新的多维度特征，还强调指标间的内在联系，确保评价结果的精准性与全面性，为创新驱动发展提供有力支撑，推动经济社会的高质量发展[4]。

方创琳等（2014）强调创新水平评价指标体系需要兼具理论价值与实践操作性。选择评价指标时，务必考虑数据的可获取性和量化性，确保体系能在实践中有效运行。这不仅要求指标能准确反映创新活动的核心要素，

---

[1] 王数、戴小平、陶玲玲：《高水平创新型城市（县区）动态评价指标体系构建和实证研究——以宁波市为例》，载于《统计科学与实践》2022年第2期。

[2] 郭金兴、曹亚明、包彤：《天津科技创新水平研究：基于区域科技创新指数的分析》，载于《城市》2019年第6期。

[3] 吕健、刘朝晖：《廊坊市创新型城市评价指标体系研究》，载于《中国市场》2022年第10期。

[4] 李劲、柴茂昌：《青年创新型城市建设及指标体系构建研究——基于广州的实践探索》，载于《青年探索》2022年第2期。

还需要确保数据的易获取与可处理，从而使评价体系真正服务于创新活动的监测与改进，推动创新实践的深入发展[1]。周笑非（2011）研究发现，内蒙古城市化与科技创新紧密相关。通过向量自回归模型、脉冲响应函数及格兰杰检验发现，城市化是科技创新的重要驱动因素，对科技创新有显著正向影响，而科技创新对城市化的反馈作用相对较小。这表明，推进城市化进程有助于激发科技创新活力，提升创新产出，两者间存在显著的正向互动关系[2]。鲁元平等（2017）指出实用性是创新水平评价指标体系能否广泛应用的核心。构建时，需要紧密贴合创新活动的实际需求，确保指标能直接反映创新成效，为政策制定者提供决策支撑，同时为企业提供明确的改进路径。体系应聚焦创新活动的核心要素与关键环节，确保数据的可获取性与易理解性，使评价结果既能指导实践，又能激发创新活力，推动创新体系不断优化，实现科技与经济的深度融合发展[3]。一个卓越的评价体系需要兼具理论深度与实践价值。在构建时，既要确保理论框架的完整性、科学性，深入揭示创新活动的本质规律，又要注重实践中的可操作性和实用性，便于数据的收集与分析。这样的体系能跨越不同领域与层面，广泛适用，为创新活动提供精准指导与有力支撑，促进创新成果的转化与应用，推动经济社会的高质量发展，实现理论与实践的深度融合[4]。

从动态性的角度来看，创新水平评价指标体系的构建是一个持续演进、不断适应的过程。这一观点在学术界得到了广泛认可，众多学者强调了在构建指标体系时，必须充分考虑到创新活动的动态性和变化性。仇怡（2013）指出创新活动的动态性要求评价体系具备灵活调整的能力。在构建时，需要考虑创新发展的不同阶段与特性，合理设定权重与指标，以精准捕捉创新活动的动态变迁。这意味着评价体系不仅要基于当前的创新态

---

[1] 方创琳、马海涛、王振波等：《中国创新型城市建设的综合评估与空间格局分异》，载于《地理学报》2014年第4期。
[2] 周笑非：《内蒙古城市化与技术创新关联性分析》，载于《科学管理研究》2011年第3期。
[3] 鲁元平、王品超、朱晓盼：《城市化、空间溢出与技术创新——基于中国264个地级市的经验证据》，载于《财经科学》2017年第11期。
[4] 卓乘风、邓峰、白洋等：《区域创新与信息化耦合协调发展及其影响因素分析》，载于《统计与决策》2017年第19期。

势，还要预留调整空间，适时纳入新指标或调整权重，确保评价体系能随创新活动的演进不断优化，为决策提供实时、精准的参考，推动创新活动持续向前发展①。曾卓骐和王跃（2022）指出，鉴于创新活动的持续演变，创新水平评价指标体系必须具备动态调整机制。技术飞跃与市场变迁不断重塑创新形态，因此，在构建体系时，需要前瞻性地纳入变化性考量，确保评价体系能灵活响应新环境与新需求。这要求体系不仅反映当前创新态势，还要预留调整空间，适时纳入新指标或调整既有指标，以保持评价体系的时效性与准确性，为创新活动提供持续有效的指导与支持②。王刘敏等（2022）进一步强调了动态性是创新水平评价指标体系构建的关键。创新活动各阶段、各领域特性各异，需要灵活调整评价指标与权重。定期修订完善指标，引入新评价方法与工具，确保体系紧跟创新步伐，保持时效性与准确性，为不同创新场景提供精准指导，驱动创新活动持续升级③。于文婕和董晓松（2023）实证研究揭示了创新活动特征与时势变迁。通过跨时段、跨行业数据对比，发现创新趋势日新月异。构建指标体系时，应运用动态数据分析与预测模型，敏锐捕捉创新走向与潜在风险，确保评价体系紧贴创新脉搏，为决策提供前瞻视角，助力创新活动稳健前行④。

创新水平评价指标体系的国际可比性对于全球比较与借鉴至关重要。全球化背景下，创新活动跨国界融合，构建具备国际可比性的评价体系，能促进各国创新实践的交流互鉴，为制订有效创新策略提供全球视野，推动全球创新生态的协同发展，提升整体创新效能。在这一领域，约翰内斯·尤玻莱纳等（2017）的观点颇具代表性，为达成创新水平评价指标体系的国际可比性，首要任务是建立统一且获国际认可的评价标准与规范。这些标

---

① 仇怡：《城镇化的技术创新效应——基于1990~2010年中国区域面板数据的经验研究》，载于《中国人口科学》2014年第4期。
② 曾卓骐、王跃：《战略性新兴产业上市公司动态创新效率测度及其影响因素研究——基于两阶段DSBM模型与Tobit模型》，载于《科技进步与对策》2022年第21期。
③ 刘敏、张镒、董政等：《重大工程团队动态创新能力演化动力模型研究——以港珠澳大桥岛隧项目为例》，载于《管理案例研究与评论》2022年第3期。
④ 于文婕、董晓松：《基于动态能力理论的共享经济竞争力与创新力问题研究》，载于《中国报业》2018年第22期。

准应植根于科学理论与实证研究，确保评价精准可靠。国际可比性不排斥各国创新特色，而是旨在寻找共性指标，在保持多样性的同时，促进跨国比较，推动全球创新合作与互鉴①。闫旭和梅丽霞（2022）从实践出发，提升创新水平评价指标体系国际可比性需强化国际合作。通过参与国际评价项目、与国际组织携手、共定评价标准，吸纳他国成功经验，增强本国体系的科学性与实用性。在此过程中，重视数据的国际可比性与可获取性至关重要，确保评价结果客观公正。国际合作不仅促进评价体系的完善，还深化了全球创新网络的联结，为各国创新实践提供互鉴平台，共同推动全球创新生态的优化升级。②叶林和李萌（2023）发现，创新水平评价指标体系的国际差异与融合备受关注。各国文化、经济、科技政策各异，导致评价体系各具特色。构建国际可比体系时，需要兼顾共性与个性，尊重国别差异。通过跨国研究、学术交流，促进各国评价体系相互借鉴与融合，既保持国际可比性，又彰显国别特色。这种融合不仅丰富了全球创新评价视角，还促进了创新实践的跨国合作，为构建更加开放、包容的全球创新生态贡献力量③。

四、研究现状述评

随着全球化和知识经济的深入发展，创新已成为城市乃至区域竞争力的重要源泉。粤港澳大湾区作为我国最具活力的经济区域之一，其城市创新水平的评价与应用实践具有重大的战略意义。然而，现有的研究在多个方面仍存在不足之处。首先，当前对粤港澳大湾区城市创新水平的研究尚不够系统和全面。尽管已有不少学者对该地区的创新发展进行了探索，但多数研究仅从某一侧面或某一维度进行，缺乏整体性和综合性的评价。这

---

① 约翰内斯·尤玻莱纳、泰斯·范·德·格拉夫、林雪霏：《国际可再生能源机构：制度创新的一个成功案例》，载于《国外理论动态》2017年第2期。

② 闫旭、梅丽霞：《中美资本市场的估值差异研究：以中芯国际为例》，载于《中国资产评估》2022年第12期。

③ 叶林、李萌：《城市创新的概念缘起、主题分布及其政策推动——基于广州国际城市创新奖案例文本的分析》，载于《学术研究》2024年第2期。

导致我们无法全面、准确地把握粤港澳大湾区城市创新的整体水平和特征，难以为政策制定和决策提供有力的支持。其次，现有研究在评价方法和技术的应用上还存在一定的局限性。一些研究过于依赖传统的量化指标，忽视了创新活动的复杂性和多样性；而另一些研究虽然采用了定性方法，但往往缺乏深入的分析和解读，难以揭示创新活动的内在机制和影响因素。因此，需要综合运用多种评价方法和技术，形成更为全面、客观和深入的评价结果。此外，现有研究在数据收集和处理方面也存在不足。由于创新活动的复杂性和多样性，数据的获取和整合往往面临很大的困难。一些研究由于缺乏可靠的数据支持，其评价结果的准确性和可信度受到质疑。因此，需要加强数据收集和处理的能力，确保评价结果的准确性和可靠性。最后，现有研究在创新水平评价的应用实践方面还有待加强。虽然一些研究提出了评价方法和指标体系，但往往停留在理论层面，缺乏具体的应用实践。这导致评价结果无法有效地指导政策制定和实践操作，难以实现创新的真正价值。因此，需要将评价结果与实际应用相结合，推动创新水平评价在粤港澳大湾区城市发展中的实际应用。

从创新效率方面总结现有的研究文献，可以发现研究主要集中在静态效率和动态效率两个方面。静态效率方面主要采取了 DEA 的方法进行研究，对于企业、高校、科研机构的研究文献较多，已经形成坚实的理论和实践基础，但是对于以城市群为代表的区域效率研究相对较少。动态效率方面，Malmquist 指数法在很多行业和产业中有了较广的应用，已经成为动态研究的重要基础工具。Malmquist 指数法在区域创新效率分析中扮演重要角色，但是它往往需要多年多方面完整的数据。粤港澳大湾区政策出台不久，涉及广东省、香港特别行政区和澳门特别行政区，个别指标的统计口径不一致，给研究工作带来了一定困难，所以针对粤港澳大湾区创新效率的研究还不多，涉及的统计年份也都较短。

基于以上分析，本书以粤港澳大湾区 11 个城市为研究对象，利用因子分析方法对 2019 年粤港澳大湾区的创新能力进行评价，然后利用三阶段 DEA – Malmquist 方法从静态和动态角度对 2010~2019 年粤港澳大湾区内城市创新效率的面板数据进行分析，并将所有城市的创新能力和创新效率放在坐标图中进行比较。最后站在城市间合作视角，提出粤港澳大湾区城市创新能力和创新效率的对策建议，旨在丰富相关理论研究和提高政策实践效果。

第四节 研究方案

一、研究内容

本书共分为七章展开具体理论和实证研究，具体涉及如下。

第一章是绪论。本部分结合中国实施区域协调发展和创新型驱动发展战略，以及各国进出口贸易受阻的背景，提出了研究粤港澳大湾区创新能力和创新效率的问题，从理论角度和实践角度归纳了研究问题的重要意义。接下来从创新系统构建、影响因素和不同参与主体角度对创新能力方面的研究进行归纳总结，从静态评价和动态评价角度对创新效率方面的研究进行介绍，发现现有研究少有站在合作视角研究区域创新能力和创新效率问题，为本书的研究提供重要的研究切入点。在此基础上，构建了本书的整体思路和技术路线，确定了研究方法，最后提出可能存在的创新之处。

第二章是相关概念与理论基础。一方面，对城市群、区域合作、区域创新能力、区域创新效率等核心概念进行界定，以更好地确定本书的对象范围。另一方面，通过马歇尔的产业区理论、熊彼得的创新理论、库克的区域创新系统理论回顾了创新集聚理论，通过"核心—边缘"理论和局部溢出模型回顾了空间经济学理论，通过区域经济发展收敛理论和增长发散理论回顾了区域发展理论，通过亚当·斯密的劳动分工理论、大卫·李嘉图的比较优势理论、约瑟夫·熊彼特创新理论逐步介绍区域产业分工理论的形成过程。通过对相关理论的回顾，夯实本书的研究基础，增强对科技创新问题的科学把握。

第三章是粤港澳大湾区城市内部合作创新能力评价。一方面，通过经济发展、产业发展和创新投入发展三个方面反映粤港澳大湾区 11 城市的创新发展现状。其中,经济发展方面可以通过城市规模、经济规模、对外开放、基础建设四个方面展开;产业发展方面主要从三次产业占比变化展开;创新投入产出方面主要分析研发人员、研发经费投入,专利申请、专利授权、新产品销售收入等指标的变化。另一方面,通过粤港澳大湾区城市间的合作发明专利进行分析,利用 UCINET 软件对中心势、"结构洞"平均有效规模、路径平均长度、熵权等指标进行测算,对城市创新合作空间进行动态演进。利用 Network/Cohesion – Density 软件测度了 *Morans' I* 指数,结合 ArcMap 软件构造不同时间节点的粤港澳大湾区城市间创新网络的热力图,以反映城市间的创新合作现状和未来发展趋势。

第四章是粤港澳大湾区城市内部合作创新效率分析。本部分采取因子分析法,利用粤港澳大湾区 11 个城市 2019 年的截面数据进行分析,通过指标体系构建、数据处理、结果运算得到创新能力的雷达图。其中,F1 是产业技术因素、F2 是服务环境因素、F3 值是智力储备因素,按照主成分得分大小和方向,将各城市划分为 7 种能力类型。

第五章是粤港澳大湾区城市间合作创新的空间演进。本部分利用 2010 ~ 2019 年的数据,首先对粤港澳大湾区城市创新采用三阶段 DEA 模型进行静态分析,创新投入指标包括人员投入、资金投入、孵化器载体投入,创新产出指标包括专利产出、产值产出和利润产出,环境变量方面主要包括经济环境、政府环境、投资环境。其次,利用 Malmquist 指数法进行粤港澳大湾区城市创新的动态分析,对剔除外部干扰后的粤港澳大湾区面板数据计算,得到基于地域维度和时间维度的城市创新全要素生产率。最后,将粤港澳大湾区城市的创新能力和创新效率统一量纲后,置于一个坐标系内,判断其在创新能力和效率的对比关系。

第六章是提升粤港澳大湾区创新能力和效率的建议。本章主要围绕粤港澳大湾区创新能力和效率的提升,从城市内部合作与城市间合作两个视角提出了一系列建议。城市内部合作方面,强调发挥产学研创新主体作用,促进创新生态优化;城市间合作方面,则着重于缩小创新合作能力的空间差异,优化合作网络,并打造良好的创新合作环境。其具体包括发挥核心城市带动作用、实施差别化政策倾斜、提升核心城市控制力、加强基础设施互联互通以及建设国际化科技产业创新中心等措施，旨在推动粤港澳大湾区形成更加紧密、高效、协同的创新发展格局。

第七章是珠海横琴粤澳深度合作区实践。本章主要探讨了珠海粤澳横琴深度合作区的实践。首先，分析了合作区的背景及环境，包括澳门与内地经济联系现状、合作区内部及外部环境。其次，从高端制造业角度研究了横琴产业结构的共生演进，通过聚类分析和灰色关联度分析等方法，对横琴产业结构合理化和高度化的趋势进行了深入探讨。再次，分析了产业结构测度结果，指出了横琴产业结构合理化与高度化双高的原因及面临的挑战。最后，提出了横琴产业结构升级的制度安排和政策保障措施，包括融资、汇率、利率、监管等方面的制度安排，以及引智、产学研协同、产业数字化、世界级产业集群培育和金融支持等方面的政策保障。

二、技术路线

本书以经济学、管理学、地理学、运筹学等学科为基础，综合运用创新集聚理论、空间经济学理论、区域发展理论、区域产业分工理论等理论知识，借助 SPSS、Ucinet、Network/Cohesion – Density 等软件，对粤港澳大湾区城市创新合作现状、创新能力和创新效率进行了测度，揭示不同创新要素在粤港澳大湾区内空间流动对城市创新绩效的具体影响及影响差异。技术路线能够实现短期目标与长期目标匹配，是一个有效解决问题的逻辑框架。本书将沿着"问题设计—理论演绎—数据收集—实证分析对策建议"的科学思路展开研究。具体见图 1 – 1。

三、研究方法

本书利用 2010~2019 年粤港澳大湾区城市的面板数据，以城市为决策单元，运用因子分析法对城市创新能力进行分析，并且利用三阶段 DEA 方法和 Malmquist 模型对城市创新效率值进行了测度，站在城市合作视角，提出提升粤港澳大湾区城市创新能力和创新效率的对策建议。具体研究方法如下。

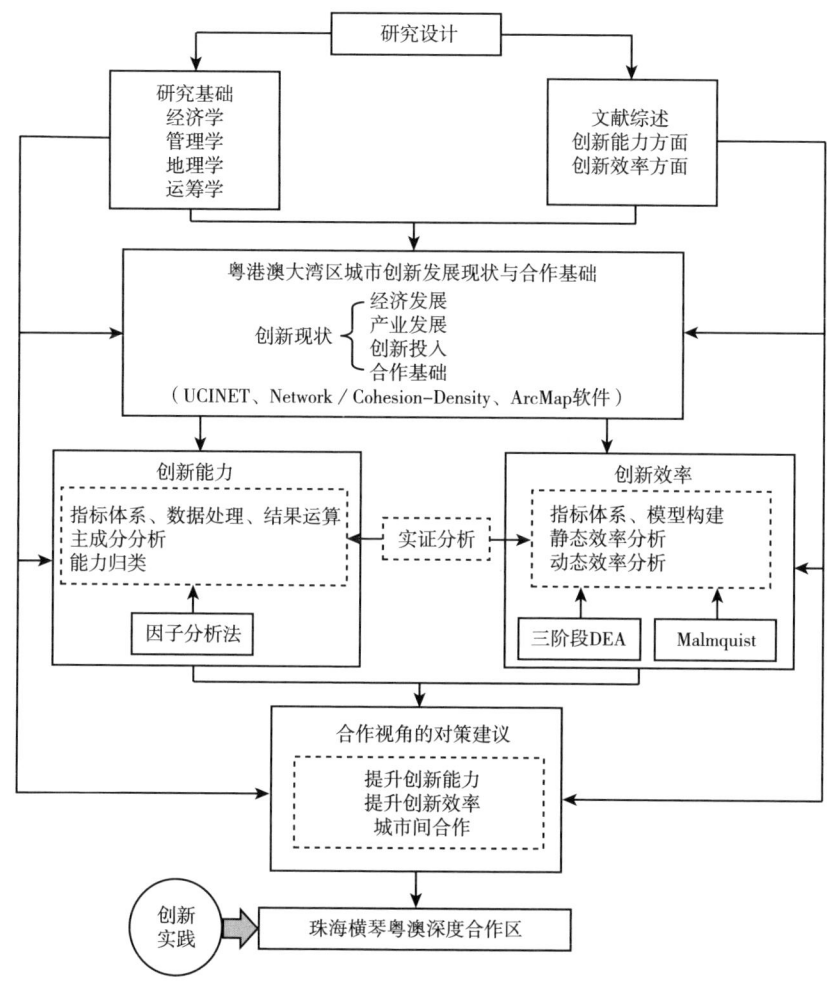

图 1-1 本书的技术路线

（一）文献综述法

文献综述法是对前人相关研究结论重新梳理、归纳与总结，寻找研究切入点的一种方法。本书查阅了大量先前学者的文献资料，主要包括创新能力、创新效率、DEA-Malmquist 模型以及创新合作的相关研究，同时在各类统计年鉴、统计网站和统计公报上查阅所需的相关数据。在对相关文献进行仔细阅读、比较和分析的基础上，对研究中所涉及的创新能力、创新效率、空间演进、三阶段 DEA 方法、Malmquist 方法以及创新合作等概念进行界定，对本书中使用方法的演变进行深入解读。

（二）社会网络分析法

本书运用 Ucinet 软件的 Network/Betweenness 和 network/Centrality 等模块，对中心势、"结构洞"平均有效规模、路径平均长度、熵权等指标进行了测算，进而反映粤港澳大湾区城市空间合作的特征。其中，网络的中心势用来反映的是网络中某一主体在发展中依赖于其他主体资源的水平，中心势指标越低，反映了各主体间均衡发展程度越高。"结构洞"有效规模是网络内冗余信息的反指标，平均有效规模越大，意味着网络内的冗余信息越少，整个网络创新合作效率越高。路径平均长度指标反映了"小世界"效应的检验要求，当路径平均长度小于 6 时，意味着节点之间表现为"小世界"效应。熵权是根据信息熵计算的演变指标，熵权越大说明其在创新合作网络中的地位越重要，也就是空间演进有序性越强。

（三）创新网络热力分析

本书结合 2005～2019 年粤港澳大湾区城市间的发明专利数据，利用 Network/Cohesion – Density 软件测度了 *Morans' I* 指数，进一步结合 ArcMap 软件构造 2005 年、2009 年和 2019 年三个时间节点的城市间创新网络的热力图，判断城市创新合作空间动态演进的规律特征。

（四）因子分析法

本书确定了知识创新、制度创新、产业创新、服务创新、环境创新 5 个一级指标，以及万人在校大学生数等 9 个二级指标，利用 SPSS 22.0 软件对指标体系中的标准化数据进行因子分析。通过主成分碎石图分析，获得三个主成分，命名为产业技术因素、服务环境因素、智力储备因素。根据计算结果得到粤港澳大湾区城市创新能力雷达图，并且按照 3 个主成分得分正负值，将 11 个城市划分为七种类型。

（五）DEA – Malmquist 分析法

与第一阶段的 DEA 模型相比，由于在第三阶段已经最大限度地降低了环境变量和无效率项的干扰，计算出的决策单元效率值更符合客观现实。这种投入导向型规模报酬可变的模型，更适合应用在区域创新效率分析的情境下。利用 2010~2019 年粤港澳三地区的面板数据，采取三阶段 DEA 模型分析不同城市的静态创新效率。利用 Malmquist 指数法，对剔除外部干扰后的粤港澳大湾区面板数据计算，得到基于地域维度和时间维度的城市创新全要素生产率，判断粤港澳三地城市的创新效率动态演进情况。

（六）政策分析法

政策分析的理论基础涉及控制论、运筹学、系统分析、对策论、决策分析、行为科学、社会心理学等。本书涉及的社会网络分析法、创新网络热力分析、因子分析法和 DEA – Malmquist 模型为政策分析奠定了量化分析基础，结合中国政府对粤港澳大湾区的政策支持，从组织理论、权威理论、群体理论、结构功能理论、渐进理论和有限理性论等角度提出城市间合作的政策建议，寻找政策分析规律，提高政策分析的有效性和普遍性，提升粤港澳大湾区的创新能力和创新效率。

四、可能的创新点

本书结合经济学、管理学、地理学、运筹学、数学建模等学科理论知识和方法，分析了城市创新合作基础、创新能力、创新效率之间的关系，对创新要素流动的表现形式和主要动因进行了介绍。总结本书的创新点如下：

（1）以往关于创新要素流动的研究，主要涉及影响因素、动因等方面的研究，针对于创新要素空间效应的实证研究较少。基于此，本书建立了粤港澳大湾区城市创新合作分析的框架，运用 Ucinet 软件的 Network/Betweenness 和 Network/Centrality 等模块，对中心势、"结构洞"平均有效规模、路径平均长度、熵权等指标进行测算，还利用 ArcMap 软件进行创新网络热力分析，原创性地对粤港澳大湾区城市创新合作的空间演进规律进行了判断。

（2）以往的研究仅关注于创新能力和创新效率某一方面的研究，然而创新能力与创新效率并不能保持一致性，这就会影响研究的有效性。本书将创新能力和创新效率放在一个框架内，将粤港澳大湾区 11 个城市划分为"高能力、高效率""低能力、高效率""高能力、低效率""低能力、低效率"四种类型，根据不同类型提出不同的政策建议，同时站在城市合作的视角，政策建议将会更加有针对性。

（3）社会网络分析法、创新网络热力分析、因子分析法、DEA - Malmquist 分析法等多种数学方法综合使用，运用了 Ucinet、ArcMap、SPSS、DEAP 等软件，构建了科学的定量研究方法体系，这也在经济学、管理学、地理学、运筹学、行为科学等学科之间建立了桥梁，系统地用于城市创新研究。

第二章

相关概念与理论基础

第一节 相关概念

一、城市群

城市群概念的萌芽阶段起始于1898年,霍华德(Howord,1898)首倡将城市周边乡镇纳入城区统筹考量,引入城市集聚与集合城市新理念。随着全球经济中心转移至美国,学者转而聚焦美国城市特征,创新性地界定了大都市区域的概念①。1991年,亨利和麦基(Henry & McGee)提出了经典的城乡混合区概念②。英国的城市规划学家斯特兰奇(Strange,2006)探究欧洲、北美洲及亚洲的城市地域界限时,创造性地拓宽了城市群的理念。他视城市群为多个城市构成的多中心巨型城区集合,这些城市间边界模糊且功能协同一致,共同形成一个高度整合的都市系统③。史育龙和周一星(2007)界定出都市连绵区概念,即以若干大城市为核心,连同周围

---

① Howard, E. *The garden city*. Ann Arbor: Art, Architecture and Engineering Library, 1898, pp. 118 – 120.

② Henry, W., McGee, Jr. Afro – American Resistance to Genrification and the Demise of Integrationist Ideology in the United States. *Urb. Law*, Vol. 23, 1991, pp. 25.

③ Strange, W., Hejazi, W., Tang, J. The uncertain city: Competitive instability, skills, innovation and the strategy of agglomeration. *Journal of Urban Economics*, Vol. 59, No. 3, 2006, pp. 331 – 351.

与其保持密切社会经济交互联系的城市形成的巨型城乡一体化区域。他们认为城市群是相当数量性质、类型和等级规模各异的城市以一定自然环境为依托,以其中一个或两个超大或特大城市为经济核心,借助于发达的交通网络和信息网络,城市之间发生个体内在联系,共同构成的相对完整的城市集合体[①]。

本书认为城市群是城市发展到成熟阶段的最高空间组织形式,是指在特定地域范围内,一般以1个以上特大城市为核心,由3个以上大城市为构成单元,依托发达的交通通信等基础设施网络所形成的空间组织紧凑、经济联系紧密,并最终实现高度同城化和高度一体化的城市群体。城市群是在地域上集中分布的若干特大城市和大城市集聚而成的庞大的、多核心、多层次城市集团,是大都市区的联合体。本书研究的粤港澳大湾区就是一个巨大的城市群,包含广州、深圳、香港、澳门、东莞、佛山、珠海、中山、惠州、江门、肇庆,共计11个城市组成的高度一体化的城市群体。

二、合作

"威斯特伐利亚和约"确立了国家边界空间的明确界定,使国家领土主权获得了国际法的坚实保障。各国为了拓展经济发展的新空间,开始寻求相互协作,这一趋势催生了区域合作的兴起。历经第二次世界大战洗礼,北美自由贸易区与欧洲各大区域组织相继成立,这些区域合作框架极大地推动了各成员国的经济发展,提升了其政治地位,并显著增强了国家安全防线。区域合作的显著成效,不仅促进了经济的繁荣,还激发了学术界对该领域的浓厚兴趣。20世纪50年代,区域作为一个学术概念被正式确立,并在国际政治舞台上被赋予了政治化的内涵,成为国际政治话语体系中的重要组成部分。这一概念的引入,不仅丰富了国际关系的理论探讨,也为

---

① 史育龙、周一星:《关于大都市带(都市连绵区)研究的论争及近今进展述评》,载于《国际城市规划》2009年第S1期。

全球范围内的区域合作实践提供了坚实的理论基础①。区域合作的相关理论在新古典贸易理论的推动下持续演进,并且在现实应用的过程中不断得到深化和丰富,两者相辅相成,共同促进了区域经济一体化理论的成熟与实践的创新发展。

资源要素在全球或特定区域内的非均衡分布,构成了区域间合作的天然契机。这种基于资源禀赋的差异,为国家和地区间的协作铺就了道路。然而,区域合作并非无条件的产物,其实现依赖于一系列基础条件的满足,一旦这些条件缺失,合作便失去了稳固的支撑平台。为了实现更高效、更深入的区域合作,国家、地区乃至城市之间,除了需要依赖经济上的先天互补优势外,还需要通过政策层面的努力,搭建合作平台,凝聚合作共识。关于区域合作的基础,学术界和实践界已形成了多维度的解释框架,这些框架聚焦于先天地理优势、强烈的合作意愿、生产活动的互补性、区域间的帮扶机制以及有效的妥协与协商机制等方面。随着全球经济的持续发展和人类文明的不断进步,区域合作的内涵与外延也在不断拓展,涵盖了政治、经济、国际安全、文化交流等多个领域,这些领域的合作均受到了国际社会的广泛关注。

学者们对区域合作问题进行了广泛而深入的研究,但区域本位主义的存在,往往成为制约研究成果转化为实践成效的关键因素。从广义上讲,区域合作是指某一地缘范围内的国家或地区,就某种区域秩序的权威性、约束力及共同目标达成共识,进而采取的集体行动。这种行动旨在通过整合区域资源,实现共同利益的最大化。而从狭义上看,区域合作则更多地聚焦于一个地区内部城市间的协作,这些城市以经济增长为共同目标,依据产业分工的需要,在发展规划、基础设施建设、环境保护、市场准入、要素流动等多个方面加强协调与互动,旨在避免资源的重复配置和竞争的盲目无序,从而推动区域经济的持续健康发展②。

---

① Southworth, H. M. What Has Regional Research Contributed to Marketing? *Journal of Farm Economics*, Vol. 34, No. 5, 1952, pp. 875–883.

② Kim, K. C. Regional Cooperation in Asia—Asian Regionalism. *Global Economic Review*, Vol. 7, No. 1, 1978, pp. 115–131.

本书是基于狭义区域合作的中国粤港澳大湾区之间的合作，其中既包括城市内部产学研之间的创新合作，也包括城市之间的创新合作。通过研究11个城市内外部之间的密切合作关系，以期带来创新效率和创新能力的提升。

三、区域创新能力

库克（Cooke，2008）在《区域创新体系》中深入剖析了欧洲的创新态势，并首次阐释了区域创新能力的概念。他强调，区域创新能力体现在将知识有效转化为新产品、服务、流程及工艺的能力上，涵盖知识流动、创造、企业技术创新及环境适应性四大维度。此外，库克还主张，评估区域创新能力需要融入社会文化、资本积累及产学研合作等因素，深入分析创新主体间的交互作用与影响[1]。科伯恩（Cockburn，2010）视研发能力为创新之基石，认为其是驱动区域创新力的核心要素，而生产创新产品的潜力则直接反映并塑造了一个地区的创新能力上限[2]。阿尔塞纳（Arocena，2000）首次将区域创新能力纳入国家创新能力体系，强调其能深入发掘技术与商业应用间的内在联系，为创新体系的完善与发展提供了新视角[3]。黄鲁成认为，区域创新能力植根于知识与技术，表现为产品与工艺的创新，涵盖创新管理能力、创新资源投入能力以及创新研究开发能力三大核心要素，共同作用于区域创新体系[4]。李永忠综合了区域创新能力研究的相关文献，将区域创新能力的基本构成划分为四大板块：创新潜力、创新投入、创新产出以及创新的环境支持系统，为全面理解区域创新能力提供了框架[5]。

---

[1] Cooke, P. Regional innovation systems: origin of the species. *International Journal of Technological Learning, Innovation and Development*, Vol. 1, No. 3, 2008, pp. 393 – 409.

[2] Cockburn, I. M., Stern, S. Finding the endless frontier: Lessons from the life sciences innovation system for technology policy. *Capitalism and Society*, Vol. 5, No. 1, 2010.

[3] Arocena, R., Sutz, J. Looking at national systems of innovation from the South. *Industry and innovation*, Vol. 7, No. 1, 2000, pp. 55 – 75.

[4] 黄鲁成：《宏观区域创新体系的理论模式研究》，载于《中国软科学》2002年第1期。

[5] 李永忠、冯俊文、高朋等：《区域创新能力及其评价综述研究》，载于《技术经济》2007年第12期。

学界对区域创新能力概念尚未达成共识，主要围绕区域界定及创新要素展开讨论。综合各家观点，本书界定区域创新能力为：在区域创新体系中，各类主体相互作用，共同开展科技创新活动的能力。这种能力是多元能力综合作用的结果，涵盖创新资源的获取、资源的有效利用与转化，以及不同主体间的协调与配合等多个方面，共同推动区域创新体系的高效运行与发展。

四、区域创新效率

效率概念源远流长，可追溯至亚当·斯密的《国富论》，其强调了市场配置资源的有效性。此后，帕累托与马歇尔也对效率问题进行了探讨，给出了各自的定义。Farrell 在经济评价领域引入"技术效率"概念，将其界定为在技术条件恒定下，实现某一产出所需最低成本与实际成本的比例，这一比例反映了资源利用的经济性和有效性[1]。对于创新效率的定量化研究，起源于 Charnes 和 Cooper 等运用 DEA 方法[2]和 Aigner 等提出 SFA 方法[3]的实践中，两种方法在随后关于区域和科技创新效率的研究中得到了广泛使用。

创新效率与创新能力虽紧密相连，却各自拥有独特的内涵。简言之，区域创新效率聚焦于创新活动从要素投入到创新产出的转化效率，即新技术或思想经研发转化为新产品、新工艺或新设备的速度与质量，它反映了创新系统运行的动态效能及投入产出之间的"性价比"。相对而言，区域创新能力则蕴含了更广泛且累积性的特征，它不仅包含当前创新活动产生的即时效益，还囊括过往创新能力积累带来的社会影响，是区域创新体系

---

[1] Farrell, J., Monroe, H. K., Saloner, G. (1998). The Vertical Organization of Industry: Systems Competition versus Component Competition. *Journal of Economics & Management Strategy*, Vol. 7, No. 2, 1998, pp. 143–182.

[2] Charnes, A., Cooper, W. W., Rhodes, E. (1978). Measuring the efficiency of decision making units. *European Journal of Operational Research*, Vol. 2, No. 6, 1978, pp. 429–444.

[3] Aigner, T. Biofabrics as dynamic indicators in nummulite accumulations. *Journal of Sedimentary Research*, Vol. 55, No. 1, 1985, pp. 131–134.

静态与动态能力的综合体现。创新能力可被分解为多个维度，如资源投入能力、产出转化能力等，这些能力共同构成了一个区域创新体系的坚实基础。其中，"表层能力"直接体现在创新产出上，如专利数量、新产品产值等直观成果，是创新能力最为直观的表现；而"深层能力"则侧重于资源投入方面，虽然目前对创新能力的评估多集中于"表层能力"，但"深层能力"对于长期创新潜力的培养同样至关重要。值得注意的是，创新能力与创新效率之间并非简单的正相关关系。一个城市即便拥有强大的创新能力，也不一定意味着其创新效率同样出色。这是因为高创新能力可能依赖于大量的资源投入，若这些投入未能得到高效利用，创新效率便会受到影响。因此，城市创新效率的评价结果呈现出多样性，包括在低能力水平上的高效率、低效率，以及在高能力水平上的高效率、低效率四种情况。创新能力与创新效率各有侧重，创新能力强调数量上的累积与"表层"成果的展现，而创新效率则更重视质量上的提升与投入产出比的最优化。两者相辅相成，共同构成了区域创新发展的双轮驱动，是推动经济社会持续进步的重要力量。

综合学界观点，本书界定区域创新效率为：在特定外部环境条件下，区域内创新主体通过相互作用，将人力与资金投入有效转化为实物（如产品、工具）及非实物（如工艺改进、经济与社会效益）产出的效率。此处的外部环境涵盖政府政策支持、经济发展水平等创新主体难以直接控制的外部因素，这些因素共同影响着区域创新活动的效率与成效。

第二节 理论基础

一、创新集聚理论

（一）马歇尔的产业区理论

创新集聚的概念深植于马歇尔的产业区理论之中，该理论揭示了企业倾向于在创新氛围浓郁的地域集结,从而加速新技术的传播与应用。马歇尔通过对谢菲尔德器械工业区和西约克郡毛纺织区的实证研究,引入了"产业区"这一概念,指出其作为一种独特的组织模式,与大型企业主导的生产体系形成鲜明对比。产业区由众多小企业构成,这些小企业通过集合展现出规模竞争与协同的优势,与地方经济社会紧密相连,共同营造了一个有利于技术创新与产业应用的生态系统。

在马歇尔的理论框架下,产业区不仅是经济活动的空间布局,更是创新环境的培育地。这些区域内,企业间既存在竞争也相互合作,形成了既竞争又协作的独特氛围,推动了新技术的快速传播与产业的持续优化。产业区的核心要素包括产业主体、产业文化和产业网络,它们共同构成了一个充满活力且适应性强的创新生态系统。当创新要素与经济活动主体在特定地理空间内高度集聚时,这一系统便具备了向外辐射知识、产品及经济效益的能力,促进了地方经济的繁荣发展。

马歇尔特别强调产业区因集聚效应而产生的外部经济优势,这种优势体现在多个层面。首先,企业间的地理邻近性降低了运输成本,减少了交易成本,使服务、技术和劳动力等规模化投入得以实现,进而提升了整体生产效率。其次,产业集聚促进了企业家精神的培育,为外部经济的规模化发展提供了肥沃土壤,使企业能够更好地融入当地社会经济网络,实现资源共享与互利共赢。最后,产业集聚推动了专业化经济的发展,企业间的合作更加精细化,专注于特定产品或服务,不仅扩大了市场份额,还保持了生产效率,形成了经济多样化与专业化的良好平衡。

更为重要的是,马歇尔认识到产业区与地方社会之间的紧密联系,这种联系体现在社会规范与价值体系对创新与经济协调的深远影响上。地方社会中的经济相互依赖、社会熟悉度以及面对面的交流,促进了共有知识的形成与相互信任的建立,降低了交易成本,促进了信息与知识的快速流通。这种基于社会关系的非正式制度,有效约束了企业的行为,使其在竞争与合作之间保持微妙的平衡,维护了地方生产系统的稳定与和谐。

此外,地方社会对公共项目的广泛参与,创造了一种独特的"产业氛围",这种氛围蕴含自助精神、创新精神和对地方的归属感等道德伦理,为自下而上的创新流动提供了动力。企业间劳动力的流动促进了模仿文化的形成,而特定细分市场上的区域声誉则吸引了更多的顾客与贸易伙伴,这些作为区域特有的"公共物品",不仅促进了劳动技能,特别是隐性知识与技能的培育与转移,还极大地推动了创新活动的发生、合作与创新成果的扩散。

综上所述,马歇尔所描绘的产业区与集聚经济展现了社会与地域的深度融合,空间的接近与文化的同质性成为产业区形成的两大基石。这一理论不仅揭示了创新集聚的社会经济基础,也为理解区域创新系统的发展提供了重要视角。在马歇尔的理论指导下,我们可以看到,创新环境的构建需要政府、企业、社会等多方面的共同努力,通过营造有利于创新的文化氛围、优化资源配置、加强产业协同等方式,推动创新活动的持续发生与扩散,从而实现区域经济的可持续发展。

(二) 熊彼得的创新理论

在经济理论的浩瀚星空中,熊彼得无疑是一颗璀璨的星辰,他以其独到的见解为经济学界贡献了创新集聚理论的宝贵财富。不同于前人将技术创新与产业集聚分割研究的做法,熊彼得开创性地将两者融合,揭示出创新集聚的核心在于创新要素的汇聚与协同作用。1912 年,他的力作《经济发展理论》横空出世,不仅标志着创新理论的正式诞生,更为后续的经济研究开辟了新的方向[①]。在这部里程碑式的作品中,熊彼得精心构建了一个全面而深刻的创新理论体系,他提出,创新的本质在于构建新的生产函数,即生产要素的重新组合与优化配置。这一理论框架下,创新具体表现为新市场的开拓、新工艺的应用、新产品的问世、新原料来源的探索以及新组织形式的创立,这五大路径共同构成了推动经济发展的强大引擎。

---

① Schumpeter, J. A. *The economic theory of development*. London: Oxford University Press, 1912, pp. 52 – 53.

熊彼得进一步强调，创新并非孤立存在的偶发事件，而是倾向于在特定时间和空间内集中爆发，形成所谓的创新集群。他认为，创新活动的这种集中趋势，主要得益于成功创新后的示范效应和大型企业的引领作用。当某一领域的创新取得突破后，会激发更多企业跟进，形成创新实验的浪潮。这些企业间的合作与竞争，不仅促进了技术交流与资源共享，还加速了创新要素在特定区域的集聚，从而提升了区域的整体创新能力和效率。在此过程中，传统的人力、资本和设备作为基本投入要素，依然发挥着不可或缺的作用，而创新本身则既是关键的投入，也是最终追求的产出，两者相辅相成，共同推动经济的持续增长。

尤为值得一提的是，熊彼得通过"蜂聚效应"这一生动比喻，深刻揭示了创新活动在经济周期中的独特作用。特别是在经济低迷时期，当大量生产要素因需求不足而闲置时，资源价格普遍下降，政府往往会采取降息政策以刺激经济，这为创新活动提供了难得的机遇。在低成本生产要素和低利率的双重利好下，企业家得以大胆尝试新技术、新市场，通过创新组合生产要素，探索经济复苏的新路径。一旦有创新尝试取得成功，其示范效应将迅速放大，吸引更多企业加入创新行列，形成创新浪潮，推动区域经济从低谷走向复苏，进而引领整个市场重新焕发活力。

随着创新活动的持续累积，量变终将引发质变，产业革命便是这一过程的集中体现。在追求高额利润的驱动下，企业家不遗余力地探索新技术、新工艺，推出新产品，开拓新市场。这些创新成果不仅为企业带来了丰厚的回报，更激发了行业内外的广泛效仿，形成了创新的"蜂聚"现象。然而，创新带来的超额利润并非永恒，随着技术的普及和市场竞争的加剧，企业所能获得的利润空间逐渐缩小。这一动态过程，不仅体现了创新活动的周期性特征，也深刻揭示了创新对于经济发展周期的重要影响。在熊彼得的理论视角下，创新不仅是经济增长的源泉，更是经济周期波动的关键驱动力，它以其独特的方式，不断塑造着经济发展的面貌与未来。

（三）库克的区域创新系统理论

在创新理论的演进历程中，库克（Cooke，1992）提出的"区域创新系统"概念，无疑为理解和促进地方经济发展提供了全新的视角[①]。库克所构想的区域创新系统，是一幅多元化主体交织互动的复杂网络图景，这幅图景中，企业、教育机构、政府机构等关键因素在同一地理空间内紧密协作，共同编织着创新活动的深化与扩散之路。这一系统超越了简单要素集合的范畴，展现为一个高度动态、相互依存的组织网络，其核心特征在于地理性与网络性的深度融合。地理邻近性为区域内企业间的紧密分工与协作提供了天然优势，使生产流程中的各个环节能够无缝对接，促进了信息、技术、知识等创新要素的快速流动与高效整合。这种基于地理接近性的合作，不仅加速了创新活动的进程，还深化了企业间的相互信任与依赖，为区域创新系统的稳定运行奠定了坚实基础。与此同时，库克强调，区域创新系统的内部运作机制离不开合作与根植性的双重支撑。合作作为区域创新系统的生命线，超越了单一组织的界限，实现了知识、技术、资源等创新要素的跨组织共享与优化配置。这种深度合作不仅激发了整个系统的创新潜能，还促进了创新成果的快速转化与应用，推动了区域经济的持续繁荣。根植性，则是库克区域创新系统理论中的又一核心概念。它体现在创新主体与制度环境之间的紧密联系上，这种联系孕育出了一系列独特的集体资产，包括共享的知识库、创新文化、行业标准等。这些资产构成了区域创新系统的核心竞争力，为区域持续创新提供了源源不断的动力。根植性还塑造了区域特有的学习模式与环境，这种学习不仅基于个体知识的积累，更在于集体智慧的碰撞与融合，使区域创新系统能够灵活应对外部环境的变化，保持持久的创新能力与竞争优势。

库克所定义的区域创新系统，不仅是一个地理空间内的创新网络，更是一个深深植根于特定区域文化、制度环境中的动态发展系统。这一系统以其独有的方式，促进了创新活动的本地化与特色化，使创新成果能够更好地服务于区域经济社会的持续发展。区域创新系统的独特性，在于其难

[①] Cooke, P. Regional innovation systems: Competitive regulation in the new Europe. *Geoforum*, Vol. 23, No. 3, 1992, pp. 365 – 382.

以被其他区域简单复制或模仿,这种独特性源于其深厚的区域文化底蕴与制度环境基础。

威格(Wiig,1995)提出的区域创新系统框架,为我们描绘了一个包含多元主体与功能的综合性体系①。在这个体系中,生产企业集群构成了创新活动的核心力量,它们不仅在生产过程中追求技术创新,还与其他创新主体形成了紧密的合作关系。与此同时,研究机构与教育单位作为知识与技术的重要源泉,不断为区域创新系统注入新鲜血液。它们通过科研活动与教育培养,为生产企业提供了必要的技术支持与人才储备。政府机构在区域创新系统中扮演着至关重要的角色,它们通过制订创新政策、提供资金支持等方式,为创新活动创造了良好的外部环境。此外,商业和金融等创新支持服务机构也是不可或缺的一部分,它们为创新主体提供了资金、市场、信息等全方位的服务,保障了创新活动的顺利进行。

区域创新系统的内部结构,强调了子系统间的互动与协同作用。奥蒂奥(Autio,1998)认为,区域创新系统是由多个相互关联、相互作用的子系统构成的复杂网络,这些子系统间的有效互动是推动区域创新的关键②。托特林(Tödtling,2005)等则具体划分了三个核心子系统:知识生产与扩散子系统负责创新知识的生成与传播,为整个系统提供智力支持;知识应用与利用子系统则专注于将知识转化为实际的技术应用,推动创新成果的商业化;此外,政策及其他外部影响因素构成了区域创新系统的外部环境与支撑体系,它们通过政策引导、市场需求、技术趋势等多种方式,对区域创新系统的运行与发展产生深远影响③。这些子系统的协同作用,共同构成了区域创新系统的强大生命力,推动了区域经济的持续发展与繁荣。

---

① Wiig, K. A., Bilkey, D. K. Lesions of rat perirhinal cortex exacerbate the memory deficit observed following damage to the fimbria – fornix. *Behavioral neuroscience*, Vol. 109, No. 4, 1995, pp. 620.

② Autio, E. Evaluation of RTD in regional systems of innovation. *European planning studies*, Vol. 6, No. 2, 1998, pp. 131 – 140.

③ Tödtling F, Trippl M. One size fits all: Towards a differentiated regional innovation policy approach. *Research policy*, Vol. 34, No. 8, 2005, pp. 1203 – 1219.

二、空间经济学理论

人类社会的经济发展深受时空维度的影响，特别是时间的单向流动，对生产活动构成了显著约束。在此背景下，空间分布的结构及其动态变化逐渐进入研究视野。传统经济学在初期往往忽视了空间因素的异质性，将其视为同质的背景，这导致诸如区域经济板块化、规模收益递增及市场不完全竞争等经济现象难以得到合理解释。劳动分工理论与外部经济理论在深入探讨时也面临局限，往往停留在表面描述，缺乏深入机制剖析。20世纪70年代以来，学术界开始探索经济学与地理学的交叉融合，引入运输成本、贸易分工、外部效应，特别是空间集聚等概念，这一努力催生了新经济地理学的兴起。新经济地理学将地理空间维度纳入经济学分析框架，极大地丰富了主流经济学的理论内涵，提升了研究的精确度和深度。这一转变不仅为经济活动的空间分布特征提供了科学解释，也为分析收益递增、生产要素空间流动以及经济空间布局优化等复杂经济现象提供了有力工具和方法论基础，推动了经济学理论的创新与拓展。

（一）"核心—边缘"理论

在区域经济学的理论殿堂中，弗里德曼（J. R. Friedman）于1966年在其里程碑式著作《区域发展政策》中首次提出的"核心与边缘"理论，无疑为后来的研究者开辟了一片全新的视野。这一理论框架，随后在1969年的《极化发展理论》中得到了进一步的拓展与深化，成为阐释区际或城乡间非均衡发展模式的理论瑰宝。

弗里德曼的理论深刻地指出，任何空间经济系统都是由核心区和边缘区这两大具有鲜明属性的区域构成。这一理论不仅揭示了区域经济从孤立、分散状态，向内部联系紧密但发展不平衡的系统转变的过程，更预示了这种不平衡最终将走向相互关联的平衡发展的未来。其核心在于强调，区域经济的增长始终伴随着经济空间结构的深刻变迁。经济空间结构的变化，宛如一幅生动的历史画卷，可以清晰地划分为四个阶段。在最初的前工业化阶段，生产力水平相对较低，农业是经济的支柱，工业产值仅占一小部分。此时，各地经济发展相对均衡，城镇发展缓慢且各自为政，区际间的联系较为松散，宛如一盘散沙。随着工业化初期的到来，城市开始崭露头角，工业产值逐渐上升。然而，这一时期的经济发展却呈现出一种不平衡的态势。资源要素如同追逐光明的飞蛾，纷纷从经济梯度较低的边缘区流向梯度较高的核心区。核心区因此获得了强劲的发展动力，经济实力显著增强，与边缘区的差距日益扩大。进入工业化成熟阶段，工业产值在经济中的比重进一步攀升，核心区的发展势头更加迅猛。然而，值得注意的是，此时核心区的资源要素开始出现了回流的现象。边缘区的工业产业群开始逐渐集聚，仿佛一颗颗新星在夜空中悄然升起。最终，当经济步入后工业化阶段，空间结构达到了相对均衡的状态。资金、技术、信息等要素如同春风般从核心区吹向边缘区，整个区域逐渐形成一个功能上紧密相连的城镇体系。大规模的城市化区域如同雨后春笋般涌现，区域发展开始呈现出一种关联和平衡的趋势。通过这四个阶段的细致描绘，弗里德曼的"核心与边缘"理论为我们勾勒出了一个清晰、生动的区域经济发展过程及其空间结构变化的框架。这一理论不仅为我们提供了深入理解区域经济发展规律的"钥匙"，更为我们制订科学合理的区域发展政策提供了有力的理论支撑。

克鲁格曼（Krugman，1991）对弗里德曼的核心—边缘理论进行了完善，并提出核心—边缘（CP）模型，为新经济地理学的发展奠定了基础[①]。自核心—边缘模型（Core – Periphery Model，CP模型）问世以来，其理论体系在多位学者，包括克鲁格曼本人的不懈努力下，得到了持续的丰富、完善与创新，逐步奠定了新经济地理学诸多模型的理论基石。该模型通过严谨的数理分析，揭示了经济系统如何从初始的对称结构，经由制造业人口迁移的内生过程，自然演化为包含工业核心区和农业边缘区的非对称结构。这一过程深刻展示了运输成本、生产要素流动以及规模收益递增如何

---

① Krugman, P. Increasing returns and economic geography. *Journal of political economy*, Vol. 99, No. 3, 1991, pp. 484 – 499.

共同驱动经济结构在空间维度上的动态演变。

在CP模型中,生产的均衡状态由生产者追求利润最大化和消费者追求效用最大化的双重目标共同决定。劳动力要素在地区间实际工资差异的驱动下流动,直至达到一种动态的平衡状态。这一过程不仅体现了市场机制的调节作用,也揭示了经济空间结构演化的内在逻辑。克鲁格曼进一步指出,核心与边缘的界限并非一成不变,而是随着经济发展、技术革新及市场需求波动的脚步不断调整和演变。在CP模型的框架下,核心区域作为经济增长与创新活动的引擎,凭借其强大的经济实力和吸引力,汇聚了先进的生产技术、完善的基础设施和高效的市场机制,成为资本、人才、信息等关键因素的聚集地。这些要素通过技术创新、产业升级和市场扩张等途径,持续推动核心区域的经济增长,并对边缘区域产生显著的辐射和带动作用。

相比之下,边缘区域在CP模型中则处于相对滞后的发展阶段。它们往往面临资源匮乏、资本投入不足、技术水平落后、产业结构单一及市场竞争力薄弱等挑战。然而,随着核心区域辐射效应的增强,边缘区域也迎来了发展的转机。通过承接产业转移、学习先进技术和管理经验,边缘区域能够逐步提升自身的经济实力和发展水平,实现经济的追赶和跨越。

CP模型的一个显著特点是其动态性。它强调核心与边缘的界限并非静态不变,而是随着时间和空间条件的变化而动态调整。在这一过程中,一些边缘区域可能凭借自身的发展努力和外部环境的改善,逐渐崭露头角,成为新的核心区域;而一些原有的核心区域则可能因技术停滞、市场萎缩等不利因素而陷入困境,逐渐被边缘化。这种动态变化不仅丰富了我们对经济空间结构演化的认识,也为区域发展政策的制定提供了重要的启示。此外,CP模型还着重强调了区域间的互动与合作。它指出,核心区域与边缘区域之间并非简单的竞争关系,而是可以通过加强产业协作、技术创新和资源共享等方式,实现互利共赢。这种区域间的互动与合作,有助于促进区域经济的协调发展,缩小地区间的差距,推动经济整体向更高水平迈进。新经济地理学作为研究空间因素对经济发展影响的学科,高度重视地理空间在资源配置、经济增长和创新活动中的作用。CP模型通过引入核心与边缘的概念和动态分析框架,为新经济地理学提供了更为具体、深入的分析工具。它不仅深化了我们对区域空间发展不平衡的理解,还揭示了核心与边缘之间动态变化和互动关系的复杂性。

综上所述,克鲁格曼的核心—边缘模型是对弗里德曼理论的继承与发展,它为我们提供了研究区域经济空间结构演化的新视角和理论支撑。通过运用 CP 模型,我们能够更加全面地把握区域经济的发展规律,为制订科学合理的区域发展政策提供有力的理论依据和实践指导。

(二) 局部溢出模型

科科 (Kokko, 2001) 等共同提出了一种经济学领域的创新模型——局部溢出模型,该模型深化了对经济繁荣与空间分布关联性的理解,被视为整体溢出模型的一个精细化变种[1]。与整体溢出模型忽视空间衰减效应不同,局部溢出模型着重考虑了空间距离在技术与知识传播中的角色。模型揭示了一个关键现象:知识溢出效果与空间距离呈负相关,即距离越近,知识传递越高效,反之则减弱。此模型进一步阐述了外部资源如何在特定区域内实现本土化整合,催生集聚效应,并驱动经济体系从非均衡状态向均衡状态过渡。在这一动态过程中,市场竞争的离心力和市场放大的集聚力成为关键力量。当贸易自由度触及某一阈值时,这两种力量将决定性地引导资源流向特定区域。若此时集聚力占据上风,区域内部资源迅速累积,外部资源则相应流失,直至系统达到新的稳定状态。局部溢出模型还指出,区域间知识与技术的非均衡溢出虽初看似乎加剧了发展差异,实则在更深层次上促进了经济的整体均衡,展示了空间差异性如何成为推动经济均衡发展的新动力。

在经济地理学的广阔研究领域中,局部溢出模型作为一项核心理论工具,为揭示经济活动在空间维度上的分布规律与相互作用机制提供了深刻洞察。此模型不仅深化了对区域经济增长、产业集聚及技术创新扩散等现

---

[1] Kokko, A., Zejan, M., Tansini, R. Trade regimes and spillover effects of FDI: Evidence from Uruguay. *Weltwirtschaftliches Archiv*, Vol. 137, 2001, pp. 124–149.

象的理解，还为政策制定与经济发展策略的优化提供了理论支撑。局部溢出模型的核心在于捕捉经济活动在空间上的非均匀分布特性及其相互影响的复杂动态。它强调了经济活动地域性的重要性，这种地域性既源于自然地理条件的差异，如资源分布、地形地貌等，也受社会经济因素的深刻影响，包括历史积淀、政策导向、市场结构等。经济活动在特定空间单元内的集中与分散，不仅反映了资源的自然配置，更揭示了社会经济活动的内在逻辑与规律。

模型中的"局部性"体现在经济活动并非孤立存在，而是与相邻或相关空间单元产生着紧密的联系与互动。这种互动通过溢出机制得以体现，即经济活动在一个空间单元内产生的正面或负面影响，能够跨越地理界限，对周边单元产生作用。正面的溢出效应可能包括技术创新的外溢、知识的共享、市场的拓展等，这些都有助于提升周边地区的经济活力与竞争力。然而，负面的溢出效应同样不容忽视，如环境污染的扩散、资源的过度开采、市场饱和导致的竞争加剧等，都可能对周边地区造成不利影响。局部溢出模型的核心要素包括空间单元、溢出机制及动态演化三个方面。空间单元作为模型的基本分析单位，可以是宏观的国家或地区，也可以是微观的城市、产业园区等，它们各自具有独特的经济特征、资源禀赋和发展潜力。溢出机制则是连接各空间单元的关键纽带，它涵盖了技术转移、知识交流、市场整合等多种渠道，这些渠道共同构成了经济活动在空间上的复杂网络。动态演化则强调模型的时间维度，即经济活动在空间上的分布与互动并非静态不变，而是随着时间的推移而不断演变，这种演变既受到内部因素如技术进步、产业升级的驱动，也受到外部因素如政策调整、国际贸易环境变化的影响。

在现实经济分析中，局部溢出模型的应用价值显著。首先，它有助于揭示区域经济增长的内在动力，通过量化分析空间单元间的溢出效应，可以清晰地看到技术创新、产业集聚等因素如何促进经济增长，以及这些效应在不同空间尺度上的差异。其次，模型为区域经济政策的制定提供了科学依据。通过模拟不同政策方案下的经济系统演化路径，可以评估政策的有效性、预测政策的实施效果，从而优化政策设计，实现区域经济的协调发展。此外，局部溢出模型还能用于预测经济发展趋势，识别潜在风险，为政府和企业提供前瞻性的决策支持。

尽管局部溢出模型具有诸多优势，但其应用也面临一定的挑战与局限。一方面，模型在构建过程中需要对复杂的经济系统进行简化与抽象，这可能导致某些关键因素被忽略，影响分析的准确性。另一方面，模型的参数设置与初始条件对结果具有重要影响，而这些参数的确定往往依赖于主观判断与经验数据，存在一定的不确定性。因此，在应用模型进行经济分析时，需要综合考虑多种因素，谨慎设定参数，以确保分析结果的可靠性与实用性。同时，随着数据的丰富与技术的进步，不断探索和完善模型，提升其预测精度与适用范围，将是未来研究的重要方向。

三、区域发展理论

（一）区域经济发展收敛理论

区域经济发展收敛理论，常被视为均衡发展的理论基石，它在新古典增长理论的框架下得到了深入阐释。该理论强调，在规模效益保持稳定且生产要素边际收益递减的条件下，各类生态生产要素间展现出高度的可替代性。索罗（Solow，1957）等经济学家在这一领域作出了杰出贡献，他们指出，经济增长的核心动力源自资本、劳动力及技术等关键生产要素的协同配合[①]。新古典增长模型将技术增长率和人口增长率视为外生变量，并预测在边际收益递减的作用下，各区域的人均产出将逐渐接近，从而有效缩小区域间的收入差距。这一模型描绘了一个动态平衡的过程：在时间的推移下，欠发达地区或国家往往展现出更快的发展速度，而发达地区或国家则相对放缓，最终两者在本质上趋于一致，各类生产要素的平均产出也将实现趋同或收敛。这一理论不仅在国家或地区层面具有适用性，还可扩展至企业和人力资本领域。在初期，不同地区或产业的企业可能因资本投

---

① Solow, R. M. Technical change and the aggregate production function. *The review of Economics and Statistics*, Vol. 39, No. 3, 1957, pp. 312–320.

入和劳动力资源的差异而表现各异，但在追求资源高效利用的过程中，这些资源将在产业和地区间自由流动，并逐步实现收敛。尽管人均收入的不均衡现象普遍存在，但低收入地区往往蕴含着更大的增长潜力。劳动力和资本在区域空间内的双向流动，进一步加速了这种收敛效应，有助于缩小区域间的人均收入差距。在利益的驱动下，生产要素会自然流向那些人均收入较低但增长潜力巨大的地区，从而推动这些地区的 GDP 快速增长，使要素收益更加均衡化。这一过程不仅促进了区域经济的均衡发展，还形成了显著的收敛效应。这些观点为新古典区域经济均衡发展的理论提供了有力支撑，揭示了经济发展中的内在规律和趋势。

均衡发展理论的一个显著缺陷在于其未能充分考虑现实约束：多数地区，特别是经济欠发达地区，往往缺乏推动全面均衡发展的充足资本与资源。因此，在经济发展的起始阶段，实现所有产业和地区的同步发展显得尤为困难。此外，该理论对规模效应和技术进步在经济发展中的关键作用有所忽视。它似乎假定在完全竞争市场中，供求关系能单独引导劳动力和资本的流动，进而决定工资和资本收益率，但这一假设与现实相去甚远。

市场力量往往加剧而非缓解地区差异。发达地区凭借更完备的基础设施、更优质的服务和更广阔的市场，对资本和劳动力展现出更强的吸引力，这导致极化效应显著，促进了规模经济的形成。尽管也存在由发达地区向周边地区的扩散效应，但在完全竞争的市场环境下，极化效应往往更为突出，从而加剧了地区间的经济差异。同时，不同区域的技术条件差异也对资本收益率产生深远影响。因此，资本要素的流动可能使不发达地区面临更为严峻的资本短缺问题，进一步加大了其经济发展的难度。

综合来看，区域均衡发展理论过于理想化，采用静态分析的方式简化了复杂的现实问题。它与发展中国家的实际情况存在较大偏差，难以准确解释实际的经济增长过程，也无法为区域发展问题提供有效的解决方案。相比之下，在经济发展的初期阶段，非均衡发展理论更符合发展中国家的现实状况，具有更强的合理性和实践指导意义。它认识到资源有限性和地区差异性的客观存在，并主张通过优先发展具有比较优势的产业和地区，逐步带动整体经济的非均衡但快速增长。

(二) 区域经济增长发散理论

区域经济增长发散理论，又称非均衡发展理论，挑战了新古典经济学中的生产要素边际递减观念，获得了学术界的广泛关注。该理论基于一个核心假设：生产要素的边际收益呈递增趋势。这一假设指出，生产要素更倾向于流向具有更高效率和更大潜力的区域，导致资源在不同区域间的不均衡分配。这种不均衡的资源流动，不仅未能缩小区域差距，反而加剧了各地之间的发展差异，形成了区域经济的非均衡增长格局。

以卢卡斯（Lucas，1980）和罗默（Romer，1987）为代表的内生增长理论，为区域经济发展开辟了新视野。与新古典理论不同，内生增长理论淡化了外生技术的影响，转而聚焦于人力资本、劳动分工深化、开放经济环境及知识外溢等内生因素，视其为驱动经济增长的核心力量[1]。这一理论框架，也被称为新经济增长理论，将创新与技术进步内生化，视为区域经济发展的根本引擎。在内生增长理论下，一个地区若能吸引更多高质量的人力资本，便能实现生产要素收益率的提升，进而拉大与其他地区的差距。随着时间的推移，经济增长的"虹吸"效应越发显著，要素吸引力持续增强，而外生因素的作用逐渐减弱[2]。这一过程可能导致地区间经济发展差异不断扩大，凸显了政府适度干预的重要性。面对区域发展不均衡的挑战，政府需要通过精准的政策调控和资源配置，努力缩小地区差距，促进经济的均衡与可持续发展。通过优化教育投资、提升劳动力技能、加强区域合作与创新体系建设等措施，政府可以有效提升不发达地区的内生增长能力，缓解区域发展失衡问题。这不仅有助于实现经济的整体繁荣，也是构建和谐社会、促进公平正义的必然要求。

外部性经济增长理论，由阿罗（Arrow，1986）、罗默等杰出学者提出并发展，为经济增长理论注入了新的活力。阿罗在马歇尔的知识溢出理论

---

[1] Lucas, R. E. Methods and problems in business cycle theory. *Journal of Money, Credit and banking*, Vol. 12, No. 4, 1980, pp. 696–715.

[2] Romer P M. Growth based on increasing returns due to specialization. *The American Economic Review*, Vol. 77, No. 2, 1987, pp. 56–62.

基石上，深化了对外部性在经济增长中催化作用的理解，并在其著作《边干边学的经济含义》中，创新性地构建了"干中学"经济模型。这一模型揭示了实践活动中的学习效应如何通过知识溢出，持续推动经济增长①。罗默则在此基础上，进一步拓展、构建了知识溢出增长模型，将知识溢出这一关键要素内嵌于经济增长模型之中，使之成为驱动经济增长的内生力量②。该理论指出，尽管要素边际收益递减可能导致经济增长速度放缓，但知识溢出的存在却能有效缓解甚至逆转这一趋势。知识溢出不仅加速了知识的积累，更为经济长期增长提供了源源不断的动力。1988年，卢卡斯提出了具有深远影响的人力资本溢出增长模型，将知识溢出的概念具体落实到人力资本层面。他强调，人力资本作为知识的载体，是经济增长的根本源泉。人力资本的外部性影响，对经济增长具有显著的正面效应。作为一种极具活力的生产要素，人力资本在使用中不仅不会消耗，反而能通过持续的投资产生巨大的知识外溢和知识累积效果，从而不断扩大经济规模收益，推动经济持续健康发展。这些理论共同揭示了知识溢出和人力资本在经济增长中的核心地位，为区域经济研究提供了全新的理论视角和分析框架，有助于我们更深入地理解区域经济发展的内在机制和动力源泉。

佩鲁（Perroux，1950）的增长极理论，作为西方区域经济学的重要基石之一，为不平衡发展理论提供了有力支撑③。区域经济学者将外部性经济增长理论融入地理空间视角，为解析与预测区域经济的内在构造与外在布局提供了新工具。20世纪50年代，佩鲁提出的增长极理论，为区域经济发展描绘了一幅非均衡增长的蓝图。该理论的核心在于，经济增长并非遍地开花，而是优先在那些创新能力突出的地区扎根。这些地区凭借强大的创新能力，形成产业集聚，逐渐发展成为经济增长的"极点"。佩鲁认为，生产要素应向这些创新能力强的区域集中，以营造更为优越的生产环

---

① Arrow K J. Rationality of self and others in an economic system. *Journal of business*, 1986, pp. S385 – S399.

② Romer P M. Crazy explanations for the productivity slowdown. *NBER macroeconomics annual*, Vol. 2, 1987, pp. 163 – 202.

③ Perroux F. Economic space: Theory and applications. *The quarterly journal of economics*, Vol. 64, No. 1, 1950, pp. 89 – 104.

境。增长极的形成,不仅自身能够迅速崛起,还能通过乘数效应,激发其他部门的增长活力,带动周边地区的快速发展。如果把经济空间看作一个力场,那么增长极就是其中的关键推动单元,如同磁场中的磁极,经济活动的强度在增长极处最为显著。

从狭义层面看,经济增长极主要包括产业增长极、城市增长极以及潜在的经济增长点。这些增长极以其独特的优势,成为区域经济发展的引擎。而从广义角度,经济增长极则涵盖了更多促进经济增长的积极因素,如制度创新、对外开放、消费热点等。这些因素相互交织,共同构成了推动区域经济持续前行的强大合力。增长极通过不同的渠道向外扩散影响力,对整个经济体系产生广泛而深远的影响。它们不仅促进了区域内产业结构的优化升级,还推动了区域间的经济合作与交流,为区域经济一体化发展奠定了基础。因此,增长极理论为我们揭示了一个重要的经济现象:经济增长并非普遍均匀,而是先在某些特定的增长点或增长极上显现,并通过这些增长点的辐射作用,对整个经济体系产生多样化的最终影响。这一理论为区域经济发展提供了宝贵的启示和借鉴。

在经济学界,Hirschman 的不平衡增长理论被广泛接纳并深入研究,它为我们提供了一个独特的视角来理解区域经济发展的非均衡特性[1]。该理论强调,在经济增长的进程中,地理空间会逐渐分化为两类区域:一类是经济较为发达的地区,另一类则是相对欠发达的地区。其中,发达区域在地理空间布局上占据了核心位置,对周边的欠发达地区产生了显著的极化效应。极化效应,是指发达区域凭借其经济优势,吸引并集中了大量的生产要素,如资本、技术、人才等,从而进一步拉大了与欠发达地区之间的差距。这种资源的高度集中,使发达区域的经济活动更加活跃,经济增长速度也更为迅猛。然而,极化效应并非只带来负面影响,它同时也为欠发达地区提供了学习和追赶的机会。与极化效应相对应的是涓滴效应。随着发达区域经济的不断发展,其生产要素的溢出效应开始显现,即部分资源、

---

[1] Andersson, M. Ekonomporträttet: Albert Otto Hirschman. *Ekonomisk Debatt*, Vol. 26, No. 3, 1998, pp. 201–208.

技术和信息开始流向欠发达地区，促进了这些地区的经济发展。涓滴效应的存在，有助于缓解区域间的发展不平衡，缩小经济差距。它像一股暖流，滋润着欠发达地区的经济土壤，使其逐渐焕发生机。然而，区域间的发展差距并非一蹴而就，而是极化效应与涓滴效应共同作用的结果。在经济发展的初期阶段，极化效应往往占据主导地位，资源要素更多地流向发达区域，导致地区间的差距不断扩大。但随着时间的推移，涓滴效应逐渐增强，资源要素开始回流至欠发达地区，为这些地区带来了发展的机遇。从长期发展的角度来看，尽管极化效应在早期可能更为显著，但随着经济体系的不断完善和发达区域的日益强大，涓滴效应的作用也逐渐凸显。它不仅能够促进欠发达地区的经济发展，还能够增强整个经济体系的稳定性和韧性。因此，在推动区域经济发展的过程中，我们需要充分认识到极化效应与涓滴效应的平衡关系。既要发挥发达区域的引领作用，又要注重欠发达地区的发展需求，通过政策引导和市场机制相结合的方式，实现资源的优化配置和经济的协调发展。只有这样，我们才能推动区域经济朝着更加均衡、可持续的方向发展。

米达尔（Myrdal，1957）提出的累积因果理论，又称为循环累积因果理论，为我们揭示了社会发展动态过程中的深刻机理[①]。这一理论主张，社会变迁并非孤立事件的简单堆砌，而是一个由众多相互关联、相互影响的因素构成的复杂系统。在这个系统中，各个因素之间形成了错综复杂的因果关系链，一旦某个变量发生变化，就会触发一系列连锁反应，而这些反应又会反过来影响初始变量，形成一种循环累积的效应。在现实生活中，社会发展的每一步都深受多种变量的共同塑造。这些变量相互交织、相互渗透，共同累积着对社会的影响。特别是在市场机制的驱动下，地区间的发展差异往往会被进一步放大，而非自然趋向于平衡。当一个地区在初始阶段就展现出良好的发展势头时，它会借助这一先发优势，加速吸引和集中各种有利资源，从而与其他地区拉开更大的发展差距。

---

① Myrdal, G. Economic nationalism and internationalism: The Dyason lectures, 1957. *Australian Outlook.* Vol. 11, No. 4, 1957, pp. 3–50.

米达尔的累积因果理论特别强调了两种关键效应：回流效应和扩散效应。回流效应，如同一种无形的力量，推动着资源、人才、技术等生产要素从相对落后的地区流向经济更为发达的地区。这一过程不仅加剧了地区间的不平衡发展，还使发达地区在资源的滋养下越发强大。而扩散效应，则像是一股温暖的风，试图将发达地区的经济成果和资源吹向落后地区，对其产生积极的带动作用。然而，在实际操作中，扩散效应往往弱于回流效应，使地区间的差距难以在短时间内得到有效缩小。经济发展的历程往往始于那些经济基础较为坚实的地区。这些地区凭借初始的领先地位，能够更快地吸引和积累各种有利因素，从而触发循环累积效应。这种效应如同滚雪球般不断壮大，使发达地区与落后地区之间的经济鸿沟日益加深。

米达尔的累积因果理论不仅为我们理解地区经济差距和城乡发展差异提供了有力的理论支撑，还为后来的区域发展理论，如点轴开发理论和梯度转移理论等，奠定了重要的基础。它深刻地揭示了社会经济发展过程中的动态性和复杂性，提醒我们在面对区域发展不平衡问题时，需要采取更加全面、深入的视角和策略。这一理论为我们提供了宝贵的思路和启示，帮助我们更好地应对和解决区域发展中的不平衡问题，推动社会经济的持续健康发展。

冯·杜能（von Thunnen，1840）所提出的圈层结构理论，是工业化与城市化进程中一个极具影响力的空间发展模型。该理论以城市为核心，描绘了一幅区域经济逐步向外扩展的生动图景。城市作为区域经济的引擎，其影响力并非均匀分布，而是随着空间距离的增大而逐渐减弱。因此，区域经济的发展应当紧密围绕城市这一核心，形成层次分明、逐步外拓的圈层状空间布局。城市，作为一个充满活力与变化的区域实体，不仅承载着非农业人口密集的社会经济活动，还与周边地区保持着千丝万缕的联系。这种联系受到空间相互作用"距离衰减律"的制约，即城市的影响力随着距离的增加而逐渐减弱，从而形成了围绕城市建成区为核心、集聚与扩散并存的圈层状空间结构。从城市建成区向外，直至城市边缘乃至郊外，生活方式、经济活动以及用地方式都呈现出一种由中心向外围的有序变化[①]。这种变化不仅体现在空间布局上,更深刻地反映了城市社会经济景观的规则性向心空间层次分化现象。在全球化的背景下,城市和周边地区可以被划分为内圈层、中圈层和外圈层三个层次。内圈层,即我们通常所说的中心城区或城市中心区,这里是高度城市化的区域,第三产业占据主导地位,商业、金融、服务业等高度密集,人口和建筑密度也相对较高。这一区域是城市的经济、文化和政治中心,也是城市形象的重要展示窗口。中圈层,则位于城市边缘地带,兼具城市和乡村的双重特征。这里以第二产业为主,同时积极发展城郊农业,是城市与乡村的过渡地带。随着城市化的推进,这一区域往往成为城市扩张的前沿阵地,也是新兴产业和居住区的重要承载地。外圈层,作为城市影响区,以农业为主导产业,与城市景观形成鲜明对比。这一区域不仅是城市的水资源保护区和动力供应基地,还是城市居民休闲旅游的重要去处。同时,随着城市化的深入发展,外圈层也可能孕育着新的工业区或居住区,成为城市发展的新动力。冯·杜能的圈层结构理论深刻揭示了城市发展与其周边区域间的互动关系,为城市规划者和决策者提供了重要的理论支撑。它告诉我们,在推动城市发展的同时,必须充分考虑其与周边地区的协调发展,以实现区域经济的可持续发展。

四、产业分工理论

(一) 亚当·斯密的分工理论

追溯至1776年,亚当·斯密在其经典之作《国富论》中,创造性地提出了"绝对成本说",这一理论为劳动分工学说奠定了基石。亚当·斯密在书中深刻阐述了"绝对收益"在商品交换中的核心地位,他认为市场行为遵循自然演进的逻辑,其中有一只无形的手在默默调控市场的收益与成

[①] Sinclair, R. Von Thünen and urban sprawl. *Annals of the Association of American geographers*, Vol. 57, No. 1, 1967, pp. 72 – 87.

本平衡。在国际经济版图中，各国因资源条件的千差万别，后发优势也呈现出多样化的面貌。这种差异性导致某些国家在特定商品的生产上拥有无可比拟的成本优势，而其他国家则在其他领域独领风骚。这种互补性恰如一把钥匙，打开了国际间商品交换的大门，使各国能够取长补短，实现共赢。国际分工合作的萌芽，正是根植于这种绝对成本差异之中。它如同一股强大的力量，推动着生产领域的精细分工，使各国能够各司其职，发挥所长。尽管亚当·斯密所描绘的理想状态在复杂多变的现实世界中难以完全实现，但他的理论犹如一盏明灯，照亮了后来者探索国际分工本质的道路。简言之，国际分工的实质在于，各国通过出口那些生产成本相对较低的商品，来换取本国生产成本较高的商品。这种基于成本效益考量的交换逻辑，不仅促进了国际间的商品流通，还加速了生产的专业化进程。它像是一条隐形的纽带，将世界各国紧密相连，共同编织着全球经济一体化的宏伟蓝图。亚当·斯密的思想犹如一颗种子，在历史的长河中生根发芽，茁壮成长。它启示我们，要深入理解国际分工的根源，把握全球经济一体化的脉搏，从而在全球化的浪潮中把握机遇，应对挑战。

（二）大卫·李嘉图的分工理论

大卫·李嘉图（David Ricardo, 1821）在其里程碑式的著作《政治经济学及赋税原理》中，提出了"比较成本说"，这一理论为分工理论的发展注入了新的活力与深度。大卫·李嘉图指出，在复杂的全球经济环境中，并非所有国家都能在所有领域拥有绝对的优势或劣势。然而，这并不意味着国家间无法进行有效的分工与合作。他强调，国家之间可以通过比较各自的相对优势来开展分工。具体而言，每个国家都应专注于生产并出口那些相对于其他国家成本更低的产品，同时进口那些相对成本较高的产品。这种基于相对优势的分工模式，不仅能够提升各国的生产效率，还能促进国际间的商品流通与贸易往来。大卫·李嘉图将这种分工带来的额外收益称为"比较收益"。这一理论深刻揭示了国际分工与贸易的互利互惠性，即国家之间通过分工合作，可以实现资源的优化配置，提升整体的经济福利水平。比较优势理论相较于之前的绝对成本说,更加贴近现实世界的复杂性与多样性。它打破了国家间必须存在绝对优势才能进行分工的局限,为国际分工与贸易提供了更为广阔的空间与可能性。在大卫·李嘉图的视角下,国际分工不再是简单的零和游戏,而是各国共同参与的互利共赢过程。通过比较优势的发挥,各国能够充分挖掘自身的潜力,实现经济的持续增长与繁荣。总之,大卫·李嘉图的比较成本说为分工理论注入了新的活力,为国际分工与贸易提供了更为深入的理论支撑。它不仅揭示了国际分工的互利互惠性,还为各国在全球经济中寻求自身定位、实现共同发展提供了重要的指导与启示[①]。

(三) 马歇尔的产业分工理论

马歇尔在其经典著作《经济学原理》中,以独到的视角将工业布局、企业生产规模与企业经营职能相结合,深入剖析了分工对劳动报酬的积极推动作用。他不仅从外部经济和内部经济两个维度进行了详尽阐述,更为后续的经济学研究开辟了新的思路。在马歇尔的经济学思想中,区域专业化的优势被凝练为三大方面。首先,专业化的服务与中间产品。在产品从生产到销售的完整链条中,涵盖了原材料供应、中间产品加工、运输、包装以及一系列专业配套服务等环节。当某一行业内众多企业形成集聚效应时,不仅能吸引上游的专业供应商入驻,还能通过资源共享和流程优化,显著提升生产效率,从而在激烈的市场竞争中占据优势地位。其次,专业化的劳动力。企业集聚促进了人才流动和技能交流,使劳动力市场更加专业化,为企业提供了稳定且高质量的人才储备。这种劳动力的专业化不仅提升了企业的生产效率,还促进了技术创新和产业升级。最后,专业化的技术。在马歇尔看来,企业间的技术外溢是区域专业化不可或缺的一环。通过技术交流与合作,企业能够获取最新的专业知识和技术创新成果,进而提升自身的核心竞争力。进入20世纪90年代,随着全球化的深入发展,价值链分工理论应运而生。这一理论将企业的生产经营活动细分为设计、

---

① Ricardo, D. *On the principles of political economy*. London: J. Murray, 1821, pp. 34–36.

生产、销售等多个环节,每个环节都构成了产品价值链的一部分。国际分工的研究重点也随之发生了转变,从产业间分工深入产业内分工,乃至产品内分工。产品内分工强调对产品生产过程中的不同工序进行拆分,并依据各国的比较优势进行全球配置。在这一分工模式下,发达国家凭借其技术优势和品牌影响力,往往占据了价值链两端的高附加值环节,如研发设计和市场营销。而新兴工业化国家则凭借交通便捷和工业基础优势,主要承担物流运输等具有一定利润的环节。发展中国家则因劳动力成本较低,主要集中于加工组装等低附加值环节。产品内国际分工的主要实现方式包括国外直接投资(FDI)和海外并购等。随着国际运输成本的持续下降和贸易自由化的不断推进,产品内国际分工呈现出蓬勃发展的态势,为全球经济的繁荣注入了新的活力。

(四)演进的马歇尔区域产业分工理论

后世经济学家在马歇尔理论的基础上,进一步提炼了区域专业化的三大核心优势。首先,专业化的服务与中间产品,它们在产业链的高效运作中扮演着举足轻重的角色。当某一行业的企业在特定区域形成集聚时,往往会吸引上游的专业供应商前来配套,这不仅优化了生产流程,还显著提升了整体效率和市场竞争力。其次,专业化的劳动力成为区域专业化的另一大支柱。它为产业发展提供了稳定且高质量的人才保障,使企业能够专注于核心业务,而无须为人才短缺而担忧。这种劳动力的专业化不仅提升了生产效率,还促进了技术创新和产业升级。最后,专业化的技术也是不可或缺的一环。它使企业能够通过技术溢出效应,及时获取最新的知识和技术创新成果,从而保持领先地位。这种技术的专业化不仅推动了企业自身的发展,还带动了整个产业链的升级和转型。

进入20世纪90年代,价值链分工理论逐渐崭露头角。这一理论将企业的生产经营活动细化到设计、生产和销售等各个环节,使国际分工的研究重心从产业间分工转向产业内甚至产品内分工。产品内分工的核心在于将产品的不同生产环节进行拆分,并根据各国的比较优势进行全球配置。然而,不同生产环节的附加值存在差异,发达国家往往占据高附加值的环节，而发展中国家则主要集中在低附加值环节。产品内国际分工的主要实现方式包括国外直接投资（FDI）和海外并购等。随着国际运输成本的降低和贸易自由化的推进，产品内国际分工得到了快速发展，为全球经济带来了更多的合作机会与发展空间。这种分工模式不仅促进了资源的优化配置，还推动了全球经济的共同繁荣与发展。

区域产业分工的驱动力主要植根于对区域利益的深切追求。这一追求体现在多个层面，首先且最重要的是，通过有效利用区域内各具比较优势的自然和社会经济资源，区域产业分工能够解锁丰富的区域比较利益。这些比较利益大致可被划分为两大类：绝对比较利益和相对比较利益。绝对比较利益源自区域内不同城市或地区在某些产品或行业上的生产效益的绝对优势或劣势。当每个地区都专注于发展自身具有绝对优势的产业时，通过区域间的贸易往来与竞争，它们能够获取显著的经济利益。这种分工模式促进了资源的优化配置，提升了整体生产效率。而相对比较利益则体现在经济发展具有相对优势或劣势的区域之间。在与其他区域的贸易比较中，具有较大优势差幅的产业往往被发展为主导产业，而对于劣势区域，它们则选择劣势差幅相对较小的产业作为发展重点。这种选择策略旨在通过最小化劣势，最大化区域利益。

此外，区域产业分工还带来了区域经济利益的另一重要来源：地区专业化部门通过其他行业的专门服务获得的经济利益。当相关行业实现专门化生产或服务时，服务成本得以有效降低。同时，区域产业分工促进了基础设施的共享，减少了地区基础设施建设费用。这不仅提升了资源利用效率，还促进了区域经济的可持续发展。更重要的是，区域产业分工推动了高效率、有专门技能的劳动力市场的形成。这种市场使生产企业能够迅速找到所需的优质劳动力，降低了因搜寻劳动力而产生的时间和信息成本。这种成本节约和效率提升共同构成了区域规模经济利益的重要组成部分。区域产业分工还加速了专业技术的传播与扩散，为区域带来了外部经济性利益。这种利益不仅提升了区域的技术水平，还促进了区域经济的整体繁荣与发展。

五、合作创新理论

(一) 合作创新系统的构成

在探讨区域内各城市间的创新合作时,我们必须将其视作一个整体系统,进行全方位的考量。这一过程并非仅仅是生产要素的叠加,而是涵盖了多个城市、多种创新主体之间的复杂竞争与合作关系。各城市之间通过资金、技术、人才、信息等要素的流动,形成了紧密的关联,各子系统在相互作用中构建出独特的共生生态。

基于对粤港澳大湾区创新合作现状的深入剖析,以及对创新能力和创新效率的细致度量,我们不难发现,这一区域已形成了一个高度融合、合作紧密的创新系统。参照陈丽娟(2018)在创新系统构建方面的独到见解,本书将粤港澳大湾区的创新子系统细分为创新驱动子系统、创新主体子系统、创新环境子系统以及创新辐射子系统[①]。这一划分有助于我们更清晰地理解该区域创新系统的构成与运作机制,具体如图 2-1 所示。

在粤港澳大湾区中,创新驱动子系统扮演着引领区域资源流动与合作的核心角色,构建了推动区域合作创新的强大动力机制。这种创新合作的驱动力源自多个方面,包括主体、资源和环境等因素,因此驱动子系统可细分为主体驱动、资源驱动和环境驱动三个维度。尽管不同主体拥有各自的需求,但在追求利润、政策效应等共同目标的过程中,它们之间无形中形成了合作的基础。城市间资源禀赋的差异为合作提供了差异化的条件,有助于实现资源互补和成本优化。创新环境则对创新合作的外部限制产生影响,科研设施和实验室的分布密度直接关系到创新和合作的能力。城市间的交通互联对创新合作具有显著影响,能够缩短物理空间上的时间距离。在文化相似性的加持下,这进一步促进了创新资源的合理流动,从而提升了创新合作的效率。由于不同城市在创新政策上存在差异,为了推动城市

[①] 陈丽娟:《我国智能制造产业发展模式探究——基于工业 4.0 时代》,载于《技术经济与管理研究》2018 年第 3 期。

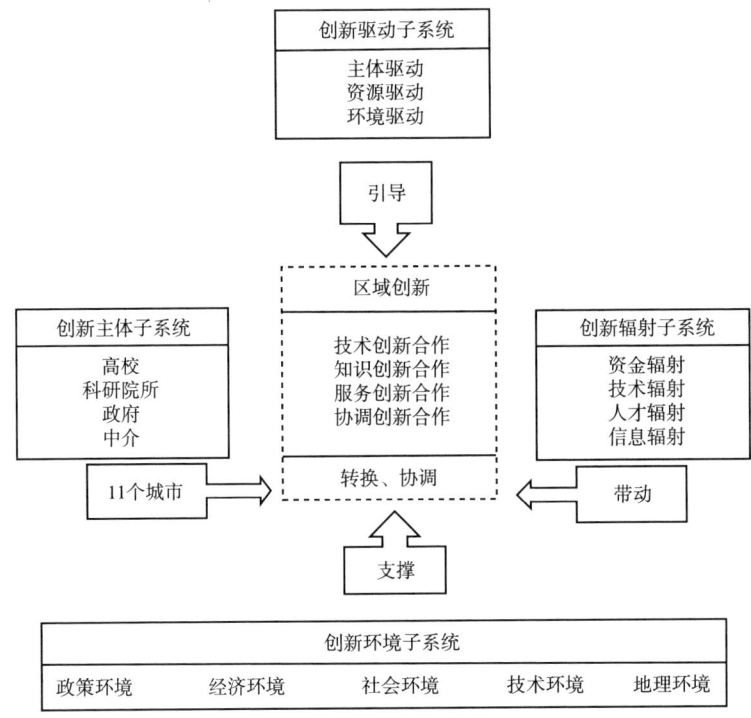

图 2-1　合作创新系统构成

间的合作，需要建立一种协调机制，确保政府部门间的统一行动。创新主体自身的发展需求、区域创新资源的配置方式，以及政策、文化和市场等外部环境的协调，这些因素共同构成了粤港澳大湾区城市创新合作的驱动子系统。这一子系统不仅涵盖了驱动力的各个方面，还强调了合作机制的重要性，为区域创新合作提供了坚实的支撑。

粤港澳大湾区的创新主体子系统，是由高校、科研院所、政府、中介机构及企业等众多要素构成的复杂网络。这一系统并非单纯要素的堆积，而是经过创新合作的锤炼，形成了一个协同高效的有机体，促使技术、人才、资金、信息等生产要素在各主体间得以顺畅流通和高效配置。合作的主体范围广泛，既可以是城市内部的多元主体间的协作，也可以是跨越不同城市的主体间的联动。合作模式丰富多样，既可以是基于产业技术层面的深度合作，也可以是产学研之间的紧密融合。同时，根据政府在合作中扮演的角色和影响力的大小，合作模式还可进一步细化为政府主导型和市场主导型等不同类型。在创新联盟的构建中，各类创新主体发挥着各自独特的作用，共同编织成一个多维度的子系统。例如，高新技术企业凭借其在技术创新方面的优势，可以成为引领区域合作创新联盟的核心力量；政府则通过制订政策、引导资源和协调各方，发挥着政策驱动型区域合作创新联盟的核心作用；科研机构凭借强大的科研实力和丰富的创新资源，能够形成以科研创新为主导的区域合作创新联盟；而中介机构则以其资源整合和信息共享的能力，构建起服务支持型区域合作创新联盟。这些创新联盟的建立和运作，不仅极大地提升了粤港澳大湾区的整体创新能力和水平，也为该区域的可持续发展注入了源源不断的动力，推动着大湾区在创新发展的道路上不断前行。

创新辐射子系统通过城市间的紧密合作，推动生产要素在城市间自由流动，从而产生扩散效应，进而对合作绩效产生深远影响。人才、技术、资金、信息等要素的交换流动是区域创新扩散效应得以实现的关键环节。例如，企业可以与高校和科研院所建立技术研发合作关系，共同推动技术成果的辐射扩散。对于资金短缺的创新主体，可以通过技术参股的方式参与其他主体的研发与生产经营活动。此外，政府也可发挥引导作用，促进各创新主体联合设立风险基金，在风险共担的基础上，降低市场风险，为各方提供技术创新支持。企业与高校联合设立技术研发中心，不仅为企业提供必要的资金支持，实现资金辐射效应，同时也有助于培养专业人才，为企业储备人才资源，实现人才辐射效应。各创新主体共同开发创新平台，可实现信息资源的共享，形成紧密的创新链条，从而实现信息扩散效应。区域创新合作本质上是一个创新资源辐射的过程，涉及城市间以及各创新主体间的资源流动。在创新主体需求的推动下，生产要素资源在不同城市间流动，形成了各具特色的合作创新辐射子系统。创新主体子系统的健康发展，推动了创新辐射子系统的有效运行；反之，创新辐射子系统在城市间生产要素的流动又进一步促进了创新主体子系统的有序发展，实现了资源的优化配置和利益最大化。根据创新主体合作方向的不同，粤港澳大湾区创新辐射子系统可细分为以人才合作为主的人才辐射子系统、以技术合作为主的技术辐射子系统、以信息合作为主的信息辐射子系统和以资金合作为主的资金辐射子系统。这些子系统相互交织,共同构成了大湾区创新辐射的完整网络。

企业创新活动无法脱离其所处的环境而独立进行,创新环境对于各项创新活动以及各个创新子系统具有至关重要的支撑作用。它为城市创新提供了稳定的市场保障机制、全方位的创新服务、充满活力的创新氛围、健全的创新基础设施以及必要的政策与资金保障。由于不同区域和城市在地理、资源、历史以及政策支持力度等方面存在差异,因此,在政策环境、社会文化环境、市场环境、基础设施环境等方面也会展现出各自的特点。为了实现城市间生产要素的高效利用,促进资源流动和文化交流,构建一套良好的环境系统显得尤为关键。在本书的研究中,我们将粤港澳大湾区的城市创新合作环境子系统划分为以下几个主要方面:合作政策环境、合作经济环境、合作社会环境、合作技术环境以及合作地理环境。这些环境子系统共同构成了大湾区城市创新合作的重要支撑体系。

(二) 创新合作的模式

基于不同的合作手段、内容、形式和主体地位,创新合作模式可呈现出多样化的形态。在全球范围内,其他湾区已经积累了创新合作发展的先进经验,这些经验为粤港澳大湾区城市间的创新合作提供了宝贵的模式参考。

从合作手段来看,创新合作模式可涵盖创新主体流动、创新成果交易、共建创新载体、研发项目合作以及基金合作等多种形式。由于创新主体的空间分布不均衡,它们会基于自身发展需求在不同城市间流动,促进知识技术的转移,满足各方对人才、知识技术等资源的需求。创新成果交易则涉及技术成果的跨城市引进与出售、技术参股等方式,旨在满足各方在创新上的需求。共建创新载体是一种通过联合设立研究中心、技术中心、创新基地等合作形式,集合不同城市创新主体及创新资源共同参与创新活动的方式,这种形式有助于加强合作的稳定性和持久性。以共同研发项目为纽带,将企业、高校等主体联结起来,实现优势互补和互惠互利,共同攻克技术难题、提供技术咨询和管理咨询等服务。此外,基金合作形式的跨城市创新合作也是一种有效的模式,涉及创新合作主体共同出资设立风险基金,以支持各参与成员的创新活动。这种合作模式有助于降低创新主体在创新活动中面临的财务风险,增强合作的稳定性和可持续性。综上所述,粤港澳大湾区在推动城市间创新合作时,可以借鉴这些多样化的合作模式,根据自身的实际情况和发展需求,选择适合的合作模式,推动创新合作的深入发展。

基于不同城市间合作内容的差异,跨城市创新合作模式可以细分为以下三种:跨城市技术转移合作模式、跨城市技术创新合作模式以及跨城市科研创新合作模式。技术转移模式主要是通过设立技术转移联盟等方式,在城市间实现技术成果的转移,从而达成合作目标。在此过程中,技术交易数据成为衡量技术转移效果的关键指标。技术创新合作模式则主要聚焦于某个产品创新或某项技术应用上的创新,通过合作研发活动来推动技术进步,其重点在于应用研究。合作专利作为技术创新合作的成果代表,是评估合作效果的重要指标。而科研合作模式则致力于通过合作互助的科学研究活动,达到新的科学知识的探索与发现,其重点在于理论研究。合著论文作为科研创新合作的重要产出形式,能够直观地展示合作成果的质量和影响力。

基于合作形式的差异,跨城市创新合作可细化为产学研合作创新模式以及产业价值链合作创新模式等几种类型。产学研合作创新模式指的是不同城市间的企业、高校及科研院所之间建立起的合作机制。这种模式下,各方资源得以有效整合,高校与科研院所负责提供知识技术支持和人才培养服务,而企业则致力于技术创新成果的转化与应用推广。各方创新主体共同制订技术标准与行业标准,协同解决技术难题,共同推动创新进程。产业价值链创新合作模式则是以技术创新为核心,通过跨城市产业的分工合作构建起的产业价值链。由于不同城市在资源禀赋、历史地理等方面的差异,其产业结构与产业梯次呈现出显著的不同。通过合理布局各城市的产业,可以形成一条完整的产业价值链。这一价值链通过产业的上下游环节及前后向关联,促进了不同城市间产业的紧密衔接,进而实现产业链的整体价值提升。产业链上的各个环节既可以来自同一产业，也可以涵盖不同产业的上下游和前后向分工合作。每个环节上的创新主体只能完成该环节的创新任务，因此需要各方紧密合作、相互衔接，才能最终实现整个产业链的整体创新效应。

根据政府在跨城市创新合作中所扮演角色的差异，可以将合作模式细分为市场导向型与政府导向型。在市场化程度较高、民营经济活跃的区域，市场导向型合作模式占据主导地位。在此模式下，企业是创新的核心力量，政府主要扮演服务与支持的角色，通过政策协调来整合不同地区的创新发展目标，而非直接干预创新合作活动。由于各创新主体所掌握的资源各有特色，其在创新合作中的地位也会有所不同，从而形成了企业主导、高校与科研院所主导以及创新服务中介机构纽带型等多种合作模式。以企业为核心的跨城市创新合作模式强调企业在整个合作过程中的主导地位，负责整合其他创新主体的资源，形成合力。而以高校和科研院所为核心的模式中，这些机构在关键技术、知识与人才培养方面发挥关键作用，其他主体则为其提供产业化支持或服务。当涉及跨学科、跨部门的复杂创新合作时，创新服务中介机构作为纽带，能够有效链接各城市的创新主体和资源，促进合作顺利进行。相较之下，政府导向型合作创新模式则以政府为主导，通过政府设立的平台或直接行政手段推动创新合作。在创新合作的初期阶段，政府往往扮演牵线搭桥的角色，引导创新主体参与跨城市合作。而在政府控股较多或干预较强的地区，政府推动成为合作的主要动力，如京津冀地区的协同发展便是典型例子。对于粤港澳大湾区而言，其发展环境更适宜市场导向型创新合作模式，这也是该地区正在积极采用的合作模式。在这种模式下，政府主要提供政策支持和环境优化，而企业、高校、科研院所等创新主体则在市场中自由竞争、合作，共同推动创新活动的深入发展。

跨城市创新合作模式多样，对于粤港澳大湾区的各个城市不同创新主体和创新资源应该根据自身所拥有的资源、所处地位、所处环境选择适合其当期阶段的合作模式。众多的创新合作发展模式，为粤港澳大湾区高效创新合作提供了可能路径。

第三章

粤港澳大湾区城市内部合作创新能力评价

基于合作视角，城市的创新能力决定了一个区域经济社会发展能力，也为城市间更好地合作利用创新资源提供了实力保障。本章介绍了粤港澳大湾区创新发展现状，采用粤港澳大湾区 11 个城市 2019 年的截面数据，使用因子分析法对各个城市的创新能力进行评价，从而准确把握各城市的创新能力现状，结合粤港澳大湾区各城市创新能力特点，精准施策。

第一节 粤港澳大湾区创新发展现状

粤港澳大湾区包括香港特别行政区、澳门特别行政区和广东省珠三角九市的广州市、深圳市、珠海市、佛山市、惠州市、东莞市、中山市、江门市、肇庆市，一共 11 个城市。粤港澳大湾区总面积 5.6 万平方公里，占全国的 0.58%，2020 年末总人口约 7000 万人，占全国的 5.11%。与世界其他湾区相比，人口相当于纽约湾区的 3 倍，东京湾区的 1.5 倍，旧金山湾区的近 10 倍。从土地面积来看，粤港澳也是最大的，有 5.6 万平方公里，而纽约湾区只有 2.1 万平方公里，旧金山只有 1.8 万平方公里，东京湾区面积是粤港澳大湾区的 2/3。从城镇人口规模看，粤港澳湾区不包括港澳的人口是 5241 万人，包括港澳是 6041 万人，可以看出区别还是很大。

大湾区的常住人口城镇化率很高，有85%，基本已经达到世界发达国家水平，完成了城镇化进程。但是户籍人口城镇化率仅有53.3%，相当于全国常住人口城镇化率的平均水平，比全国户籍人口城镇化率高出10多个百分点。从户籍人口城镇化率来看，粤港澳湾区在世界上还属于中等国家水平，目前是中国开放程度最高、经济活力最强的区域之一，在国家发展大局中具有重要战略地位（见图3-1）。

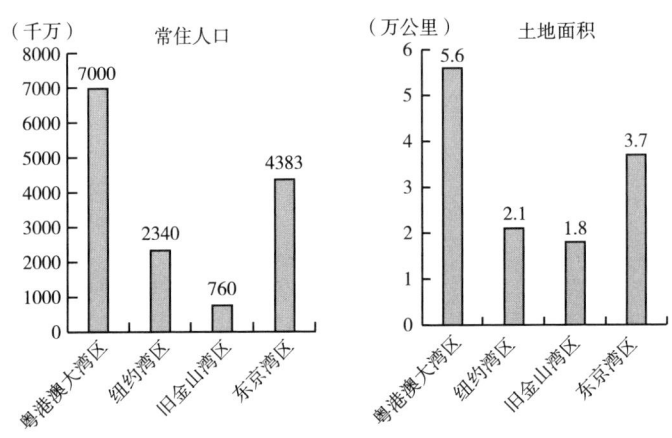

图3-1 世界四大湾区对比

一、经济发展现状

粤港澳大湾区总体经济水平稳定增长，2020年实现地区生产总值11.35万亿元，比2019年的11.62万亿元人民币下跌了0.27万亿元，同比下跌2.32%。全区域的11个城市占全国经济总量的11.18%，人均GDP达到16.15万元。2010~2020年，粤港澳大湾区GDP和人均GDP维持稳定提升，其中GDP年均增长7.89%，人均GDP年均增长5.37%。除2015年外，粤港澳大湾区生产总值和人均生产总值都保持6%以上的增长率水平。与中国GDP名义增长率相比较，粤港澳大湾区GDP名义增长率也呈现波动性下降趋势，但是GDP增长率超过全国的平均水平。总之，粤港澳大湾区经济水平持续提升，与宏观经济增长保持基本一致，并具有很强的引领作用。从经济密度看,四大湾区中,纽约湾区人口密度与粤港澳湾区基本相当,但是人均GDP和单位土地面积GDP均为粤港澳湾区的2倍左右;东京湾区的单位土地面积产出最大,土地利用效率最高;旧金山湾区虽人口密度较低,但人均产出水平最高。粤港澳地区的人均产出水平仅分别为旧金山湾区的20%、纽约湾区的42%、东京湾区的50%(见图3-2)。

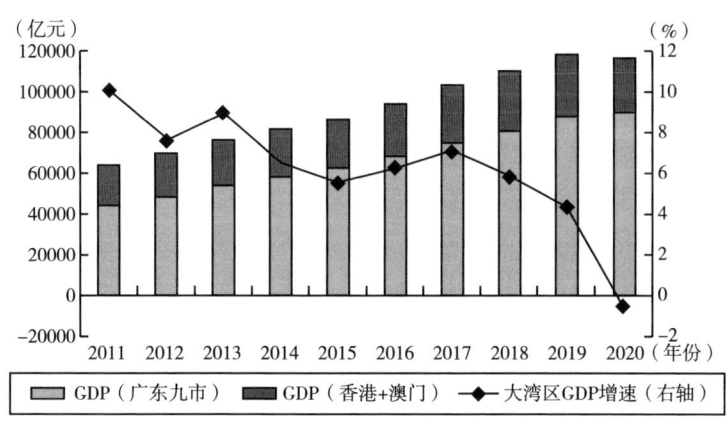

图3-2　粤港澳大湾区2011~2020年GDP与增速

二、交通邮政现状

基础设施建设为粤港澳大湾区的经济发展奠定了坚实的基础,为城市间经济联通创造了有利条件。2020年粤港澳大湾区高速公路通车里程达4500公里,核心区密度约8.2公里/百平方公里,已高于纽约、东京两大都市圈。其中广东省普通国省道、农村公路分别完成投资264亿元、172亿元,完成农村公路新改建里程约6700公里。同时,提前完成交通运输部建制村100%通行客车任务,全省19412个建制村均已全部通行客车,达到全国总量的8%。粤港澳大湾区的邮政业具有"小半径、高密度、大体量"的典型特征。湾区内地9市在2019年的邮政函包量和快递业务量分别为5.1亿件和109.7亿件,占全国总量的比重分别高达18.8%和21.6%。其中,广州市的人均邮快件量达到357件,是全国平均水平的近10倍。湾区中内地 9 市 2020 年的国际及港澳台快件量合计 5.3 亿件，占全国国际及港澳台业务量的比重接近 50%。而同期这 9 市的进出口贸易总额占全国的比重为 22.4%。湾区内地 9 市 2020 年快件投递量合计 67.4 亿件，占全国的比重为 13.4%，这一占比显著低于揽收口径的快件量占比（21.6%）。另外，9 市平均的快件揽投比为 1.6，显著大于 1，清晰地表明粤港澳大湾区是我国快递服务主要类型产品的输出地和货源地。由于香港、澳门邮政和快递业的统计体系与内地不甚相同，主要体现在对非邮快递没有官方统计，因此无法掌握港澳地区的快递业务规模。从香港邮政和澳门邮政的数据看，2019 年，两地的邮政函件和包裹量分别为 11.4 亿件和 3303.2 万件。综上所述，表明粤港澳大湾区基础设施建设效果显著，尤其是物流产业迅速积累发展优势，在中国和世界的影响力逐渐增强，形成强大的区域创新发展潜力。

三、产业发展现状

产业结构升级优化对一个区域的创新发展至关重要，可以通过产业结构的变化反映一个区域的创新能力。2020 年粤港澳大湾区与全国的三产结构对比看，相比全国，粤港澳大湾区第一产业占比低了 4.7 个百分点；工业占比方面较高，粤港澳大湾区高于全国 6.9 个百分点；而第三产业高了 11.6 个百分点。第三产业占比之高，意味着粤港澳大湾区正由工业主导型发展方式向服务主导型转变，促进创新主体向高附加值的价值链攀升。尤其最近几年广州、深圳、东莞、佛山等城市的新兴产业和高技术制造业的比例持续提升，粤港澳大湾区正稳步推进制造业智能化发展，积极促进第三产业和制造业融合发展以形成区域发展竞争力。粤港澳大湾区的二三产业占比高达 97.6%，说明该区域把构建高水平现代产业新体系的基点放在创新驱动上，坚持以科技创新引领全面创新，补齐服务科技创新的制度创新短板。在创新引领方面取得了巨大成功，推动了产业链延伸和价值链提升，加快形成了完整创新生态链。具体见图 3-3，其中内环表示全国三次产业占比情况，外环表示粤港澳大湾区三次产业占比情况。

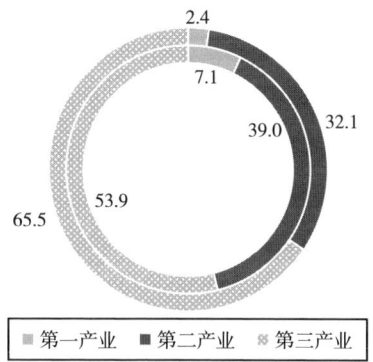

图 3-3 粤港澳大湾区与全国三次产业对比

图 3-4 表示 2010~2020 年粤港澳大湾区三次产业占比的变动情况。

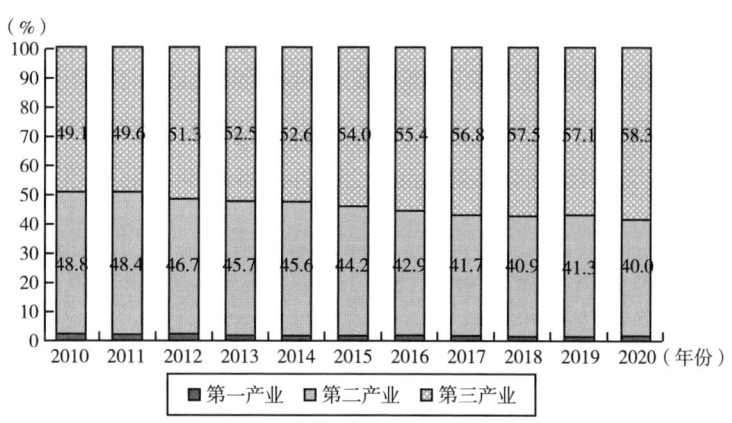

图 3-4 粤港澳大湾区 2010~2020 年三次产业占比

四、对外开放现状

对外开放是经济全球化的历史必然,也是实现粤港澳大湾区创新高效发展的重要选择,加强国际化经济合作有利于引进国外先进的管理技术和思想,促进创新资源国际间融通。进出口总额在 2020 年为 71929.91 亿元,2019 年为 72261.78 亿元,受到新冠疫情影响,2020 年较 2019 年下降了 0.46%。其中,出口方面,2020 年为 43743.44 亿元,2019 年为 43213.62 亿元,增长了 1.23%,说明进出口贸易额基本上保持平稳。从签订项目数量看,2020年为13626个,较2019年减少了16925个,减少55.40%。从合同利用金额上看,2020年为5262.43亿元,比上年减少3.92%。实际使用金额方面,2020年为1459.98亿元,比上年增加了8.08%。从外商投资企业工商注册登记情况看,企业数量在2019年达到179268个,投资总额达到3005.01亿元,注册资本达到1314.24亿元,其中外商注册资本达到977.45亿元,占比74.37%。各项指标反映粤港澳大湾区已经开始对标世界最高标准的服务贸易新规则与服务贸易管理,不仅能使该区域继续在中国对外开放新格局中扮演重要角色,也将使中国在以服务贸易为重点的新一轮全球自由贸易中赢得主动。

第二节 分析方法、指标体系构建与数据处理

一、方程构建

本部分选取因子分析法进行评价粤港澳大湾区的城市创新能力。原始变量利用因子分析方法可以实现减少维度,用更少的变量关系来表达原始数据中绝大部分信息,这个过程可以利用以下的方程组来进行演示:

$$\begin{cases} X_1 = \alpha_{11}F_1 + \alpha_{12}F_2 + \alpha_{13}F_3 + \cdots + \alpha_{1p}F_p + e_1 \\ X_2 = \alpha_{21}F_1 + \alpha_{22}F_2 + \alpha_{23}F_3 + \cdots + \alpha_{2p}F_p + e_2 \\ X_3 = \alpha_{31}F_1 + \alpha_{32}F_2 + \alpha_{33}F_3 + \cdots + \alpha_{3p}F_p + e_3 \\ X_n = \alpha_{n1}F_1 + \alpha_{n2}F_2 + \alpha_{n3}F_3 + \cdots + \alpha_{np}F_p + e_n \end{cases} \quad (3-1)$$

方程组中,n表示问题分析中原始变量的数量,F表示提取的共性因子,p表示提取的共性因子的数量,并且存在$p<n$。因子分析模型可以被转换成矩阵模式表示,存在着:$X = AF + E$。矩阵模型中,A表示因子负载矩阵,α_{ij}是因子负载系数。E是干扰X的一个非常态因子。因子分析模型同时存在4个假设:

(1) E和X之间不交叉影响,只对应影响,也就是E_i只影响X_i;

(2) F 表示公共因子,并且符合标准的 0(1) 正态分布;

(3) X_i 表示进行标准化处理之后的变量;

(4) 公共因子 F 和非常态因子 E_i 的协方差均为 0。

二、计算程序

利用因子分析法进行粤港澳大湾区城市创新能力评价,需要强调以下 4 个计算程序。

(一) 对原始数据质量进行分析

原始数据的选择直接关系到分析结果的准确性,因此筛选工作显得尤为关键。对于不适合因子分析的原始数据,必须予以剔除。为了确保数据的适用性,首要任务是检查数据质量,特别是数据间的相关性。如果数据间的相关性极弱甚至不存在,那么因子分析法便无从谈起。为了验证数据间的相关性,可以利用统计方法来检验相关系数,观察其绝对值是否接近 1。此外,KMO 检验和巴特莱特检验等方法也是衡量相关性强度的重要手段。只有通过这些相关性检验的指标,才适合进一步进行因子分析法的计算。为了消除不同单位和规模指标之间的干扰,我们需要对所有原始指标进行归一化处理,使其形成 0(1) 正态分布形式。之后,再对归一化后的数据进行 KMO 球检验和巴特莱特检验。若 KMO 球检验的数值大于 70%,且巴特莱特检验的显著性检验数值小于 5%,则表明归一化后的数据适用于因子分析法进行处理。通过这样的步骤,我们可以确保数据的质量和适用性,为后续的分析工作奠定坚实基础。

(二) 寻找共性因子

通过选择共性因子,能够把原本高度相关的数据或数据组整合到一个共性因子中,这样不仅能降低数据的维度,还能使问题变得更为明晰。对原始数据进行统计分析,可以获得因子负载,进而构建因子负载矩阵。在此过程中,筛选出所有特征值大于 1 的共性因子,并将它们作为主成分,以进一步推进分析过程。

(三) 因子旋转的处理

在寻找共性因子的过程中,有时会发现负载度在原始变量中的分布相当平均,这导致每个共性因子的经济含义难以明确解释。为了解决这个问题,需要对共性因子进行旋转处理。每个共性因子会被分配到较少的原始变量上,使每个因子都更容易被解释和理解。这样的操作不仅有助于更清晰地认识每个因子的特性,也为后续的解释工作提供了便利。在进行因子旋转时,可以采用最大方差法,通过对旋转后的解释数值进行输出,进一步提高因子的解释力。

(四) 因子得分计算的重要性

经过因子旋转后,每个共性因子的解释性得到了显著提升,这使进一步的计算工作变得更有意义。可以将得分结果整理成矩阵形式,便于后续的分析工作。这些共性因子的最终得分实际上代表了各自选取指标所对应的权重,提供了重要的决策依据。

(五) 基于因子得分系数矩阵的决策制定

通过计算因子得分系数矩阵,可以得出因子的综合得分。这个综合得分考虑了各个共性因子的贡献和权重,提供了一个全面、客观的评估结果。基于这个综合得分,可以进行更加科学、合理的决策,确保决策过程既符合实际情况又能实现我们的目标。

第三节 指标体系构建与数据处理

一、指标体系构建

结合《中国区域创新能力评价报告(2020)》《"大众创业、万众创新"研究（2020）——粤港澳大湾区创新报告》《创新型城市创新能力评价指标体系》中的相关指标体系，考虑到粤港澳大湾区城市创新的特点，确立了本书研究的城市创新能力评价指标构成。最终确定了知识创新、制度创新、产业创新、服务创新、环境创新5个一级指标，以及万人在校大学生数等9个二级指标，指标体系具体见表3-1。

表3-1　　　　　　粤港澳大湾区城市创新能力指标体系

一级指标	二级指标
知识创新	万人在校大学生数（X1）
	专利授权量（X2）
制度创新	财政科学技术支出占GDP的比重（X3）
	财政教育支出占GDP的比重（X4）
产业创新	规模以上工业企业利润（X5）
	规模以上工业企业R&D活动人员（X6）
服务创新	外商投资进出口总额（X7）
环境创新	人均GDP（X8）
	人均地方一般公共预算收入（X9）

二、数据处理

针对上述指标体系，查阅了《广东统计年鉴》《广东科技年鉴》《香港统计年刊》《澳门统计年鉴》和香港、澳门特区政府统计部门的网站，获得了粤港澳大湾区11个城市的相关数据。为了避免量纲或量级的干扰，需要对数据采取归零标准化处理，消除数据的量纲差异。公式为：

$$Y_i = \frac{X_i - \overline{X}}{S} \qquad (3-2)$$

其中，$\overline{X} = \frac{\sum_{i=1}^{n} x_{ij}}{n}$，$S_j = \sqrt{\frac{\sum_{i=1}^{n}(x_{ij} - \overline{X}_j)^2}{n-1}}$。$X_i$表示数据初始值，$\overline{X}$表示数据均值，$S$表示标准差。原始数据经过标准化之后，就相当于自身标准差的倍数，向正向或负向偏移。其结果见表3-2。

表3-2　　　　　　　　　　　标准化后的指标值

地区	知识创新		制度创新		产业创新		服务创新	环境创新	
	X1	X2	X3	X4	X5	X6	X7	X8	X9
广州	0.483	1.188	0.399	-0.680	0.770	0.345	-0.153	0.050	-0.353
深圳	-0.578	2.488	2.302	-0.258	2.328	2.782	1.633	1.099	1.264
珠海	2.631	-0.617	1.139	0.096	-0.373	-0.448	-0.643	0.339	0.242
佛山	-0.475	0.220	0.173	-1.377	1.380	0.249	-0.425	-0.210	-0.554
惠州	-0.593	-0.709	-0.415	-0.070	-0.573	-0.182	-0.338	-0.722	-0.633
东莞	-0.526	0.255	-1.050	-0.930	0.047	0.640	0.688	-0.599	-0.659
中山	-0.477	-0.314	0.479	-0.523	-0.635	-0.485	-0.548	-0.713	-0.613
江门	-0.573	-0.737	-0.630	-0.218	-0.671	-0.461	-0.712	-1.082	-0.885
肇庆	-0.501	-0.921	-0.823	0.226	-0.712	-0.733	-0.900	-1.175	-1.150
香港	-0.607	0.097	-0.338	1.452	-0.651	-0.845	2.205	0.749	1.605
澳门	1.217	-0.950	-1.234	2.284	-0.909	-0.860	-0.807	2.265	1.737

第四节　因子分析检验过程

利用SPSS 22.0软件对指标体系中的标准化数据进行因子分析，KMO检验的数值为0.814，大于0.5，满足了因子分析法对检验数值的底限要求。同时存在Bartlett球度检验在0.00的重要性检验水平上的要求，根据计算结果拒绝了相关系数矩阵，上述证据反映了各变量之间存在比较显著的依存度，从而可以确定该组变量和数据能够利用因子分析法进行分析，如表3-3所示。

表3-3　　　　　　KMO方程结果和Bartlett球计算结果

KMO取样适切性量数		0.814
巴特利特球形度检验	近似卡方	89.899
	Df值	36
	sig.	0.000

共性因子的提取一般有3个标准:(1)特征值标准。从所有变量中选择特征值大于1的主成分当做最初始因,相应的所有特征值小于1的主成分应该被放弃有;(2)因子累计方差贡献率标准。确定因子累计方差贡献率的数值应大于60%;(3)碎石检验标准。此标准可采取碎石图进行观察,当发现在某一点之后碎石曲线开始出现平缓状态,那么这个点就是要选择的最大共性因子数量。具体可以参见表3-4和图3-5。

表3-4 总方差解释

序号	初始特征值			提取载荷平方和			旋转载荷平方和		
	总计	方差百分比	累积%	总计	方差百分比	累积%	总计	方差百分比	累积%
1	4.055	45.059	45.059	4.055	45.059	45.059	3.816	42.403	42.403
2	2.865	31.833	76.892	2.865	31.833	76.892	2.878	31.974	74.377
3	1.253	13.923	90.815	1.253	13.923	90.815	1.479	16.438	90.815
4	0.393	4.364	95.178						
5	0.215	2.39	97.568						
6	0.119	1.327	98.895						
7	0.064	0.709	99.604						
8	0.034	0.38	99.984						
9	0.001	0.016	100						

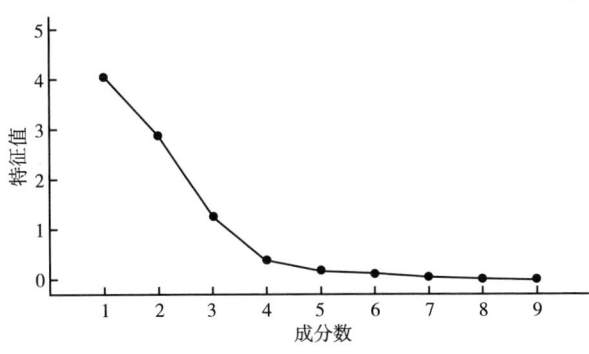

图3-5 主成分碎石图

从表3-4可以发现,前三个成分初始特征值的累计方差达到90.815%,大于85%,再结合碎石图3-5的变动情况,从第4个因子处开始出现舒缓态势。前三个因子的特征值都大于 1，说明能够很好代表 9 个指标的含义，因子把这 3 个因子作为主成分，分别定义为 F1、F2、F3。利用因子分析法对上述 9 项指标进行统计处理（降维），得到的 3 个因子组合，由于降维处理，将具有不相关的特性。解除共线性的影响后，更有助于对粤港澳大湾区城市创新能力进行科学评价。

从表 3-5 可以看出，主成分 F1 的核心因子是 X2、X3、X5、X6，主成分 F2 的核心因子包括 X4、X7、X8、X9，主成分 F3 的核心因子包括 X1。结合粤港澳大湾区城市创新的实际情况，为三个主成分进行命名为产业技术因素、服务环境因素、智力储备因素，具体参见表 3-6。

表 3-5　　　　　　　　　　旋转后的成分矩阵

变量	成分		
	F1	F2	F3
万人在校大学生数（X1）	-0.034	0.343	0.895
专利授权量（X2）	0.916	0.153	-0.293
财政科学技术支出占 GDP 的比重（X3）	0.862	0.078	0.214
财政教育支出占 GDP 的比重（X4）	-0.51	0.821	0.051
规模以上工业企业利润（X5）	0.945	-0.033	-0.119
规模以上工业企业 R&D 活动人员（X6）	0.918	0.003	-0.223
外商投资进出口总额（X7）	0.418	0.884	-0.664
人均 GDP（X8）	0.19	0.925	0.195
人均地方一般公共预算收入（X9）	0.155	0.982	-0.027

注：提取方法：主成分分析法。
旋转方法：凯撒正态化最大方差法。
a 旋转在 5 次迭代后已收敛。

表 3-6　　　　　　　　　　主成分因素归纳

统计指标	主成分 F1	主成分 F2	主成分 F3
高强度指标	X2、X3、X5、X6	X4、X7、X8、X9	X1
主成分因素	产业技术因素	服务环境因素	智力储备因素

利用 SPSS 还可以直接输出成分得分系数矩阵，具体见表 3-7。它表示二次标准化后的原始数据线性关系，可以用作主成分评价得分的系数。

表 3-7　　成分得分系数矩阵

变量	成分		
	F1	F2	F3
万人在校大学生数（X1）	0.105	0.074	0.647
专利授权量（X2）	0.219	0.037	-0.098
财政科学技术支出占 GDP 的比重（X3）	0.278	-0.015	0.279
财政教育支出占 GDP 的比重（X4）	-0.171	0.306	-0.079
规模以上工业企业利润（X5）	0.259	-0.039	0.047
规模以上工业企业 R&D 活动人员（X6）	0.235	-0.02	-0.037
外商投资进出口总额（X7）	0.01	0.193	-0.465
人均 GDP（X8）	0.05	0.31	0.123
人均地方一般公共预算收入（X9）	0.006	0.344	-0.052

注：提取方法：主成分分析法。
旋转方法：凯撒正态化最大方差法。

由表 3-7 的得分系数矩阵，进一步可以列出方程：

$F1 = 0.105X1 + 0.219X2 + 0.278X3 - 0.171X4 + 0.259X5 + 0.235X6 + 0.010X7 + 0.050X8 + 0.006X9$；

$F2 = 0.074X1 + 0.037X2 - 0.015X3 + 0.036X4 - 0.039X5 - 0.020X6 + 0.193X7 + 0.310X8 + 0.344X9$；

$F3 = 0.647X1 - 0.098X2 + 0.279X3 - 0.079X4 + 0.047X5 - 0.037X6 - 0.465X7 + 0.123X8 - 0.052X9$。

根据三大主成分的方差贡献率，其中 λ_1 为 0.45059，λ_2 为 0.31833，λ_3 为 0.13923，进一步可以有：

$$\omega_1 = \frac{\lambda_1}{\lambda_1 + \lambda_2 + \lambda_3} = 0.496$$

$$\omega_2 = \frac{\lambda_2}{\lambda_1 + \lambda_2 + \lambda_3} = 0.351$$

$$\omega_3 = \frac{\lambda_3}{\lambda_1 + \lambda_2 + \lambda_3} = 0.153$$

$$F = \omega_1 F_1 + \omega_2 F_2 + \omega_3 F_3 \qquad (3-3)$$

然后，根据权重值和式（3-3）来计算粤港澳大湾区城市创新能力的得分情况。为了使得分始终为正数,以便直接比较,本部分对结果进行了线性放大。

$$E = 10F + 50 \qquad (3-4)$$

其中,F 表示创新能力的初始得分,E 表示经过线性调整后的最终得分。得分情况见表 3-8 和图 3-6。

表 3-8   粤港澳大湾区城市创新能力排名

城市	F1	F2	F3	F	E	排名
深圳	2.504	0.880	-0.638	1.453	64.533	1
香港	-0.683	1.660	1.627	0.493	54.928	2
广州	0.817	-0.307	0.480	0.371	53.709	3
澳门	-1.136	1.968	0.908	0.266	52.662	4
珠海	0.151	0.172	0.340	0.187	51.873	5
佛山	0.679	-0.547	0.084	0.158	51.576	6
东莞	0.213	-0.112	-0.105	0.050	50.503	7
中山	-0.220	-0.717	0.084	-0.348	46.521	8
惠州	-0.556	-0.566	-0.344	-0.527	44.729	9
江门	-0.708	-0.869	-0.227	-0.691	43.091	10
肇庆	-0.953	-0.881	-0.155	-0.806	41.944	11

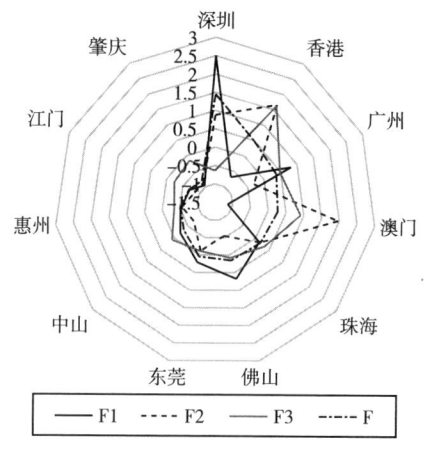

图 3-6   粤港澳大湾区城市创新能力雷达图

第五节 计算结果分析

一、总指标分析

从图3-6雷达图可以看出,粤港澳大湾区创新能力的龙头城市集中在右上部分,分别是深圳、香港、广州和澳门。其中深圳以64.533分的绝对优势,位居第一。香港、广州和澳门的创新能力总得分差别不大。从区域分布特征看,珠海、佛山和东莞受到四大龙头城市的创新辐射,创新能力得分也达到50分以上。相对于距离四大龙头城市较远的城市,享受的辐射效应明显不足。例如,江门和肇庆创新能力得分不足44分,位于粤港澳大湾区中的最后2位。从细分变量看,总体得分高的城市F1和F2值普遍较高,意味着产业技术因素和服务环境因素对于城市创新能力的影响非常大。同时也可以发现,这些城市之间的F1值和F2值波动较大,意味着在创新能力存在较大的互补空间,龙头城市间应该通过创新合作互相补足创新能力。F3值也呈现了剧烈的波动,随着城市创新能力的减弱,波动逐渐趋于缓和。意味着城市创新能力过程中,人力资本也发挥了很大的作用,对经济发展和科技创新产出都有很强的正相关效应。

二、主成分指标分析

主成分F1是产业技术因素,反映了创新产出对创新能力的影响。从图3-6可以看出,粤港澳大湾区城市创新能力的综合得分与主成分F1得分的变化趋势比较吻合,说明产业技术因素对城市创新能力的影响高度相关。F1得分最高的是深圳,达到2.504分,其次是广州和佛山,分别为0.817和0.679分。虽然香港和澳门城市创新的综合得分排到第2位和第4位,但是它们的F1得分为负值,分别是-0.683和-1.136,排在第8位和第11位。造成数据反差如此之大的原因是,F1指标在反映创新产出方面,包含规模以上工业企业利润、规模以上工业企业 R&D 活动人员等指标。香港和澳门由于产业结构原因，工业产值占 GDP 比重较低，导致规模以上工业企业利润和 R&D 活动人员指标非常低，进而对 F1 指标造成不利影响。佛山、东莞和珠海的 F1 得分均为正值，说明这几个城市在创新产出方面表现较好。除了香港和澳门外，中山、惠州、江门和肇庆的 F1 值也都为负数，说明技术创新投入和产业产出方面不理想。F1 值为正的城市和为负的城市之间可以开展深度产业技术合作，尤其是广州、深圳、珠海、佛山、东莞可以提供产业支持，香港、澳门提供技术创新支持，深化三地之间产业技术合作。

主成分 F2 是服务环境因素，反映了创新环境对创新能力的支撑作用。从表 3-8 和图 3-6 能够发现，F2 值在排名前几位的城市中波动幅度较大，随着排名往后，波动幅度越来越小。只有深圳、香港、澳门和珠海 4 个城市的 F2 值为正数，其中香港的创新环境得分最高，达到了 1.660 分。珠海能够在综合得分中排名第 5，也有赖于其创新环境得分较高。得分为正的 4 个城市中，普遍财政教育支出占 GDP 的比重较高，尤其是人均 GDP 和人均地方一般公共预算收入较高，提升了城市的创新服务能力。受到人均 GDP 和人均地方一般公共预算收入两个指标的影响，导致广州市的 F2 服务环境主成分为负值，也影响了广州在 4 个龙头城市中创新能力排名。中山、江门和肇庆的 F2 得分排在最后三位，均低于 -0.7，说明这几个城市在创新服务环境方面还存在较大不足，需要不断优化创新环境，吸引优势创新资源。

主成分 F3 值是智力储备因素，反映了一个城市的潜在智力资源对创新能力的支撑作用。该指标为正的城市按顺序分别是香港、澳门、广州、珠海、佛山和中山，其中香港的 F3 值达到 1.627，远远高于其他城市。F3 值只有一个指标，就是万人在校大学生。由于香港和澳门作为对外开放的国际化都市，向全世界办学，所以其万人在校大学生指标非常高，进而提升了其智力储备因素的 F3 值。深圳的 F3 值为负数，这与深圳的高校较少、万人在校大学生数量少有密切关系。相比香港、澳门和广州城市，深圳在高校建设的数量上需要加强补足。珠海由于人口少、高校数量多，所以万人在校大学生数比较高，使珠海在F3指标方面比较突出，也使它在粤港澳大湾区城市中的创新能力综合得分靠前。惠州和江门的F3指标值也不理想，在发展教育和提高劳动力素质方面需要加强，进而提升城市创新能力。

三、影响方向分析

主成分F1、F2、F3得分的"+""-"号，分别反映了它们对创新能力综合得分的正向影响和负向影响。创新能力得分和影响方向如图3-7所示，按照主成分得分"+""-"，可以把粤港澳大湾区11市分成7种类型。

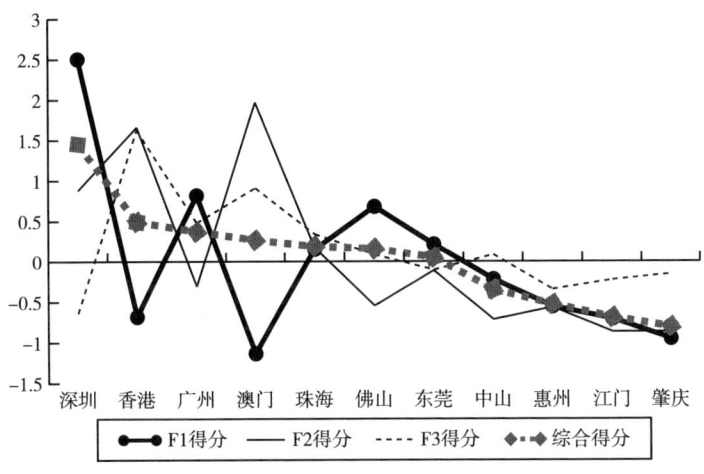

图3-7 粤港澳大湾区城市创新能力得分与影响方向

（1）"+++"型。只有珠海市的F1、F2、F3得分都为正向，意味着珠海在产业技术因素、服务环境因素和智力储备因素方面表现非常均衡。尽管珠海没有某一主成分得分排名第一，但由于其各方面的均衡表现，使创新能力综合得分排名处于第5位。珠海拥有格力、小米手机、金山集团、信禾集团、联邦制药、佳能珠海等知名企业。其中格力是世界500强企业。优秀企业汇集使技术向产业转化顺畅，产业技术因素得分较高。服务环境方面主要表现在非常高的人均GDP和人均地方一般公共预算收入,按照户籍人口做平均数,2020年人均GDP高达27.79万元人民币,人均地方一般公共预算收入高达17599元人民币。智力储备方面,围绕珠海市重点发展的战略性新兴产业和未来产业,给予创新创业团队最高1亿元资助。对经珠海市申报入选"珠江人才计划"的团队项目,根据广东省资助额度,按1∶1比例配套资助,最高配套金额达到1亿元。高层次人才来珠海,享最高600万元的住房补贴或入住200平方米人才住房,全职工作满8年即可获赠住房。

(2)"++-"型。代表城市是深圳,其三项主成分得分是2.504、0.880和-0.638。深圳创新能力的综合得分排在第1位,说明其F1和F2贡献明显,产业技术因素和服务环境因素起到了积极的促进作用,而智力储备因素表现出明显的抑制作用。2020年《财富》世界500强中,深圳有8家企业入围,包括平安(21位)、华为(49位)、正威国际(91位)、恒大集团(152位)、招商银行(189位)、腾讯(197位)、万科(208位)、深投控(442位)。深圳坚持把创新作为城市发展主导战略,深化体制机制创新,打造高水平创新平台,新一代信息技术、生物医药、文化创意产业等战略性新兴产业已经成为深圳的支柱产业。从万人在校大学生这个指标看,深圳和其他城市还存在一定表面上的差距,但是深圳同样享受着充分的人口红利,近年的人口增量超50万人,长期稳居全国第一。且人口结构在四大一线城市中最为年轻,为深圳高质量发展提供了充裕的人才资源。所以F3指标对深圳的创新能力影响只是表面上的,不像其他城市的影响那么明显。浓厚的创业氛围、民营经济基因叠加人口红利,使深圳的新业态、新经济保持繁荣和生机,也为世界500强级别企业的孵化和创新提供了更多想象空间。

(3)"-++"型。代表城市是香港、澳门,产业技术因素对其带来了制约,而服务环境和智力储备因素的贡献十分明显。香港和澳门都属于土地面积狭小、人口众多、人口密度极大的城市,很难有更多的空间去发展工业,制约了其技术向制造产业转化。香港和澳门都拥有非常扎实的科技创新基础,优良的创新环境,吸引了全世界的智力资源。这两个地区近年积极推动创新科技发展，特区政府和科研机构通过汇聚人才、加强与内地合作等措施，多管齐下，锐意将香港和澳门打造为国际创科中心。粤港澳大湾区建设成为其中的重要机遇和动力，香港和澳门可凭其独特优势与大湾区其他城市实现互补发展。

（4）"+-+"型。代表城市是广州和佛山。广州作为广东省的省会，凭借良好的创新基础优势带动了周边城市的发展，是粤港澳大湾区的核心城市之一。佛山与广州毗邻，两个城市体现出一致的创新能力方向，产业技术因素和智力储备因素较好，而创新环境方面与龙头城市相比还有不足。广州的科教资源优势明显，高校与科研院所众多，其中六成以上是规模较大的中央和省属机构，广东全省69%的国家重点实验室都集中在广州。2019年广东省在人工智能、新材料、先进制造、生物医药和环境科技等领域布局建设首批10家粤港澳联合实验室，其中广州有6家。广州市科技型中小企业入库企业数达到9283家，科技型中小企业质量也很过硬，为产业技术对接提供了高质量的载体。广州佛山已经同城化，两市签署深化创新驱动发展战略合作框架协议（以下简称框架协议）中，提道"广州创新大脑、佛山转化中心"。佛山以雄厚的制造业基础，利用广州高校林立、科研院所众多、创新资源集聚的优势，发展好佛山自己的创业型大学，加快积累先进制造技术。但是这两个城市的F3指标都为负值，其主要原因是受到深圳、香港和澳门等城市的影响，高端人才有一定外流。同时这两个城市的人均GDP和地方一般公共预算收入与龙头城市差别还比较大，所以在创新服务环境方面受到了一些制约。

（5）"+--"型。代表城市是东莞，作为制造业名城，东莞制造业发展在最近几年取得新突破，规模以上工业企业总数排名位居广东省第一。2020年东莞市与中国科学院签订了松山湖科学城合作协议，双方将充分利用中科院参与综合性国家科学中心建设的经验和优势，共建一批大科学装置，共建松山湖材料实验室，共建高水平大学优势学科，共建高水平科研机构，共同开展科技成果转化，探索规划共建特色产业园区。东莞在产业技术能力方面形成很好的创新带动。同时，东莞与粤港澳大湾区的龙头城市相比，在创新创业环境和智力储备方面还存在一定差距，高端人才容易流向湾区内其他城市,致使 F2 和 F3 为负值。

(6)"--+"型。代表城市是中山,中山的 F3 指标对城市创新能力起到了促进作用,而 F1 和 F2 都起到了抑制作用。中山近些年采取了有利于人才成长发展的培养、使用、激励和竞争机制,引进培育一批科技创新创业团队和高层次人才。推进中山科技大学、香山大学建设,形成了开放型、研究型、创业型大学与重大科技基础设施协同发展的格局,在智力储备上取得了一定成绩。但是中山也受到广州、深圳、珠海、佛山等地的竞争,创新环境方面略显不足,产业转化技术方面也存在一些短板。

(7)"---"型。代表城市是惠州、江门和肇庆,这三个城市在产业技术因素、创新环境因素和智力储备因素上都存在短板。其中惠州受到 F3 的显著影响,虽然惠州毗邻深圳,享受到了一定的城市辐射效应,但更主要的是受到深圳虹吸效应影响,大量的资源外流至深圳。江门和肇庆处于粤港澳大湾区边缘的位置,受到龙头城市的辐射效果不佳,各项指标得分都不理想。尤其是肇庆,F1 和 F2 指标在湾区中均处于垫底水平,F3 指标也排在倒数第 3 位,创新能力掣肘明显,现代科技创新城市发展难度很大。该类型的三个城市,需要加强与龙头城市之间在技术、科教、公共服务等方面的合作,通过合作手段提升自身城市的创新水平。

第四章

粤港澳大湾区城市内部合作创新效率分析

城市创新资源的利用效率,反映了一个城市实际创新水平的高低,会给所在区域带来很好的经济增长。本章利用2010~2019年粤港澳大湾区的面板数据,采取 DEA 模型分析不同城市的创新效率。并且利用 Malmquist 模型判断粤港澳大湾区城市的创新效率演进情况,从静态和动态两个方面分析城市创新效率水平。

第一节 模型选择、指标选取与数据来源

一、DEA 相关概述

DEA 广泛应用于各个学科的效率测算,同时也不断派生出多种新的 DEA 模型,如规模报酬不变模型(CCR)、规模报酬可变模型(BCC)、假定规模收益递减模型(FG)、假定规模收益递增模型(ST)等。本书将选取 CCR 和 BCC 两种模型进行具体介绍。

(一)规模报酬不变的 DEA 模型(CRS)——CCR 模型

CCR 模型是数据包络分析方法的第一个基本模型,是一种崭新的系统

分析方法。模型假设有 K 个决策单元 DUM，每个决策单元有 m 种投入要素，n 种产出要素。X、Y 分别表示 $m \times k$ 和 $n \times k$ 阶矩阵。设 V_i 是对 x_{ij}($i = 1,2,3,\cdots,m;j = 1,2,3,\cdots,k$)的一种度量，$U_r$ 是对 y_{rj}($r = 1,2,3,\cdots,n;j = 1,2,3,\cdots,k$)的一种度量，也可以将其称为权重，都属于变量。则 CRR 模型可以表达为：

$$Min\theta$$
$$s.t. \begin{cases} \sum_{j=1}^{k} \lambda_j x_{ij} + S_i^- = \theta_{x_{ij}}, i = 1,2,3,\cdots,m \\ \sum_{j=1}^{k} \lambda_j y_{rj} + S_r^+ = y_{rj}, i = 1,2,3,\cdots,n \\ \lambda_j, S_i^-, S_r^+, \geq 0, j = 1,2,3,\cdots,n \end{cases} \quad (4-1)$$

其中，θ 为决策单元 DMU_j 的技术效率系数，服从 $0 \leq \theta \leq 1$。S^- 和 S^+ 分别表示创新投入和创新产出的松弛变量，表示通过创新资源投入减少和创新资源产出增加的具体数量，以使 DEA 有效。根据技术效率系数 θ 值和松弛变量 S^- 和 S^+ 的大小，就可以判断决策单元（DMU）是否实现了最优的投入产出组合。当 θ 值为 1 时，表明 DEA 是有效的，生产活动达到了最佳的创新效率。并且当 S^- 和 S^+ 同时等于 0 时，表示强技术有效；当 S^- 和 S^+ 不等于 0 时，表示弱技术有效。其中 $S^- > 0$，表示存在投入冗余，$S^+ > 0$ 表示存在产出不足。如果出现 $\theta < 0$，则决策单元 DMU_j 为无效。

（二）规模报酬可变的 DEA 模型（VRS）——BCC 模型

CCR 计算的是规模报酬不变前提下各决策单元的技术效率。Charnes 和 Cooper 考虑到实际情况中规模因素会引起技术效率值产生偏差，1984 年，Banker 等又提出应用范围更广的 BCC 模型，把技术效率分为纯技术效率与规模效率，并可以表示为技术效率 = 纯技术效率 × 规模效率。其中，纯技术效率和规模效率也分别在 0~1 区间取值，1 表示最有效率值，0 表示最差效率值。将非线性规划模型转化为线性规划模型，同时将其转化为对偶形式，最终得到 BCC 模型：

$$Min\theta$$

$$\text{s.t.} \begin{cases} \sum_{j=1}^{k} \lambda_j x_{ij} + S_i^- = \theta_{x_{ij}}, i = 1,2,3,\cdots,m \\ \sum_{j=1}^{k} \lambda_j y_{rj} + S_r^+ = y_{rj}, i = 1,2,3,\cdots,n \\ \sum_{j=1}^{k} \lambda_j = 1, \lambda_j, S_i^-, S_r^+ \geqslant 0, j = 1,2,3,\cdots,n \end{cases} \quad (4-2)$$

其中，θ 为决策单元 DMU_j 的纯技术效率系数。当 $\theta=1$ 时，DMU_j 综合效率为有效，并且当 S^- 和 S^+ 同时等于 0 时，表示强有效；当 $\theta=1$ 时，并且当 S^- 或 S^+ 其中之一等于 0 时，表示弱有效。当 $0 \leqslant \theta \leqslant 1$ 时表示决策单元的综合效率无效，而且越接近于 1，越趋近有效。将式（4-1）和式（4-2）做比值 TE/PTE = SE，可以得到规模效率，其含义为 MNU 的现有规模和有效规模之间的距离。

二、三阶段 DEA 原理

DEA 模型经常被用来测度区域创新能力，三阶段 DEA 模型相比较二阶段 DEA 更能够体现测度的科学性和准确性。因此，本书参考了 Fried 的三阶段 DEA 模型，对粤港澳大湾区的 11 个城市进行创新效率分析。该模型结合 BCC 和 CCR 方法进行了调整，同时采用 SFA 方法降低环境变量和随机要素对创新效率的影响，进而对原始投入变量调整，获取最优值。

第一阶段 DEA 模型于 1978 年，被 Charnes 等提出，并应用于决策单元的效率评价当中。他们认为变量值在 0~1 变动，其中 1 表示决策单元拥有最优的效率值，0 表示最差的效率值。1984 年，Banker 等又提出应用范围更广的 BCC 模型，把技术效率分为纯技术效率与规模效率，并可以表示为技术效率＝纯技术效率×规模效率。本书做的城市创新研究，投入可控，而产出不可控，因此选择 BCC 模型计算。

1. 当 $\theta=1$，并且当 $S^-=S^+=0$ 时，表示综合效率有效，决策单元 DMU 的生产要素达到最佳组合，所得产出效果最佳。

2. 当 $\theta=1$，并且当 S^-、$S^+=0$ 时，存在非 0 值，表示综合效率弱有效。

3. 当 $0\leq\theta\leq1$ 时表示决策单元的综合效率无效，而且越接近于 1，越趋近有效。

第二阶段的 DEA 模型于 1985 年被 Aigner 等提出，它是基于 SFA 随机前沿生产函数的回归方法，可以对技术效率作出准确判断。在 SFA 回归方法中，误差项是由随机误差项和无效率项构成的。一般可以用松弛变量来反映无效率项，也就是决策单元当中达到最优效率时需要在原始投入量基础上的补足量。无效率项作为被解释变量，环境变量作为解释变量，被放在 SFA 回归模型中，计算其中的变量参数。利用 SFA 进行调整得到的无效率项，实际反映的就是管理技术中的无效部分。

假定决策单元为 i，各单元投入为 n，而可观测的环境变量个数为 k，$Z_i=[Z_{1i}, Z_{2i}, Z_{3i}, \cdots, Z_{ki}]$。投入松弛变量为 S_{ni}，当 $S_{ni}=x_{ni}-x_n\lambda\geq0$ 时，表示第 i 个决策单元第 n 项实际投入和最优效率之间的差值。充分借助 SFA 模型，化解外部环境不可控因素带来的投入松弛，以投入为导向构建 SFA 的回归方程：

$$S_{ni}=f^n(Z_i,\beta^n)+V_{ni}+U_{ni} \quad (4-3)$$

其中，$n=1,2,3,\cdots,N$；$i=1,2,3,\cdots,I$；令 $f^n(Z_i,\beta^n)=Z_i\beta^n$，那么 $f^n(Z_i,\beta^n)$ 表示受到环境影响的松弛变量的动态变化。V_{ni} 表示随机误差，$V_{ni}\in N(0,\sigma_{vn}^2)$，服从正态分布；$U_{ni}$ 表示无效管理，假定服从截断正态分布，那么 $U_{ni}\in N^+(u_i,\sigma_{vn}^2)$。$V_{ni}$ 和 U_{ni} 互相独立不相关，$V_{ni}+U_{ni}$ 为混合误差项。

总方差则可以表示为 $\sigma^2=\sigma_{vn}^2+\sigma_{un}^2$。那么技术无效率方差占总方差的比重，用 γ 表示，则有：

$$\gamma=\sigma_{un}^2/(\sigma_{vn}^2+\sigma_{un}^2) \quad (4-4)$$

γ 值越接近于 1，表示管理因素的影响越大；γ 值越接近于 0，表示随机误差的影响越大。利用 SFA 通常有两种方法对决策单元进行调整，即增加运气好的投入，或减少运气差的投入。以增加运气好的投入为例，对各个决策单元投入量进行调整：

$$X_{ni}^*=X_{ni}+[\max(Z_i\beta^n)-Z_i\beta^n]+[\max(V_{ni})-V_{ni}] \quad (4-5)$$

其中，$n=1,2,3,\cdots,N$；$i=1,2,3,\cdots,I$。X_{ni}^* 是经过调整的投入值，X_{ni}

是最初的投入值。$[\max(Z_i\beta^n) - Z_i\beta^n]$ 表示在相同外部环境下分析决策单元，$[\max(V_{ni}) - V_{ni}]$ 表示把决策单元调整至统一随机状态，从而形成决策单元统一外部环境和随机状态。V_{ni} 是一个预估值，计算过程中需要提前估算。利用学者 Fride 的经验公式，可以得到：

$$E[V_{ni}|V_{ni} + U_{ni}] = S_{ni} - Z_i\beta^n - E[U_{ni}|V_{ni} + U_{ni}] \tag{4-6}$$

其中，$n = 1,2,3,\cdots,N$；$i = 1,2,3,\cdots,I$。$E[U_{ni}|V_{ni} + U_{ni}]$ 并没有给出明确定义，为了方便后续运算，参考学者 Roaden 给出的定义，得到：

$$E[U_{ni}|V_{ni} + U_{ni}] = \sigma_* \left[\frac{\varphi\left(\frac{\varepsilon_i\lambda}{\sigma}\right)}{\phi\left(\frac{\varepsilon_i\lambda}{\sigma}\right)} + \frac{\varepsilon_i\lambda}{\sigma} \right] \tag{4-7}$$

其中，$\sigma_* = \frac{\sigma_u + \sigma_v}{\sigma}$，$\varphi = \frac{\varepsilon_i\lambda}{\sigma}$ 表示在标准正态分布下的密度函数，$\phi = \frac{\varepsilon_i\lambda}{\sigma}$ 表示在标准正态分布下的分布函数。

第三阶段的 DEA 模型是对调整后的创新投入 X_{ni}^A 作为新的初始投入 X_{ni} 进行重新测度。与第一阶段的 DEA 模型相比，由于在第三阶段已经最大限度地降低了环境变量和无效率项的干扰，计算出的决策单元效率值更符合客观现实。这种投入导向型规模报酬可变的模型，更适合应用在区域创新效率分析的情境下。本书中，粤港澳大湾区作为一个巨大的空间创新系统，生产技术要素和政策红利互相迭代，整个创新系统受到随机变量影响极大，因此第三阶段的 DEA 模型更符合创新效率分析的实际。

三、指标选取

选取粤港澳大湾区城市创新效率分析指标基于两个主要原则，一是指标的可获性、准确性和科学性，二是指标满足三阶段 DEA 模型的需要。通过文献梳理可以发现，在进行区域创新效率测度分析时，利用创新投入和创新产出两大指标进行分析，同时辅以环境变量进行判断。本书在指标选取时主要了参考学者 Cooke（1998）、Doloreux（2002）、张凡（2019）的研究结论。

1. 投入指标

本书选择创新投入指标，包括人、财、物的资源要素投入，也就是人员投入、资金投入、孵化器载体投入。其中，人员投入用万人从事科技人员数量反映，资金投入用 R&D 经费支出占 GDP 比重反映，孵化器载体用升级新型研发机构数量反映。

2. 产出指标

创新产出指标包括专利产出、产值产出和利润产出。专利方面，包括专利授权数量和专利申请数量，由于专利审批日益严格，通过率低且周期较长，专利申请数量并不能很好反映专利产出。所以本书用专利授权量反映专利产出，以更好地衡量创新产出效果。为了反映科技创新产出效率，产值产出方面选择了高新技术产品的产值。利润产出方面，选择了规模以上工业企业利润额作为反映变量。

3. 环境指标

采用的三阶段 DEA 模型相比于传统 DEA 模型优势在于，排除了环境变量和随机噪声对效率值的干扰。环境变量方面主要包括经济环境、政府环境、投资环境三个方面。

经济环境是影响科技创新与经济发展的关键因素之一。在经济发展与科技创新的相互促进中，经济环境扮演着至关重要的角色。一方面，经济发展为科技创新提供了坚实的基础和广阔的空间，决定了社会对创新资源投入的力度。通常经济越发达的地区，对创新资源的投入也越高，从而激发出更强的创新活力。另一方面，科技创新也为经济发展注入了新的动力，推动了产业结构的优化和升级。然而，在追求科技创新的过程中，我们也必须清醒地认识到，盲目扩大创新资金规模并不一定能带来预期的效果。如果不注重创新技术对资源的消化能力，过度投入创新资金，反而可能导致资金的使用效率降低，甚至造成资源浪费。因此，在推动科技创新与经济发展的过程中，需要充分考虑经济环境的实际情况，合理规划创新资金的投入，确保科技创新与经济发展相互促进、相得益彰。本书特别将 GDP 水平作为重要的环境变量之一，以全面反映经济环境对科技创新与经济发展的影响。通过深入分析 GDP 水平与科技创新、经济发展之间的关系，可以更好地把握经济环境对科技创新与经济发展的作用机制，为制定科学合理的政策措施提供有力支持。

政府环境在区域创新中扮演着举足轻重的角色。政府不仅对市场起着引领和调控的作用，还在不同城市间的合作中充当着关键的中间人角色。在推动创新发展的过程中，政府致力于营造一个公平、高效的创新环境，为各类创新主体提供有力的支持和保障。财政科学技术支出作为政府环境的重要体现，直接反映了政府对科技创新的投入和重视程度。通过增加财政科学技术支出，政府可以为创新活动提供必要的资金保障，促进创新资源的优化配置和高效利用。同时，政府还可以通过制定相关政策措施，引导社会资本投入科技创新领域，进一步激发创新活力。因此，本书选择财政科学技术支出指标作为衡量政府环境对创新效率影响的重要依据。通过对该指标进行深入分析，可以更好地了解政府环境如何促进创新效率的提升，为优化政府环境、推动创新发展提供有力的决策支持。

投资环境对于区域创新发展的影响深远。一个优质的投资环境能够吸引更多的外资流入，这不仅有助于通过资本流动实现国内外技术和思想的深度交流，更能促进国内创新资源与国际资源的有效融通。这样的交流融通有助于形成良性的竞争环境，激发创新活力，推动区域创新能力的不断提升。然而，投资环境的开放也带来了一定的挑战。随着对外开放程度的加深，技术封锁效应可能会逐渐显现，对外投资合作中可能会遭遇技术壁垒和限制，导致创新活动受到一定程度的挤压。这种挤压效应可能会限制创新资源的自由流动，影响创新效率的提升。因此，在评估投资环境对区域创新的影响时，需要综合考虑其正反两方面的效应。本书选择外商投资进出口总额作为衡量粤港澳大湾区投资环境干扰的重要指标，通过对这一指标的分析，能够更全面地了解投资环境对区域创新发展的实际影响，为制定科学合理的政策提供有力支持。

四、数据来源

在构建粤港澳大湾区城市创新效率指标体系时，综合考虑了投入指标、产出指标以及环境变量指标的选择。这一指标体系旨在全面、准确地反映大湾区各城市在创新活动中的投入与产出情况,以及外部环境因素对创新效率的影响。对于投入指标,主要关注了研发经费、研发人员数量以及政府财政科技支出等方面。这些指标能够直接反映各城市在创新活动中的资源投入情况,是评估创新效率的重要依据。在产出指标方面,选择了专利申请量、专利授权量以及高新技术产业产值等作为衡量标准。这些指标能够直观地反映创新活动的成果和效益,有助于我们了解各城市在创新领域的发展水平。此外,还考虑了环境变量指标对创新效率的影响。这些指标包括 GDP 水平、外商投资进出口总额等,它们能够反映各城市的经济环境、投资环境等外部因素对创新活动的影响。

在数据获取方面,充分利用了《广东统计年鉴》《广东科技年鉴》等权威资料,以及香港特区政府统计处网站、澳门特区统计普查局网站等渠道,确保了数据的准确性和可靠性。对于部分缺失的个别年份数据,采用了均值插补等方法进行补充,或者采用相似解释的数据进行替代,以确保指标体系的完整性和连贯性。通过构建这一综合指标体系,能够更加全面地了解粤港澳大湾区各城市在创新领域的发展状况,为制定科学合理的政策提供有力支持,具体见表 4-1。

表 4-1   粤港澳大湾区城市创新效率指标体系

变量	一级指标	二级指标
投入指标	人员投入	万人从事科技人员数量
	资金投入	R&D 经费支出占 GDP 比例
	孵化器载体投入	省级新型研发机构数量
产出指标	专利产出	专利授权量
	产值产出	高新技术产品产值
	利润产出	规模以上工业企业利润
环境变量	经济环境	GDP
	政府环境	财政科学技术支出
	投资环境	外商投资进出口总额

第二节 城市创新效率三阶段DEA分析

粤港澳大湾区包含广东省的9个城市,外加香港和澳门2个特别行政区,其经济、教育和创新在全国范围内领跑,正在向世界第四湾区进军,创新要素集聚程度高。与此同时,与核心城市广州、深圳、香港和澳门比较时,粤港澳大湾区内不同城市发展状况差别较大。本章利用2010~2019年的面板数据和三阶段DEA模型,对粤港澳大湾区当年的创新效率进行分析。再利用同阶段、同区域数据和Malmquist指数法,测量各城市的创新效率动态变化。从静态和动态两个角度,综合分析城市创新情况。

一、第一阶段:传统DEA测度的城市创新效率

利用Deap 2.1软件对2010~2019年粤港澳大湾区数据,进行BCC模型的分析。可以计算出粤港澳大湾区总体和各个城市每年的技术效率、纯技术效率和规模效率。

(一) 总体特征分析

表4-2反映了2010~2019年整个粤港澳大湾区内的技术效率、纯技术效率和规模效率情况。

表4-2　　　　粤港澳大湾区创新效率总体特征

年份	技术效率	纯技术效率	规模效率
2010	0.923	0.933	0.989
2011	0.916	0.927	0.988
2012	0.935	0.942	0.993
2013	0.907	0.925	0.979
2014	0.918	0.926	0.991
2015	0.926	0.949	0.974

续表

年份	技术效率	纯技术效率	规模效率
2016	0.906	0.972	0.932
2017	0.842	0.971	0.868
2018	0.861	0.977	0.881
2019	0.869	0.993	0.875
均值	0.901	0.951	0.947

技术效率反映出决策单元在最优规模时投入要素的生产效率。当技术效率值为1时，表明达到了生产前沿线，DEA效率为有效。从技术效率层面来看，粤港澳大湾区城市创新2012年具有最高技术效率，技术效率均值为0.935，接近有效值1；2017年的技术效率最低，综合效率均值为0.842，这与2017年世界上美联储加息和英国脱欧事件有关，广东省的外向型经济受到了较大影响。2010~2019年的10年间，创新技术效率的平均值为0.901，表明粤港澳大湾区科技创新整体水平较高，未来上升空间很大。需要注意的是，从2012年之后呈现出锯齿状下滑态势，不过在2018年之后开始回升反弹。这也从侧面反映出，2018年中国及时推出粤港澳大湾区规划的重要意义。从纯技术效率角度看，均值达到了0.951，总体呈现出逐年增加的态势，说明粤港澳大湾区的人才聚集和技术优势不断显现。从规模效率上看，历年均值为0.947，规模效率较高，2016年之前呈现锯齿状下滑特征，2017年之后开始呈现出逐年上升态势。

表4-3展示了不同城市创新效率的总体特征，涵盖了技术效率、纯技术效率和规模效率三个关键指标。这些指标对于评估各城市在创新活动中的表现至关重要。从技术效率来看，广州、深圳、珠海、东莞、中山和惠州等城市的技术效率较高，其中广州、东莞和中山的技术效率达到了最高值1，表明这些城市在技术创新和资源利用方面表现出色。相比之下，江门、肇庆等城市的技术效率相对较低，还有较大的提升空间。纯技术效率反映了各城市在管理和技术运用方面的效率。在纯技术效率方面，广州、深圳、珠海、东莞和中山等城市均达到了最高值1，显示出这些城市在技术创新和管理方面的高效运作。而江门、肇庆等城市的纯技术效率则相对

较低，需要进一步加强技术运用和管理水平的提升。规模效率则体现了各城市在创新活动中规模经济的利用情况。广州、深圳、珠海、惠州和东莞等城市的规模效率较高，表明这些城市在创新活动中能够较好地发挥规模经济优势，提高创新效率。相比之下，肇庆的规模效率较低，需要进一步优化创新活动的规模结构。

综合来看，不同城市在创新效率方面呈现出不同的特点。一些城市在技术、管理和规模等方面均表现出较高的效率，而一些城市则在某些方面存在不足。这些差异为各城市提供了改进和创新的方向，同时也为政策制定者提供了有针对性的参考依据。为了进一步提升各城市的创新效率，需要针对各城市的实际情况制定具体的政策措施。对于技术效率较低的城市，可以加强技术创新和研发投入，提高创新资源利用效率；对于纯技术效率较低的城市，可以优化管理流程和技术应用，提升创新活动的管理水平；对于规模效率较低的城市，则可以调整创新活动的规模结构，发挥规模经济优势。通过综合施策、精准发力，各城市可以进一步提升创新效率，推动粤港澳大湾区创新能力的整体提升。

表 4-3　　　　　　　　　不同城市创新效率总体特征

变量	技术效率	纯技术效率	规模效率
广州	1	1	1
深圳	0.981	1	0.981
珠海	0.901	0.926	0.973
佛山	0.83	0.934	0.889
惠州	0.952	0.978	0.972
东莞	1	1	1
中山	1	1	1
江门	0.812	0.915	0.892
肇庆	0.597	0.773	0.822
香港	0.931	1	0.931
澳门	0.899	0.94	0.957
均值	0.9	0.951	0.947

(二) 技术效率

技术效率是决策单元在资源配置、资源使用效率等多方面能力的综合评价。从表4-4可以看出,广州、东莞和中山2010～2019年每年的创新技术效率都为1,说明在统计区间内是粤港澳大湾区中科技创新发展投入产出最为优质的地区。其中广州和东莞主要打造以制造业和高新技术产业为主,其良好的创新资源禀赋条件为科技创新的优质发展提供了稳定的支撑。中山市虽然在粤港澳大湾区无论是经济总量还是人均方面都不突出,但积极实施传统优势产业提升计划,鼓励企业承担国家、省重大科技专项和重点研发计划。由于投入较少,产出较高,因此也实现了较好的技术效率的水平。研究期间内,粤港澳大湾区的创新技术效率平均值为0.897,除了技术效率均为1的城市外,还有深圳、珠海、惠州、香港和澳门5个城市的创新综合效率高于这个平均值,城市数量所占比例达到了72.73%。未来,低于湾区内技术效率平均值的城市应该积极采取措施提升改进。同时,这些城市更应有效提升综合效率值,从而提升整个大湾区的创新技术效率水平。

表4-4 粤港澳大湾区城市2010～2019年技术效率

年份	2010	2011	2012	2013	2014	2015	2016	2017	2018	2019	均值3
广州	1.000	1.000	1.000	1.000	1.000	1.000	1.000	1.000	1.000	1.000	1.000
深圳	1.000	1.000	1.000	1.000	1.000	1.000	1.000	1.000	0.915	0.898	0.981
珠海	0.915	0.834	0.924	0.886	0.893	1.000	0.924	0.826	0.848	0.961	0.901
佛山	0.939	0.942	0.935	0.924	0.904	0.824	0.753	0.692	0.667	0.724	0.830
惠州	1.000	1.000	1.000	1.000	1.000	1.000	0.933	0.829	0.784	0.972	0.952
东莞	1.000	1.000	1.000	1.000	1.000	1.000	1.000	1.000	1.000	1.000	1.000
中山	1.000	1.000	1.000	1.000	1.000	1.000	1.000	1.000	1.000	1.000	1.000
江门	0.852	0.824	0.932	0.756	0.867	0.805	0.791	0.682	0.763	0.852	0.812
肇庆	0.594	0.615	0.667	0.635	0.536	0.637	0.675	0.529	0.567	0.514	0.597
香港	1.000	1.000	1.000	1.000	1.000	1.000	0.947	0.804	0.927	0.635	0.931

续表

年份	2010	2011	2012	2013	2014	2015	2016	2017	2018	2019	均值3
澳门	0.854	0.863	0.827	0.776	0.895	0.925	0.948	0.903	1.000	1.000	0.899
均值1	0.922	0.913	0.940	0.911	0.911	0.918	0.897	0.840	0.838	0.880	0.897
均值2	0.923	0.916	0.935	0.907	0.918	0.926	0.906	0.842	0.861	0.869	0.900

注：均值1表示广东省9市城市创新综合效率，均值2表示粤港澳大湾区11市城市创新综合效率，均值3表示各区域综合效率的年份平均值。

（三）纯技术效率分析

借助BCC模型测算得到2010~2019年粤港澳大湾区各纯技术效率情况。实现纯技术效率值为1的城市达到了5个，包括广州、深圳、东莞、中山和香港。这表明这些城市相比其他城市具备了较高的创新管理与技术水平，能够符合当前新兴产业和创新发展的总体要求，将创新资源的效率发挥实现了最大限度地发挥。同时还可以发现珠海、佛山、惠州、江门、澳门的创新纯技术效率值为0.90~0.99，也达到了较高的纯技术水平。纯技术效率是反映一个区域在高科技能力引用和科技资源投入上的控制能力，通过测算纯技术效率可以发现，粤港澳大湾区对各项产业提出的"高质量发展"战略目标已经得到了较好的贯彻。只有肇庆市的纯技术效率为0.773，远低于0.90的有效值下限。未来，粤港澳大湾区各个城市应格外重视科技融合和创新人才的培养（见表4-5）。

表4-5　　粤港澳大湾区城市2010~2019年创新纯技术效率

年份	2010	2011	2012	2013	2014	2015	2016	2017	2018	2019	均值3
广州	1.000	1.000	1.000	1.000	1.000	1.000	1.000	1.000	1.000	1.000	1.000
深圳	1.000	1.000	1.000	1.000	1.000	1.000	1.000	1.000	1.000	1.000	1.000
珠海	0.924	0.858	0.954	0.919	0.924	1.000	0.947	0.857	0.892	0.985	0.926
佛山	0.947	0.961	0.957	0.935	0.915	0.904	0.916	0.924	0.933	0.947	0.934
惠州	1.000	1.000	1.000	1.000	1.000	1.000	0.967	0.899	0.922	0.989	0.978
东莞	1.000	1.000	1.000	1.000	1.000	1.000	1.000	1.000	1.000	1.000	1.000

续表

年份	2010	2011	2012	2013	2014	2015	2016	2017	2018	2019	均值3
中山	1.000	1.000	1.000	1.000	1.000	1.000	1.000	1.000	1.000	1.000	1.000
江门	0.901	0.867	0.947	0.858	0.867	0.854	0.857	1.000	1.000	1.000	0.915
肇庆	0.594	0.615	0.667	0.635	0.536	0.678	1.000	1.000	1.000	1.000	0.773
香港	1.000	1.000	1.000	1.000	1.000	1.000	1.000	1.000	1.000	1.000	1.000
澳门	0.895	0.897	0.836	0.825	0.945	1.000	1.000	1.000	1.000	1.000	0.940
均值1	0.930	0.922	0.947	0.927	0.916	0.937	0.965	0.964	0.972	0.991	0.947
均值2	0.933	0.927	0.942	0.925	0.926	0.949	0.972	0.971	0.977	0.993	0.951

注：均值1表示广东省9市城市创新纯技术效率，均值2表示粤港澳大湾区11市城市创新纯技术效率，均值3表示各区域纯技术效率的年份平均值。

（四）规模效率分析

从DEA模型中对技术效率的测算公式可知，技术效率=纯技术效率×规模效率。因而可以通过技术效率值与纯技术效率值的比值计算得到规模效率值。通过计算及整理最终得到粤港澳大湾区城市创新规模效率值的统计结果，具体如表4-6所示。

表4-6　城市粤港澳大湾区2010~2019年创新规模效率

年份	2010	2011	2012	2013	2014	2015	2016	2017	2018	2019	均值3
广州	1.000	1.000	1.000	1.000	1.000	1.000	1.000	1.000	1.000	1.000	1.000
深圳	1.000	1.000	1.000	1.000	1.000	1.000	1.000	1.000	0.915	0.898	0.981
珠海	0.990	0.972	0.969	0.964	0.966	1.000	0.976	0.964	0.951	0.976	0.973
佛山	0.992	0.980	0.977	0.988	0.988	0.912	0.822	0.749	0.715	0.765	0.889
惠州	1.000	1.000	1.000	1.000	1.000	1.000	0.965	0.922	0.850	0.983	0.972
东莞	1.000	1.000	1.000	1.000	1.000	1.000	1.000	1.000	1.000	1.000	1.000
中山	1.000	1.000	1.000	1.000	1.000	1.000	1.000	1.000	1.000	1.000	1.000
江门	0.946	0.950	0.984	0.881	1.000	0.943	0.923	0.682	0.763	0.852	0.892
肇庆	1.000	1.000	1.000	1.000	1.000	0.940	0.675	0.529	0.567	0.514	0.822

续表

年份	2010	2011	2012	2013	2014	2015	2016	2017	2018	2019	均值3
香港	1.000	1.000	1.000	1.000	1.000	1.000	0.947	0.804	0.927	0.635	0.931
澳门	0.954	0.962	0.989	0.941	0.947	0.925	0.948	0.903	1.000	1.000	0.957
均值1	0.992	0.989	0.992	0.981	0.995	0.977	0.929	0.872	0.862	0.887	0.948
均值2	0.989	0.988	0.993	0.979	0.991	0.974	0.932	0.868	0.881	0.875	0.947

注：均值1表示广东省9市城市创新规模效率，均值2表示粤港澳大湾区11市城市创新规模效率，均值3表示各区域规模效率的年份平均值。

粤港澳大湾区城市创新规模效率的均值为0.947，达到了有效水平，反映湾区内各个城市创新资源配置总体较好。虽然还有些不足，但是实现最优资源配置的潜力很大。从各城市看，实现创新规模效率值为1的城市，有广州、东莞和中山3个城市，规模效率最优城市数量占比为27.27%。佛山、江门、肇庆、香港4个城市的规模效率没有达到均值0.947，城市数量占比达到36.36%。除了肇庆为0.822外，10个城市的规模效率值都在0.85以上。粤港澳大湾区需要在各城市中有针对性地调整资源投入，以提升城市创新规模效率。深圳和香港的纯技术效率为1，但是技术效率为无效，说明这2个城市的规模效率是制约其综合评价结果的重要因素，未来应该适当调整产业规模和产业投入，以此改善整个粤港澳大湾区的创新资源投入，提升创新技术效率水平。

（五）规模报酬分析

规模报酬是指在其他条件不变的情况下，企业内部各种生产要素按相同比例变化时所带来的产量变化。规模报酬递增表示在相同比例的投入要素投入下得到更大比例的产出；规模报酬递减则表示在相同比例的投入要素投入下得到了低于该比例的产出结果；规模报酬不变则表示同等比例的投入要素投入时获得了同等比例的产出结果。本书通过对2010~2019年粤港澳大湾区各城市规模报酬进行计算，进而分析各城市资源投入产出情况。具体见表4-7。

表 4-7　　城市粤港澳大湾区 2010~2019 年创新规模效率

年份	2010	2011	2012	2013	2014	2015	2016	2017	2018	2019
广州	—	—	—	—	—	—	—	—	—	—
深圳	—	—	—	—	—	—	—	—	drs	drs
珠海	irs	drs	irs	drs	irs	—	irs	irs	irs	irs
佛山	drs	drs	irs	irs	irs	irs	irs	irs	irs	irs
惠州	—	—	—	—	—	—	irs	irs	irs	irs
东莞	—	—	—	—	—	—	—	—	—	—
中山	—	—	—	—	—	—	—	—	—	—
江门	drs	drs	drs	drs	—	irs	irs	irs	irs	irs
肇庆	—	—	—	—	—	irs	irs	irs	irs	irs
香港	—	—	—	—	—	—	drs	drs	drs	drs
澳门	irs	irs	irs	irs	irs	irs	irs	irs	—	—

注：根据 DEA 2.0 计算整理，其中 irs 表示规模报酬增加，drs 表示规模报酬减少，—表示规模报酬不变。

通过观察规模报酬情况，广州、东莞和中山 3 个城市的规模报酬 2010~2019 年一直保持规模报酬不变，说明创新资源投入和创新产出效果匹配良好。深圳和香港两个城市在研究期间的前半段一直规模报酬不变，但是最近几年出现了规模报酬减少的状况，说明要素投入已经出现冗余，需要控制资源投入规模。尤其是深圳在这两年受到国家特殊政策支持，要素投入过高，与湾区其他城市相比，已经极不平衡。澳门从 2010 年前出现规模报酬增加状态，国家对其不断进行要素资源投入，在 2018 年和 2019 年已经实现规模报酬不变的最优状态。珠海和佛山两个城市在研究区间的前半段出现规模报酬增加和减少交替的现象，直到 2016 年之后一直保持在规模报酬增加的状态，需要加大对这两个城市的资源投入。江门和肇庆处于粤港澳大湾区的边缘位置，最近几年出现了规模报酬增加的状态，说明需要不断增加对这两个城市的资源投入，以实现规模效率。

综上所述，本书基于传统 DEA 模型对粤港澳大湾区 11 个城市的创新效率进行第一阶段的测算分析，由于其效率值可能存在环境因素和随机噪声的影响，因而本书将采用 SFA 回归分析方法对其进行分离处理。

二、第二阶段：SFA 回归分析

第一阶段得到尚未剔除管理无效、环境影响、随机因素等外部干扰的粤港澳大湾区城市创新效率值。第二阶段将关注松弛变量对初始效率值的干扰，利用 SFA 回归分析法去除这些外部干扰。

本书借助 Frontier 4.1 软件，对粤港澳大湾区城市创新投入松弛变量进行处理，并将处理后的结果作为解释变量。以人员投入松弛变量、资金投入松弛变量、孵化器载体投入松弛变量作为因变量，以经济环境、政府环境、投资环境等环境因素作为自变量，建立 SFA 回归分析模型，其结果见表 4-8。由于本书采用投入导向，环境变量是对投入松弛变量进行的回归，因而回归系数为正意味着环境变量指标数值的增加有利于松弛变量的增加，也就会加重投入冗余；回归系数为负，说明环境变量指标数值的增加有利于松弛变量的减少，也就可以减少冗余。

表 4-8　　　　　　　　城市创新 SFA 回归结果

变量	人员投入松弛变量	资金投入松弛变量	孵化器载体投入松弛变量
常数项	0.524*** (5.278)	0.341*** (6.142)	0.484*** (3.129)
经济环境	-0.145*** (4.447)	-0.267** (-1.285)	0.186* (2.953)
政府环境	0.142* (2.578)	-0.053*** (4.639)	0.106** (4.775)
投资环境	-0.025** (-2.436)	0.119*** (3.383)	0.904*** (-4.474)
δ^2	0.067*** (3.418)	0.038** (3.372)	0.042** (4.291)
γ	0.984*** (8.041)	0.997*** (6.754)	0.969*** (6.287)
log 函数值	98.423***	99.254***	96.247***

注：* 表示在 10% 水平下显著，** 表示在 5% 水平下显著，*** 表示在 1% 水平下显著，括号内是相应估计的 t 检验值。

从模型运行结果看，人员投入、资金投入和孵化器载体投入作为松弛变量基本在 1% 的水平下检验显著，并且 log 函数值也通过了 1% 水平的显著性检验，说明误差项的复合结构符合要求。各年度的投入松弛变量的 γ 值为 0.96~0.99，接近于 1，表明在研究期间内管理无效率因素主导着投入冗余的影响，管理因素和随机因素对粤港澳大湾区城市创新具有显著影响，利用 SFA 模型对城市创新效率的管理因素和随机因素影响进行分离是有效的。

从经济环境看，城市经济发展对人员投入和资金投入松弛变量都具有负向作用，对孵化器载体投入松弛变量具有正向作用。经济发展水平越高，人员投入和资金投入也会越大，为了保证科技创新健康发展，科技管理部门通常会对科技人员采取激励措施，也会对科技经费采取透明的管理手段，从而减少科技资金的松弛。经济发展水平高的城市会形成人才高地，对周围城市产生虹吸效应，科技人员迅速增长，科技研发人员的质量有了很大提升，创新主体能够优中选优，减少科技人员的松弛。以省级新型研发机构数量为标志的创新投入，通常会随着城市经济环境好坏呈现明显的正向变动，经济环境越好，研发机构数量通常越多，带动了科技创新的发展，增加了创新投入的松弛。

从政府环境看，政府支持科技的做法对人员投入和孵化器载体投入的松弛都产生了正向影响，对资金投入的松弛产生了负向影响作用。一方面，政府支持科技，增加了科技活动项目的数量，保障了科技服务水平，对全社会营造浓厚的科技创新氛围，吸引科技人才和科技平台从事科研活动十分关键。当然，由于科技创新活动具有长期性和磨合性的特点，人员短期内不能实现很好地配合，部门之间信息传递低效的现象，都导致了科技人员和创新投入冗余量的增加。另一方面，政府支持科技带来了科技经费的迅速增加，这就要求对科技经费合理监管，提高经费使用效率和效果。粤港澳大湾区很多科研院所、高校和创新平台都提出了规范科研经费使用的管理办法，减少了科研资金的浪费，进而导致资金投入松弛的减少。

从投资环境看，外商投资进出口总额对人员投入松弛变量具有负向作用，对经费投入和孵化器载体投入松弛变量具有正向作用。投资创新环境越好，越能够吸引科技人才，特别是吸引那些行业翘楚的顶尖级人才，这对于高新技术企业、高校和科研平台的发展十分有利。这些创新主体在用人方面上有了更多选择权，选择更为精细，标准更高，因此减少了人员投入的松弛。另外，良好的投资环境意味着与外商联系更为紧密，更多的新问题亟待解决，带来了课题申请和经费的迅速增长。但并不是所有的创新主体和人员都能够高效使用科研经费，因此带来了经费投入松弛的增加。良好的投资环境也为创新创业奠定了良好的基础，创新活力更足，因此也带来了孵化器载体投入松弛的增加。

三、第三阶段：投入调整后的 DEA 效率分析

在未剔除环境变量影响之前的分析结果，可能会导致一些城市创新效率指标值偏高，一些可能会偏低，影响了效率评价的科学性。所以需要对没产生干扰的环境变量进行剔除，剥离无效管理和随机因素的影响，并在此利用 Deap 2.1 软件进行创新效率分析，使其处于相同环境。具体统计分析结果见表 4-9。

表 4-9　　　　　　　调整后的城市创新效率总体特征

变量	技术效率	纯技术效率	规模效率
广州	1	1	1
深圳	0.977	0.996	0.981
珠海	0.921	0.935	0.985
佛山	0.913	0.975	0.936
惠州	0.965	0.978	0.987
东莞	1	1	1
中山	0.999	0.999	1
江门	0.835	0.923	0.9052
肇庆	0.645	0.784	0.823
香港	0.954	1	0.954
澳门	0.947	0.968	0.978
均值1	0.917	0.954	0.957
均值2	0.923	0.956	0.958

注：均值1表示广东省9市城市创新规模效率，均值2表示粤港澳大湾区11市城市创新规模效率，均值3表示各区域规模效率的年份平均值。

从表4-9可以看出，剥离了环境因素和随机因素等外部干扰后，粤港澳大湾区城市总体的技术效率、纯技术效率、规模效率分别提升了0.023、

0.005、0.011，说明外部干扰在某种程度上抑制了创新效率的提升。从技术效率上看，广东省 9 市、香港、澳门分别增长了 0.020、0.023、0.048，其中澳门上升幅度最大。从城市角度看，只有深圳和中山因为技术效率下降，导致整体综合效率分别下降 0.004 和 0.001。其中，深圳是投入资源过度，导致科技创新的技术效率下降，而中山市是因为总体规模较小，还有较大的经济发展和科技投入空间。除此之外，其他城市的各项效率指标都出现了不同程度的上升。东莞和广州两个城市没有发生变化，仍然保持了技术效率有效。表 4-9 可以进一步用图 4-1 表示，图中 SE 表示规模效率，TE 表示技术效率，PE 表示纯技术效率。

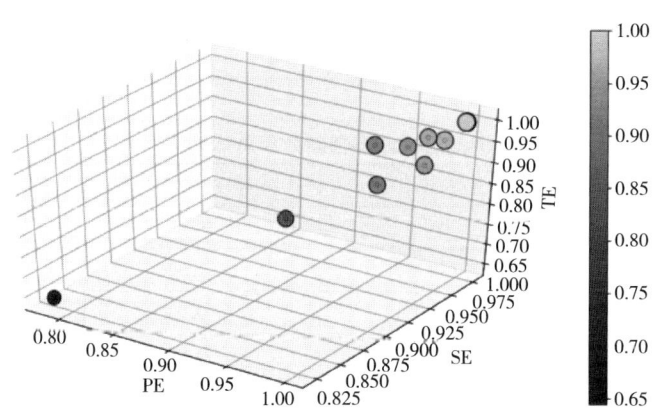

图 4-1　粤港澳大湾区创新效率三维散点图

从纯技术效率看，广东省 9 市、香港和澳门分别上涨了 0.007、0、0.028，说明广东和澳门的纯技术效率仍然受到了外部干扰的影响。结合图 4-1 可以看出，在 SFA 调整之后，各城市纯技术效率值达到了较为接近的高水平状态，可能的原因是粤港澳大湾区内各城市的科技投入能力和科技研发能力很强。分城市来看，纯技术效率增长幅度较大的为佛山和澳门，分别为 0.041 和 0.028，说明这两个城市的纯技术效率受环境影响最大，可能的原因是政府财政科技支出的低效和劳动力数量的冗余，应当从这两个方面来进行调整和改进。广州和东莞的纯技术效率始终是 1，说明环境变量和随机影响等外部干扰对这两个城市影响不大。同时也能发现，惠州在经过调整后的纯技术效率上升为1，实现了DEA有效。

从规模效率上看，三个区域分别上涨了0.009、0.023、0.021。从城市角度来看，结合图4-2可以发现，调整之后，不同城市规模效率的波动增大，说明环境因素对规模效率产生了较大的影响。其中佛山上升幅度最大，指标值增长了0.047。广州、东莞、中山的规模效率指标没有出现变化，仍然保持了DEA有效。深圳、肇庆、珠海三个城市的变化也比较小，说明调整之后规模效率没有发生太大的变化。其中肇庆和珠海是由于创新产业规模较小所致，而深圳则是一直处于强力政策支持下，剔除外部环境因素的效果无法显现。

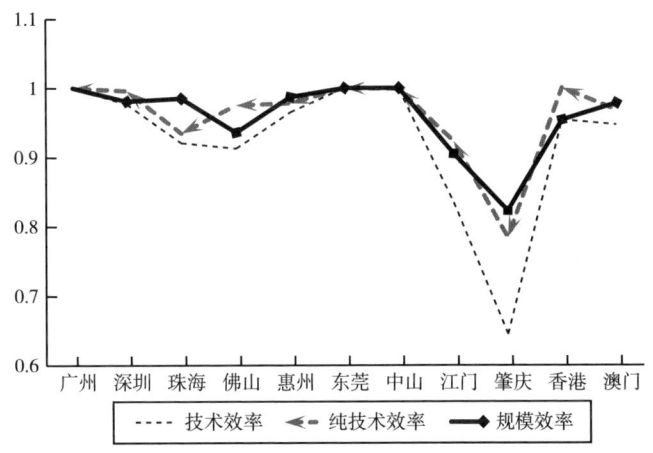

图4-2　粤港澳大湾区第三阶段DEA技术效率及分解

总结可以发现，剔除管理无效和随机因素等外部干扰后，各城市的技术效率、纯技术效率、规模效率都有不同程度上升，其中纯技术效率上升幅度更大。这说明粤港澳大湾区各城市的科技投入能力和科技创新能力相对较强。同时受到环境因素等外部干扰的影响，规模效率增幅不如纯技术效率增长明显。调整之后技术效率的趋势与规模效率和纯技术效率变化曲线趋势十分类似，说明湾区内各城市综合创新效率受到技术投入和规模双重影响明显。调整之后，佛山和澳门的纯技术效率和规模效率上升最为明显，说明这两个城市受到外部环境干扰因素的影响更大。

第三节 Malmquist 指数分析

第四章第二节中的 DEA 方法通常利用静态截面数据考察静态的创新效率，利用 Malmquist 指数则可以对面板数据分析其动态变化。本部分将利用 Malmquist 指数法，对剔除外部干扰后的粤港澳大湾区面板数据计算，得到基于地域维度和时间维度的城市创新全要素生产率。本书借鉴了 1994 年 Fare 的成果结论，利用他提出的全要素生产率指数（tfp），并对其进行分解，得到：

$$tfp = M^{t+1}(x^{t+1}, y^{t+1}, x^t, y^t) = \left[\frac{D_c^t(x^t, y^t)}{D_c^t(x^t, y^t)} \times \frac{D_c^{t+1}(x^{t+1}, y^{t+1})}{D_c^{t+1}(x^{t+1}, y^{t+1})}\right]^{\frac{1}{2}} \quad (4-8)$$

当 $M^{t+1}(x^{t+1}, y^{t+1}, x^t, y^t) > 1$ 时，表示全要素生产率有所上升；当 $M^{t+1}(x^{t+1}, y^{t+1}, x^t, y^t) < 1$ 时，表示全要素生产效率有所下降；当 $M^{t+1}(x^{t+1}, y^{t+1}, x^t, y^t) = 1$ 时，全要素生产效率不变。

进一步推导，如果假定报酬不变，Malmquist 指数可以被分解为技术效率变化指数（$Effch$）和技术进步指数（$Tech$），可以分别通过下面公式表示：

$$Effch = \frac{D_c^{t+1}(x^{t+1}, y^{t+1})}{D_c^t(x^t, y^t)} \quad (4-9)$$

$$Tech = \left[\frac{D_c^t(x^{t+1}, y^{t+1})}{D_c^{t+1}(x^{t+1}, y^{t+1})} \times \frac{D_c^t(x^t, y^t)}{D_c^{t+1}(x^t, y^t)}\right]^{\frac{1}{2}} \quad (4-10)$$

$$tfp = M^{t+1}(x^{t+1}, y^{t+1}, x^t, y^t) = Effch \times Tech \quad (4-11)$$

当规模报酬不为 1 时，技术效率变化指数可以进一步分解为纯技术效率指数（$pech$）和规模效率指数（$sech$），具体表达式为：

$$pech = \frac{D_v^{t+1}(x^{t+1}, y^{t+1})}{D_v^{t+1}(x^t, y^t)} \quad (4-12)$$

$$sech = \left[\frac{D_v^{t+1}(x^{t+1}, y^{t+1})/D_c^{t+1}(x^{t+1}, y^{t+1})}{D_v^t(x^t, y^t)/D_c^t(x^t, y^t)} \times \frac{D_v^{t+1}(x^{t+1}, y^{t+1})/D_c^{t+1}(x^{t+1}, y^{t+1})}{D_v^t(x^t, y^t)/D_c^t(x^t, y^t)}\right]^{\frac{1}{2}}$$

其中，当 $D_v^{t+1}(x^{t+1}, y^{t+1})$ 表示规模报酬不为 1 时，基于 $t+1$ 期技术条件的产出距离函数，下角标 v 表示规模报酬可变。技术效率变化指数可以表示为 $Effch = pech \times sech$。

因此，全要素生产效率也就是科技创新总体效率的计算公式为：

$$tfp = Effch \times Tech = pech \times sech \times Tech \quad (4-13)$$

一、地域维度分析

在 2010~2019 年粤港澳大湾区内城市创新效率面板数据的基础上，对区域内 11 个城市的全要素生产率指数进行分解和计算，结果如表 4-10 所示。

表 4-10 粤港澳大湾区城市全要素生产率（TFP）指数及其分解

城市	技术效率指数 Effch	技术进步指数 Tech	纯技术效率指数 pech	规模效率指数 sech	全要素生产率指数 tfp
广州	1.005	1.153	1.005	1.000	1.159
深圳	1.006	1.035	1.006	1.000	1.041
珠海	1.003	1.104	1.000	1.003	1.107
佛山	1.003	1.021	1.002	1.001	1.024
惠州	1.003	1.000	1.003	1.000	1.003
东莞	1.002	1.053	1.000	1.002	1.055
中山	1.000	1.015	1.000	1.000	1.015
江门	0.996	0.985	0.995	1.001	0.981
肇庆	0.986	0.956	0.987	0.999	0.943
香港	1.000	0.999	1.000	1.000	0.999
澳门	1.007	1.024	1.002	1.005	1.031
均值 1	1.001	1.036	1.000	1.001	1.037
均值 2	1.001	1.030	1.000	1.001	1.031

注：均值 1 表示广东省 9 市均值，均值 2 表示粤港澳大湾区 11 市城市均值。Effch 表示技术效率指数，Tech 表示技术进步指数，pech 表示纯技术效率指数，sech 表示规模效率指数，tfp 表示全要素生产率指数。

总体来看，粤港澳大湾区总体 TFP 指数和技术效率指数分别为 1.031 和 1.001，说明整个区域的总体创新效率平均提升了 3.1%，技术效率提升

0.1%，整个区域内的总体资源配置水平处于上升通道。而且从创新技术效率的分解看，其中纯技术效率指数为1，说明纯技术效率2010~2019年总体上没有变化。规模效率指数为1.001，粤港澳大湾区城市的创新活动规模处于扩张阶段，并且对综合效率的提升起到了直接带动作用。其中广东省9市，TFP指数为1.037，城市创新综合指数为1.001，说明珠三角地区创新效率进步了3.7%。广东省9市的统计与粤港澳大湾区11市的统计结果差别不大，技术效率都是1.001，没有差别，TFP指数仅相差0.5%。说明粤港澳大湾区区域上实现了较好的创新协同发展。

分城市统计，结合图4-3可以发现，香港、江门、肇庆的TFP出现了倒退，没有达到1，其他城市均有所上升。香港的TFP值为0.999，倒退了0.001，分析其原因是技术进步水平出现了0.001的倒退所导致。其原因是之前的纯技术效率已经达到1，从科技投入上很难突破现有水平，于是进入了"占优者陷阱"。所以香港应该着眼于纯技术效率的提升，用纯技术效率的进步推动总体创新效率的提升，提高产业技术上新台阶。江门和肇庆的TFP值分别为0.981和0.943，说明创新总体效率下降了1.9%和5.7%。其主要原因是这两个城市的纯技术效率值都小于1，在技术效率上存在较明显的劣势。同时，这两个城市的科技进步指数也低于1，影响了创新综合效率和总体效率的提升。尤其肇庆市，从规模效率指标统计看，是唯一一个出现下滑的城市。这就意味着肇庆要不断加大科技投入规模和科技产出效率，进而提升其在粤港澳大湾区中的城市科技地位。

TFP值大于1.1的有广州和珠海两个城市，分别为1.159和1.107，说明这两个城市2010~2019年创新总体效率有非常明显的进步幅度。从分解指标的反映观察，广州主要是由于技术进步和技术创新效率指标提升的影响。广州在最近10年不断适时推出产业升级和科技升级的政策，有一大批高科技产业落户广州。加上广州有很多高水平高校和科研院所，引进了大量高科技人才，从而助推了广州的全社会科研活动。珠海之所以能够在总体创新效率上有比较大的进步，其原因也是由技术进步带来的影响，万人大学生数在粤港澳大湾区排名第一。同时在珠海有一批高水平的科技企业和创新平台，这都为提升它的创新总体效率排名提升带来了帮助。

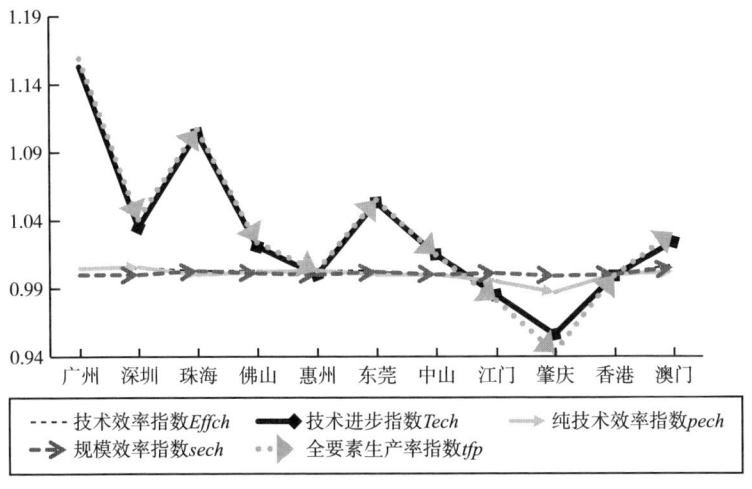

图 4-3 地域维度全要素生产率指数与分解

TFP 值介于 1.000～1.100 的城市有东莞、深圳、澳门、佛山、中山、惠州，分别为 1.055、1.041、1.031、1.024、1.015 和 1.003。东莞作为传统制造强市，技术进步指数得到了 1.053 分，是外国投资的主要接收地之一。东莞各类公司制造的产品包括婴儿用品、机器人设备、港口基础设施、光学镜片和电信设备等，生产水平高而且很有效率。深圳的 TFP 值为 1.041 也是一个不错的水平，该市的创新总体效率主要来自技术进步和规模效率的影响。以 2019 年为例，当年的研发经费为 1328.28 亿元，占 GDP 比重达到 4.93，占广东省研发经费比重的 42.87%。但是与其 GDP 排名第一和科技创新强市的标签并不相符的是，通过 Malmquist 指数算出的总体创新效率低于广州、珠海和东莞，与其创新投入规模过大有关，受到规模报酬递减规律影响，绝对指数最高，相对效率不足。澳门的创新总体效率发展比较平衡，既有来自纯技术效率和规模效率的影响，也有来自技术进步指数的影响。近些年多个国家重点实验室的挂牌，澳门直接参与众多国家科技创新活动，也代表着澳门科技创新发展的新高地。佛山的纯技术效率和规模效率分别为 1.002 和 1.001，意味着分别增长了 0.2 个百分点和 0.1 个百分点。同时，技术进步指数达到 1.021，实现了 2.1% 的增长，最终获得了综合效率和总体效率的增长。中山和惠州在总体效率大于 1 的城市中，排名靠后，其主要贡献是来自技术进步指数或者纯技术效率的提升，需要通过规模发展，进一步刺激其科技创新效率。

二、时间维度分析

利用 2010~2019 年面板数据，将所有粤港澳大湾区城市看作整体，从时间的维度来分析全要素生产率指数及其分解的变化，结果如表 4-11 所示。

表 4-11　　　　时间维度全要素生产率变化与分解

年份	技术效率指数 Effch	技术进步指数 Tech	纯技术效率指数 pech	规模效率指数 sech	全要素生产率指数 tfp
2010~2011	1.015	1.003	1.012	1.003	1.018
2011~2012	1.011	0.997	1.008	1.003	1.008
2012~2013	1.003	0.989	1.001	1.002	0.992
2013~2014	0.999	0.978	0.998	1.001	0.977
2014~2015	0.996	1.013	0.995	1.001	1.009
2015~2016	1.003	1.017	1.001	1.002	1.020
2016~2017	1.017	1.018	1.015	1.002	1.035
2017~2018	1.019	1.025	1.016	1.003	1.045
2018~2019	1.023	1.037	1.016	1.007	1.061
均值	1.010	1.008	1.007	1.003	1.018

从表 4-11 可以发现，粤港澳大湾区城市的 TFP 指数为 1.018，增长幅度为 1.8%，表明这些城市科技创新发展比较平稳。同时结合图 4-4 可以发现，TFP 指数在统计区间呈现了一定波动。从时间角度观察能够看出，2010~2014 年 TFP 指数不断减少，而且在 2013 年和 2014 年出现了小于 1 的情况。其原因是受到 2008 年美国次贷危机影响，广东省从 2010 年开始采取"腾笼换鸟"的做法，主动调整产业结构，经济增长主动放缓，避免要素驱动和投资驱动的传统做法。所以在之后的几年科技创新指标表现不理想，科技创新的作用还没有真正迸发。从 2015 年开始，TFP 指数逐年回升，并且 2018~2019 年统计时段达到最大值 1.061，上涨了 6.1 个百分点。

一方面，主动调整产业结构的做法取得了实效；另一方面，也与粤港澳大湾区政策实施、加速了科技创新投入有关。

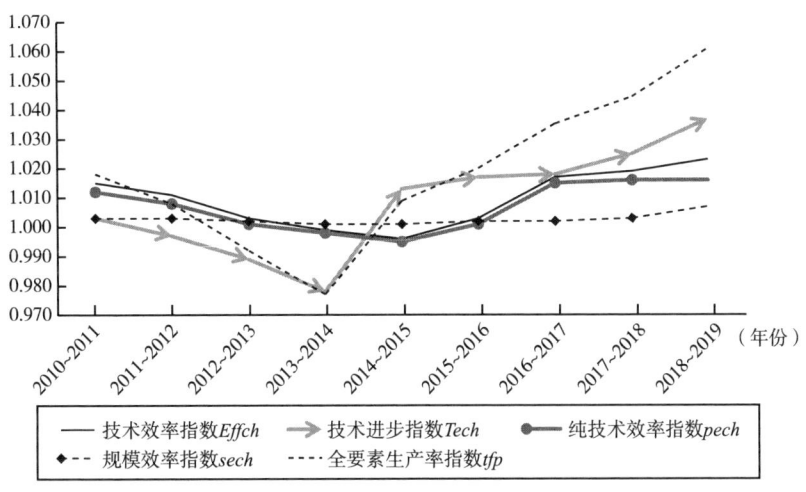

图4-4 时间维度全要素生产率指数及分解

分解来看，相对于其他几个指标，规模效率指标的波动最小，说明湾区内城市规模效率2010~2019年没有明显变化。事实上，创新投入规模在城市之间的分配有很大差别，例如，深圳、广州、香港等城市享受到更大的资源分配规模，从而挤占了肇庆、江门、惠州等城市的科技资源。未来需要在资源投入的平衡性上考虑，避免强者恒强、弱者恒弱的马太效应。在纯技术效率方面，也呈现出先降低、后增长的态势，在2015年达到最低值的0.995之后开始触底反弹。TFP指数与纯技术效率指数变化十分类似，说明粤港澳大湾区城市创新驱动力主要依赖于技术创新，得益于各地政府对科技创新的重视。从科技进步指数看，2010~2011年为1.003，之后受到次贷危机的持续影响开始走跌。2013~2014年度降到最低值0.978，2010~2014年通过改变高投入、高消耗、高排放的粗放型增长方式，依照国家产业政策，实行行业准入差别对待政策，提高产业的用地、能耗、水耗和污染物排放标准。提高劳动密集型产业准入门槛，积极转移部分低附加值劳动密集型产业，换来了质量与效益、经济与社会协调的增长方式。从2015年开始，科技进步指数开始回升，直到2018~2019年达到最高的

1.037。可以看出，在粤港澳大湾区城市创新发展过程中，主要依赖于技术力量的投入，加强人才引进，科技管理水平较高，不断推动创新效率的提高。

第四节　创新水平的综合比较

创新水平包括创新能力和创新效率两个方面，创新能力只能反映实际产出水平，无法衡量投入的有效性。创新效率能够反映投入有效性，但是无法衡量绝对产出的贡献。因此需要将创新能力和创新效率综合考虑，进而客观全面地分析城市创新水平。本书利用创新矩阵图进行分析比较，数据采取第三章的创新能力结果和本章创新效率的结果。由于创新能力和创新效率计算的量纲不一样，得分结果差别巨大，为了图像美观和阅读效果，将创新能力得分除以10进行分析，结果如图4-5所示。

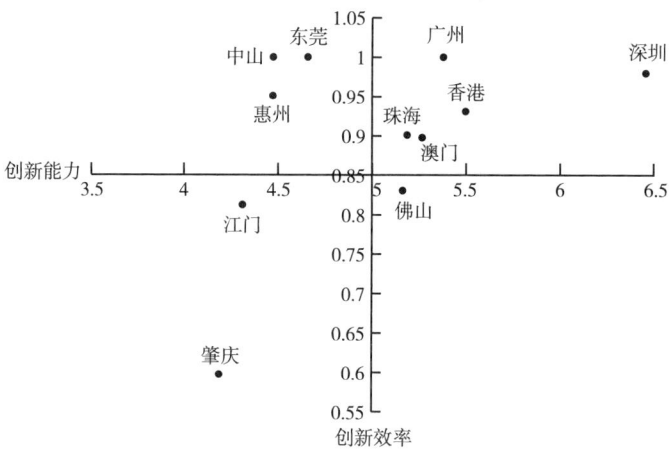

图4-5　粤港澳大湾区城市创新能力与创新效率矩阵

图4-5显示，总体上看，绝大部分城市的创新效率都在0.9以上，效率水平较高，但创新能力呈现较大差异。其中深圳、广州、香港、澳门、珠海都处于"高能力、高效率"的位置，香港的创新能力更是仅次于深

圳。其中深圳的创新能力最强，达到了 6.453 分，高出第二名香港 0.96 分。从这一点看，虽然深圳的创新效率值排名较高，但是与其经济总量第一、各种科技创新资源投入占绝对优势的现状相比，创新效率值并不理想，这也是由于其投入规模过大、规模效率不高引起的。东莞、中山和惠州则处于"低能力、高效率"的位置，说明粤港澳大湾区城市总体的创新能力较好，但区域间差距较大，同时省会、经济特区、特别行政区等龙头城市的创新能力均占绝对优势。佛山虽然创新能力很强，但是其创新效率低下，处在了"高能力、低效率"的位置上，说明佛山受环境因素的抑制性影响较大。肇庆和江门处于"低能力、低效率"的位置，说明这两个城市在基础研发和资源配置方面的工作较为欠缺。

综上所述，由于创新能力和创新效率的不同属性，一个城市的创新能力和创新效率水平并不是同步发展的。虽然经济发展水平较高区域的城市总体来讲大多能够实现能力和效率的同时提升，但是由于教育水平、创新环境以及科技管理水平等因素的影响，依然有部分城市出现了"高能力、低效率"和"低能力、高效率"的情况。这说明如果要提升创新系统的综合表现，必须从不同的角度改进，既要加大创新要素的投入，也要提升要素使用的效率。粤港澳大湾区各城市应根据自身发展的特点，制订符合实际的创新政策，有的放矢地提升创新水平。

第五章

粤港澳大湾区城市间合作创新的空间演进

第一节 创新合作的基本情况

科学合作是创新合作的最主要形式，科学合作是合作在科研范围内的拓展，是一种资源共享的方式，最关键的是知识的交流与共享。专利合作是在专利研究发明的阶段，通过合作来共同完成一个专利的发明，这种合作形式现在已经成为一种主流方式。专利合作是科学合作的表现形式之一，它展现了合作者之间合作交流。从专利合作视角进行研究，发现和归纳专利合作交流的规律。这对提高粤港澳大湾区的创新水平，对国家创新体系建设的完善都是有帮助的。本部分将通过城市之间的发明合作专利情况，来反映粤港澳大湾区的创新合作水平。

截至2020年11月，已有8个城市（广州、深圳、东莞、佛山、中山、惠州、汕头、珠海）获批为国家知识产权试点示范城市。2020年，深圳、广州在发明专利申请受理量中国城市排名中分列第三和第六，显示出粤港澳大湾区较强的创新能力。城市间合作的发明专利能够反映创新主体间的深度合作关系，可以刻画湾区内主要城市创新网络的画像认识。专利数据来自国家知识产权局专利检索系统（http://cpquery.sipo.gov.cn/），专利申请的时间条件为2005~2019年，申请主体条件为11个粤港澳大湾区城市中两个以上合作城市,另外,需要剔除母子公司合作的发明专利情况,最终获得17171项发明专利满足分析要求。

2005~2019年,湾区内城市间合作发明专利数量呈现出逐年递增的态势,2005年合作发明专利仅为467项,到了2019年达到2429项。从增长率方面看,15年间增长了420.13%,平均年化增长率为12.50%。增长率整体呈现波动状态,2014~2016年增长率明显放缓,而后逐年递增,到了2019年增长率出现爆发式增长,达到了最高的25.59%(见图5-1)。

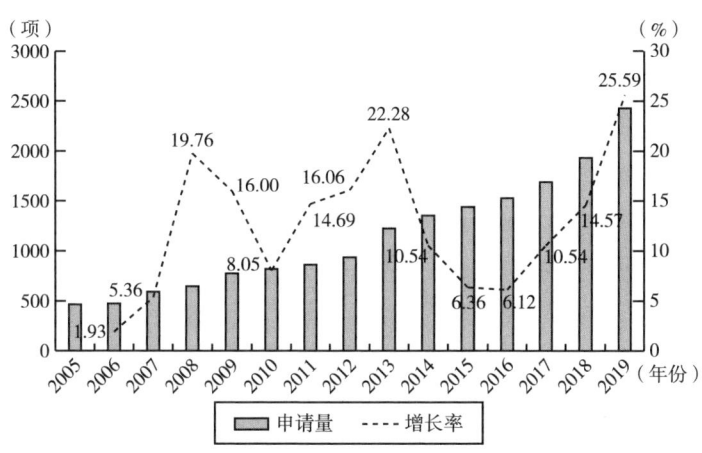

图5-1 大湾区内历年合作发明专利数量与增速

改革开放前期,香港和澳门的创新能力很强,尤其对深圳和珠海的溢出效应很强。但是随着穗深佛莞等城市的创新发展,内地各城市间的合作交流显然更多,这就使香港和澳门在创新合作中发挥的作用逐步弱化。香港与湾区内其他城市的发明专利合作数量15年来变化不大,甚至近几年出现了下滑。澳门与大湾区内其他城市的合作数量虽然始终保持增长,但是受体量影响,总体数量一直徘徊不前。在这种对比下,广州和深圳与湾区内合作的专利数量从2012年开始,逐渐拉开了与港澳的差距,并一路高歌猛进。佛山和东莞经过多年的发展,增长率稳步提升,尤其是佛山市在2019年的合作发明专利数量反超香港,上升势头明显。具体见表5-1和图5-2。

表 5-1　　　　粤港澳大湾区主要城市合作发明专利数量

年份	2005	2006	2007	2008	2009	2010	2011	2012	2013	2014	2015	2016	2017	2018	2019
广州	102	103	124	131	152	169	189	234	296	347	458	497	539	684	725
深圳	101	102	114	128	149	136	139	185	219	238	257	368	495	632	695
香港	69	75	88	92	114	136	137	149	156	157	132	133	137	145	127
澳门	7	7	8	12	19	23	27	29	37	48	59	67	68	72	75
佛山	17	15	35	38	49	48	42	53	56	57	62	64	72	98	141
东莞	7	7	8	12	19	23	27	29	37	48	59	67	68	72	75

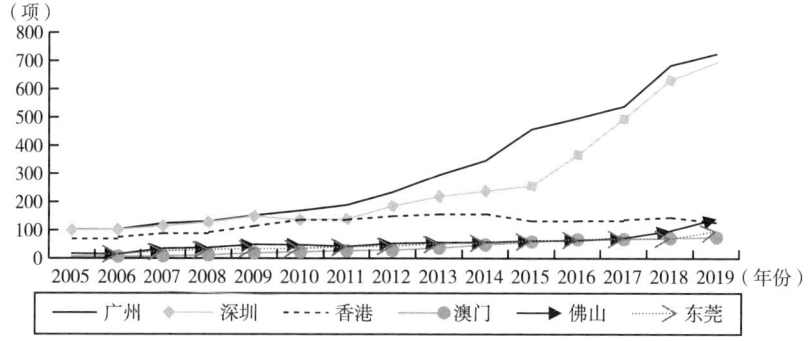

图 5-2　粤港澳大湾区主要城市历年合作发明专利变化

第二节　城市创新合作空间指标选取

进行城市创新网络分析通常可以选择空间截面特征指标、空间演进有序指标和空间演进密度变化指标,其中前两个指标反映了城市创新网络的现实情况,最后一个指标反映空间的动态演进规律[14]。

一、空间截面特征指标

空间截面特征指标在城市创新网络研究中扮演着至关重要的角色,它们构成了深入理解城市创新动态与结构特性的基石。这些指标通过精确捕捉特定时间节点的创新网络拓扑结构属性,为研究者提供了丰富的分析维度。其中,中心度是衡量节点在网络中影响力与重要性的关键指标,揭示了哪些城市或机构在创新资源的流动与整合中占据核心地位。弱联结与强联结则进一步细化了网络连接的强度与性质,弱联结往往能引入新颖信息,促进多样性和创造力的激发,而强联结则保证了信息的深度交流与合作的稳定性。"结构洞"理论则强调了占据不同信息集群之间桥梁位置节点的战略价值,这些节点通过连接互不直接相连的其他节点,促进了知识的跨界融合与创新扩散。"小世界"理论,经由"六度分离"实验验证,揭示了即使在看似庞大的网络中,任意两点间也往往通过较短的路径相连,这一发现强调了创新网络中信息传播的高效性与紧密性。在双区驱动应用背景下,城市创新网络呈现出二模拓扑网络的特点,即创新主体(如企业、高校、研究机构)与创新资源(如资金、技术、人才)之间的交互作用模式。因此,从中心度、"结构洞"以及"小世界"三个视角进行深入分析,不仅有助于揭示城市创新网络的内在机制,还能为优化资源配置、促进协同创新提供科学依据,推动区域经济的高质量发展。

本书的中心度是指中心城市对周边区域的控制程度,体现在网络系统中的核心效应,并与中心城市创新绩效的辐射作用密切正相关。中心度指标采取统计第三点在两点间的捷径数量,反映中心城市对整个城市网络的控制程度。N_{ab}表示a、b两点间的捷径数量,$N_{ab}(i)$表示通过点i的捷径数量。$C_i \in (0, 1)$,其中C_i表示中心度,反映了点i对城市网络的控制程度。公式具体可用:

$$C_i = \sum_i \sum_j [N_{ab}(i)/N_{ab}] \tag{5-1}$$

为了反映由中心度控制扩散形成的中心势,需要将控制程度扩散至整个网络,也就是反映整个网络是如何围绕某几个点构造的。计算思路和过程是:分别将中心度最大值与其他点做差值,将差值算数加总,然后与理论差值最大值加总进行比较,那么中心势(中心度总效应)C_z可以表示为:

$$C_z = \frac{\sum_i (C_{max} - C_i)}{n^3 - 4n^2 + 5n - 2} \tag{5-2}$$

"结构洞"是指创新网络中两点之间的连续或间断的关系。个体与其他个体在网络中建立联系,"结构洞"在网络中处于有利位置,使网络系统中的个体可以通过信息交流彼此获利。网络中获取知识与信息的能力以及与网络中存在的结构洞数量密切正相关。"结构洞"数量测量可以利用非冗余度表示,也就是个体网规模与冗余度的差值来反映"结构洞"的有效规模。B 表示与点 a 联系的多有点集,K 则是 a 和 b 之外的另一个点集。$R_{ak}M_{bk}$ 表示在 a 和 b 两者间的冗余度,R_{ak} 代表 a 和 k 之间关系与总关系的比值,M_{bk} 代表 b 和 k 之间的关系边际强度,M_{bk} 在二值网络中的取值只为 0 或 1 两个。$\sum_{k} R_{ak}M_{bk}$ 表示 ab 两点间的关系相对于其他网络点关系所占的比重。那么"结构洞"有效规模 S_a 的公式可表示为:

$$S_a = \sum_{b}(1 - \sum_{k} R_{ak}M_{bk}), k \neq a, b \qquad (5-3)$$

同样地,整体网络"结构洞"的平均有效规模可以表示为:

$$S = \sum_{a}(S_a^2 / \sum S_a) \qquad (5-4)$$

"小世界"效应源自心理学家 Stanley Milgram 所提出的假设:认为世界上任何两个人只需要不超过六个人就能彼此建立联系。后来科学界把这个称为"六度分离"实验,并且在研究中证实了之前的假设,将其称为"小世界"效应。"小世界"效应除了可以反映人际之间的联系外,也可以反映其他社会要素间的相互联系。网络中任意两点间的平均距离会随其中节点数量增加而表现出对数增长特征,尽管有些网络规模看似很大,平均距离并不会受到太大的影响。网络中总是存在比较便捷的路线将两点相连,"小世界"网络中存在多条便捷路线,呈现集团化的特征。便捷路线的数量与所有边数的比值形成了自由程度。基于"小世界"效应,只需要掌握从一点到另一点的快捷路径算法,将所有距离之和进行平均,就可以得到两点之间的平均距离,用来反映两点之间的关系强度。用 P 表示创新网络"小世界"的节点边距,该值越小,表示网络密度越高,要素之间联结越紧密。D_{eab} 表示节点 A 和 B 之间众多路径中的最小值,Z 则表示网络中所有点间路径长度之和。具体公式为:

$$P = \frac{\sum (d_{eab})}{\sum Z} \tag{5-5}$$

二、空间演进有序指标

空间截面特征指标只能静态反映城市创新网络特征，还需要对创新网络中的有序性进行分析。城市创新网络在演进过程中，充斥了更多的随机性，也就是耗散性。这种耗散性无法被认知规律或控制，所以无法提出更有效的建议。因此在城市创新网络中，演进有序性被认为是城市群发展的重要指标之一，也是评价城市群是否能够高质量发展的重要评判标准。物理学中的"熵"值已经在经济学、管理学和系统学中广泛应用，主要用来测度系统中的不稳定的耗散程度，反之就可以检验系统和网络的有序性。操作中如果某个点的指标变异程度大，则所包含的信息量越大，该点在网络中重要程度就越大。在检验大湾区 11 个城市创新网络有序性中，可以引入"信息熵"的变型公式来反映。具体如下：

$$e_j = -k \sum_{i=1}^{m} (P_{ij}^{'} \times \ln P_{ij}^{'}) \tag{5-6}$$

其中，$i = 1, 2, \cdots, m$；$j = 1, 2, \cdots, n$；$k = 1/\ln m$ 是一个与时间相关的常数，可以实现 $0 \leq e_j \leq 1$；$P_{ij}^{'} = Z_{ij} / \sum_{i=1}^{m} Z_{ij}$，表示第 j 个城市在第 i 年所占比重。

信息熵的冗余度可以用 $d_j = 1 - e_j$ 来表示。当信息熵冗余度越大时，表示该点在网络中越重要，据此可以得到该点的熵权：

$$w_j = d_j / \sum_{j=1}^{n} d_j \tag{5-7}$$

网络系统的运行熵可以表示为：

$$R_i = \sum_{j=1}^{n} |w_j(y_j^* - y_{ij})|^{\frac{1}{p}} \tag{5-8}$$

其中，$i = 1, 2, \cdots, m$；$j = 1, 2, \cdots, n$；通常将 p 值定为 1。

三、空间演进密度变化指标

空间网络密度是空间演进的重要指标与核心变量,通常密度值越大说明资源越丰富,联系越频繁,知识越集中。因此,本书中选取该指标作为城市合作创新网络的序参量,用不同时期的密度值反映空间演进的变化,并做出动态预测。城市创新网络空间 G 的整体密度是 $\overline{\sigma}=2V/[N\times(N-1)]$,区域空间 G_i 的区域密度则可以用 $\overline{\sigma_i}=2V_i/[N_i\times(N_i-1)]$,本书选取穗深港澳 4 个城市,所以区域空间密度公式中的 $i=1,2,3,4$。这里采用 Morans' I 指数来测量空间密度状况,据此判断创新网络空间的演进趋势。具体公式为:

$$I_i = \frac{(\sigma_i - \overline{\sigma})\sum_{j=1}^{4}\omega_{ij}(\sigma_i - \overline{\sigma})}{\sum_{j=1}^{4}(\sigma_i - \overline{\sigma})} \tag{5-9}$$

其中,ω_{ij} 是空间权重矩阵的一个权重值。当采取一阶空间邻接权重计算时,ω_{ij} 值只能取 1 或 0,也就是说,在两点毗邻状态下取 1,其他状态均为 0。

第三节 城市创新合作空间结构

进一步运用 Ucinet 软件 V6.186 版本中的 Network/Betweenness 和 network/Centrality 等模块,可以运算得到 2005～2019 年各年份的中心势、"结构洞"平均有效规模、路径平均长度、熵权等指标。具体见表 5-2。

表 5-2　大湾区城市创新网络历年主要指标变化

年份	中心势	"结构洞"平均有效规模	路径平均长度	熵权
2005	5.37	1.5244	4.25	0.1247
2006	5.94	1.4287	4.12	0.1327

续表

年份	中心势	"结构洞"平均有效规模	路径平均长度	熵权
2007	5.41	1.5378	3.95	0.1348
2008	8.34	1.6247	3.62	0.1522
2009	8.28	1.3258	3.15	0.1342
2010	7.25	1.7892	2.97	0.1395
2011	7.36	2.1345	2.85	0.1587
2012	5.48	2.2474	2.86	0.1756
2013	5.29	2.2587	2.75	0.1884
2014	4.37	2.3687	2.27	0.1935
2015	4.85	2.3745	2.16	0.2014
2016	3.94	2.2457	3.45	0.2174
2017	3.87	2.5875	3.14	0.2246
2018	3.85	2.4595	2.86	0.2357
2019	2.17	3.1145	2.63	0.2537

一、中心势变化指标

网络的中心势作为衡量网络中某一主体对其他主体资源依赖程度的重要指标，对于揭示区域创新网络中各城市的协同发展状态具有重要意义。中心势指标的高低，直接反映了网络中各个主体间发展的均衡程度与资源分配状况。在深入分析穗深港澳这4个城市的创新网络中心势指标时，我们可以发现其变化趋势不仅映射了这些城市创新发展的轨迹，也预示了粤港澳大湾区整体创新格局的未来走向。

从表5-2的数据可以看出，穗深港澳四城的中心势指标在2008年和2009年分别高达8.34和8.28，这表明当时这4个城市中的某一或某些城市在创新网络中占据了绝对的中心地位，对其他城市的资源依赖和资源控制力较强。这种高度集中的资源分配模式，虽然可能在短期内加速了中心城市的快速发展，但同时也可能抑制了其他城市的创新潜力，导致区域创新发展的不均衡。

然而，自2009年之后，这一趋势开始发生显著变化。穗深港澳四城的中心势指标逐年走低，直至2019年降低到2.17，这一变化清晰地展示了这四个城市在创新网络中发展趋于均衡的态势。中心势指标的下降，意味着各个城市在创新资源获取、技术合作以及创新成果共享等方面的差距正在逐渐缩小，形成了更加均衡的创新发展格局。

这一趋势的转变，与粤港澳大湾区建设和中国特色社会主义先行示范区的推进密不可分。随着这两个国家战略的深入实施，粤港澳大湾区内的创新资源得到了前所未有的整合与优化。众多高校、科研院所和企业的创新资源不断汇聚，不仅降低了技术谈判的门槛，还极大地促进了技术交流与合作。在这个过程中，湾区内城市创新网络空间的中心节点作用越发凸显，这些中心节点不仅自身具有强大的创新能力和资源集聚效应，还能够通过合作形成的技术溢出，不断辐射并带动周边城市的创新发展。

值得注意的是，随着创新网络的均衡发展，穗深港澳四城之间的创新协作程度也达到了前所未有的高度。这种协作不仅体现在技术创新与成果共享上，更体现在创新人才培养、创新环境营造以及创新政策制定等多个层面。通过构建跨区域的创新合作机制，穗深港澳四城实现了创新资源的优势互补与协同发展，共同推动了粤港澳大湾区的整体创新能力的提升。

展望未来，随着粤港澳大湾区建设的持续推进和深化，穗深港澳四城在创新网络中的均衡发展态势有望得到进一步巩固。同时，随着全球科技创新竞争的日益激烈，这四个城市也需要不断加强自身的创新能力建设，提升在全球创新网络中的地位和影响力。通过深化合作、优化资源配置、推动创新成果转化等举措，穗深港澳四城将共同为粤港澳大湾区的创新发展注入新的活力与动力。

二、"结构洞"平均有效规模变化

"结构洞"有效规模作为衡量网络内信息冗余程度的一个重要指标，其变化趋势直接反映了网络合作效率与创新能力的动态发展。在探讨这一概念时，以2005~2019年的数据为线索，能够清晰地看到"结构洞"有效规模逐年递增的趋势。这不仅揭示了网络内部信息流通效率的提升，还预示着创新合作模式的优化与升级。特别是在粤港澳大湾区及深圳中国特色社会主义先行示范区的强劲驱动下，这一趋势在2019年实现了显著飞跃，为区域经济的持续增长与创新生态的构建提供了有力支撑。从2005年的1.5244到2019年的3.1145，"结构洞"有效规模的显著提升，是区域创新网络不断优化的直接体现。这一过程中，尽管在2009年出现了短暂的最低值1.3258，但随后几年的稳步增长，特别是2017年和2018年分别达到2.5875和2.4595的高位，预示着网络内部的信息流通机制正在逐步成熟，冗余信息得到有效清理，创新合作的效率与效果均有了显著提升。2019年，随着粤港澳大湾区发展规划的正式出台以及深圳被赋予社会主义先行示范区的历史使命，"结构洞"有效规模指标实现了跳跃式增长，达到3.1145的新高度。这一变化不仅标志着区域创新合作进入了一个全新的发展阶段，也凸显了政策引导与区域协同对于提升创新网络效率的重要作用。

粤港澳大湾区作为中国开放程度最高、经济活力最强的区域之一，其独特的地理位置、经济基础、科研实力以及国际影响力，为构建高效、开放、协同的创新生态系统提供了得天独厚的条件。通过优化资源配置、促进人才流动、加强产学研合作等措施，区域内的高校、科研机构、企业等创新主体得以更加紧密地联系在一起，形成了强大的创新合力。深圳作为粤港澳大湾区的核心城市之一，其作为社会主义先行示范区的定位，更是为整个区域的创新发展注入了新的活力。深圳在科技创新、产业升级、制度创新等方面取得的显著成就，为其他城市提供了可借鉴的经验与模式。通过深化科技体制改革、加强知识产权保护、优化营商环境等一系列举措，深圳有效激发了市场主体的创新活力，促进了创新资源的集聚与高效利用。在粤港澳大湾区及深圳先行示范区的引领下，区域内的创新合作模式也在不断优化与升级。一方面，通过构建多层次、宽领域的创新合作平台，如创新联盟、产学研合作基地等，促进了创新资源的共享与优化配置；另一方面，利用大数据、云计算、人工智能等现代信息技术手段，打造了更加便捷、高效的创新服务体系，降低了创新合作的成本与风险。

此外，随着区域创新生态的日益完善，越来越多的创新主体开始注重跨界融合与协同创新。通过打破行业壁垒、促进学科交叉、加强国际合作等方式，不断拓宽创新合作的广度与深度，为区域经济的持续健康发展提供了源源不断的动力。

三、路径平均长度指标变化

路径平均长度作为衡量网络结构特征的关键指标之一，其变化不仅揭示了节点间连接紧密程度的变化，还深刻反映了"小世界"效应在特定区域创新合作网络中的显现与强化。在探讨穗深港澳四个城市间的创新合作时，路径平均长度的逐年下降及其所体现的"小世界"效应，为我们提供了一个独特的视角，来观察这一区域创新生态的演变与升级。2005年，穗深港澳四个城市之间的创新合作网络尚处于起步阶段，受到参与主体数量有限、技术资源相对匮乏等因素的影响，该年份的路径平均长度为4.25。这一数值虽然已低于"小世界"效应检验的临界值6，但相较于后续年份的显著下降，仍显示出当时合作网络的不成熟与松散。然而，随着时间的推移，特别是进入21世纪的第二个十年，这一指标开始呈现出明显的下降趋势，直至2019年降至2.63，标志着四个城市间的创新合作网络日益紧密，"小世界"效应越发显著。

2008年的全球经济危机对穗深港澳区域的外向型经济造成了不小的冲击。面对这一挑战，广东省政府迅速反应，推出了"腾笼换鸟"政策，旨在通过淘汰珠三角地区的落后过剩产能，为先进制造业、高新技术产业腾出发展空间，同时大力引进高端人才和创新技术，以技术创新为引擎推动区域经济转型升级。这一政策的实施，不仅优化了区域产业结构，还促进了创新资源的有效配置，为穗深港澳四城市间的创新合作奠定了坚实的基础。在政策引导和市场机制的双重作用下，穗深港澳四城市在电子信息、医药、新能源等高新技术领域的合作不断深化。企业、高校、科研机构等创新主体之间的合作日益频繁，形成了多层次、宽领域的创新合作网络。特别是在电子信息领域，随着5G、人工智能、物联网等技术的快速发展，四城市间的技术交流与合作更加紧密，共同推动了区域创新能力的提升。

同时，这一区域的创新合作还吸引了全国各地的优势资源纷纷涌入。核心城市如广州、深圳，凭借其强大的经济实力、科研实力和国际影响力，成为创新资源汇聚的高地。这些资源的汇聚，不仅为区域创新合作提供了丰富的物质基础和技术支撑，还促进了创新人才的流动与共享，进一步增强了区域创新生态的活力与韧性。

"小世界"效应在穗深港澳四城市间创新合作网络中的显现，不仅意味着节点间连接更加紧密，信息流通更加高效，还预示着未来合作模式的创新与升级。随着区域创新生态的不断完善，四城市间的创新合作将更加注重跨界融合与协同创新，通过打破行业壁垒、促进学科交叉、加强国际合作等方式，不断拓展合作的广度与深度。此外，"小世界"效应还为区域创新政策的制定与实施提供了重要参考。政府可以充分利用这一效应带来的信息优势，加强政策协同与资源整合，推动形成更加开放、包容、高效的创新环境，为区域经济的持续健康发展注入新的活力。穗深港澳四城市间创新合作网络路径平均长度的下降及其所体现的"小世界"效应，是区域经济转型升级与创新生态优化的重要标志。未来，随着合作模式的不断创新与升级，这一区域将成为中国乃至全球创新合作的重要高地，为推动全球科技进步与经济发展贡献更多力量。

四、熵权指标变化

熵权作为衡量创新合作网络中节点重要性的演变指标，其大小直接反映了节点在网络中的地位以及空间演进的有序性。通过深入分析表5-2中穗深港澳四个城市创新合作网络的熵权变化，我们可以清晰地看到这一区域创新生态的演变轨迹，以及金融危机、政策调整、创新主体变动等多重因素对其产生的深远影响。

熵权变化并产生有序性演变。2005~2008年，穗深港澳四个城市创新合作网络的熵权呈现出逐年增大的趋势。这一时期，随着区域经济一体化的不断推进，四个城市间的创新合作日益频繁，网络结构逐渐趋于稳定，节点间的联系更加紧密。熵权的增大，意味着网络中某些节点（如核心城市或重要创新主体)的地位日益凸显,它们在推动创新合作、引领技术潮流等方面发挥着越来越重要的作用。这种有序性的增强,为区域创新生态的持续优化奠定了坚实的基础。到了2009年和2010年,熵权却出现了下滑。这一变化,既与全球金融危机的冲击密不可分,也与广东省为应对危机而采取的"快刀斩乱麻"式政策调整有关。金融危机导致全球经济环境恶化,穗深港澳区域的外向型经济受到严重冲击,创新合作网络中的资金流动、技术转移等活动受到抑制。同时,广东省为化解危机,采取了一系列果断措施,包括淘汰落后产能、优化产业结构等,这些政策的实施在短期内引发了一定的阵痛,导致部分创新主体(如中小企业、高校等)在网络中的进出频繁,加剧了网络结构的不稳定性。此外,创新主体的频繁变动也导致了信息交流的障碍和合作机会的减少,进一步削弱了网络的有序性。随着全球经济的逐步复苏和区域合作网络的不断扩大,从2011年开始,穗深港澳四个城市创新合作网络的熵权又呈现出逐年递增的态势。这一时期,区域合作机制不断完善,创新主体间的联系更加紧密,新生节点(如新兴企业、科研机构等)不断融入网络,并与现有节点形成有效的互动与协同。这种融合不仅增强了网络的稳定性和韧性,还促进了创新资源的优化配置和高效利用。特别是在大湾区建设的推动下,四个城市间的创新合作更加深入,空间演进的有序性不断被加强。到了2019年,熵权值达到了最大的0.2537,标志着区域创新合作网络已经达到了一个新的高度。

  熵权的变化不仅反映了穗深港澳四个城市创新合作网络的有序性演变,还为区域创新生态的优化提供了重要启示。一方面,创新合作网络的有序性是实现区域创新协同发展的关键。只有当网络中的节点能够稳定、高效地互动与协同,才能形成强大的创新合力,推动区域经济的持续健康发展。另一方面,创新主体的多样性和流动性是网络保持活力的源泉。虽然过度的流动性可能会导致网络的无序性增加,但适度的流动和更新有助于引入新的创新元素和动力,推动网络结构的不断优化和升级。因此,未来穗深港澳四个城市在推动创新合作时,应继续加强区域合作机制建设,优化创新资源配置,促进创新主体的稳定与流动相结合。同时,还应积极应对外部环境的挑战和变化,不断调整和完善创新政策体系,为区域创新生态的持续优化提供有力保障。

第四节 城市创新合作空间动态演进

创新网络空间动态演进一般通过空间演进密度变化指标反映，通过计算观察各空间节点在不同时间区间的密度变化，进而发掘创新网络空间的演进规律。通过表5-2观察中心势、结构洞平均有效规模、路径平均长度和熵权等指标，可以发现多数指标在2008年和2018年前后出现了明显的趋势变化或波动。结合环境分析和政策分析可以知道，2008年广东省受到国际金融危机影响，主动进行经济转型，出现了第一次的数据趋势变化。2018年后出现的变化，则是由粤港澳大湾区规划和中国特色社会主义先行示范区政策公布带来的数据波动。因此，在分析该区域11市形成的创新网络空间密度变化时，可以将2008年和2018年作为两个时间分割点，从而形成三个时间段判断网络空间的演进规律。

一、城市间合作专利平均数量变化

从表5-3可以看出，2005~2008年的第一个时间段，大湾区内合作专利年度平均数量大于100的有广州和深圳两个城市；处于第二梯队的城市为香港，合作专利年的平均数为50~100；佛山和东莞处于第三梯队，年度平均数量为20~50；珠海和澳门处于第四梯队，惠州、中山、肇庆和江门处于第五梯队。2009~2018年的第二个时间段，部分城市合作专利的年度平均数量上涨，并出现了梯队跃进，其中香港迈进第一梯队；佛山和江门迈进第二梯队；珠海和澳门迈进第三梯队，中山则迈进了第四梯队。2019年原来第一梯队中在广州、深圳和香港的基础上增加了佛山，澳门、东莞处于第二梯队；江门、珠海和中山受到双区驱动政策影响，均迈入第三梯队；惠州第四梯队，肇庆仍然处于第五梯队。

表5-3　　　　　　大湾区内11市合作专利平均数与梯队

梯队	年度平均数量	2005~2008年	2009~2018年	2019年
1	大于100	广州、深圳	广州、深圳、香港	广州、深圳、香港、佛山
2	50~100	香港	佛山、江门	澳门、东莞
3	20~50	佛山、东莞	珠海、澳门、东莞	江门、珠海、中山
4	10~20	珠海、澳门	中山	惠州
5	10以下	惠州、中山、肇庆、江门	惠州、肇庆	肇庆

二、空间演进密度变化

本章利用Network/Cohesion-Density软件测度了Morans' I指数，图5-3、图5-4、图5-5分别反映了2005年、2009年和2019年三个时间节点的空间演进密度。其中，2005年的空间演进平均密度为0.32，2009年空间演进平均密度为0.45，2019年空间演进平均密度达到0.68，呈现出空间演进的平均密度呈现增加状态。尤其是城市间的空间演进密度达到0.8以上的城市，也呈现递增态势。其中，2009年广州—东莞，深圳—香港的密度值分别为0.82和0.83，2019年佛山—广州，广州—东莞，深圳—香港，珠海—澳门的密度值分别为0.92、0.91、0.88和0.85。

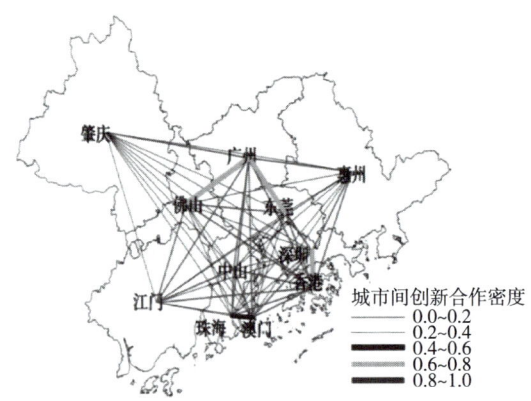

图5-3　空间演进密度（2005年）

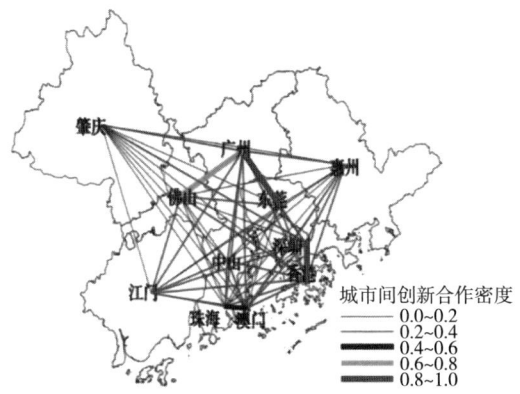

图5–4 空间演进密度图（2009年）

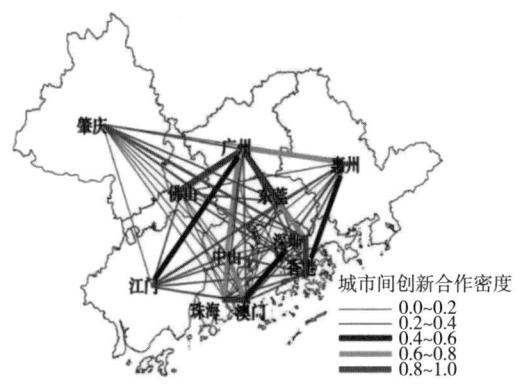

图5–5 空间演进密度图（2019年）

说明：图5–3、图5–4、图5–5是基于自然资源部在线系统，审图GS（2019）4342号地图进行制作，底图为原图。

进一步结合ArcMap软件构造2005年、2009年和2019年三个时间节点的城市间创新网络的热力图，通过图5–6、图5–7、图5–8可以更为直观且深入地洞察粤港澳大湾区在2005年、2009年和2019年这三个关键时间节点上创新合作的空间分布与动态演变。这些热力图通过颜色深浅的变化，生动描绘了基于发明专利的城市创新功能在不同城市的集聚程度以及城市间的创新合作强度。

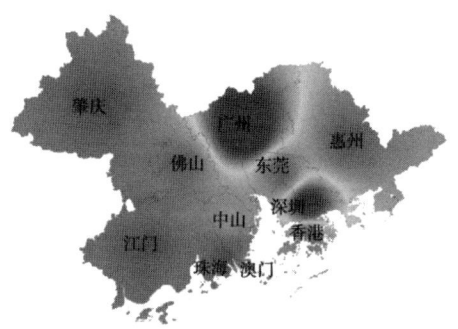

图 5-6 城市间创新网络热力图（2005 年）

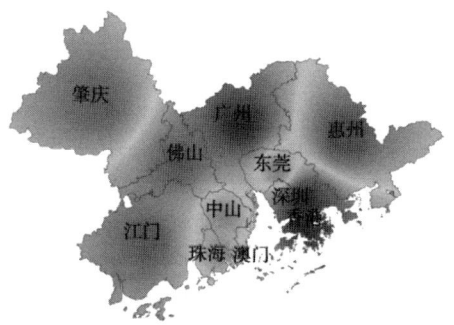

图 5-7 城市间创新网络热力图（2009 年）

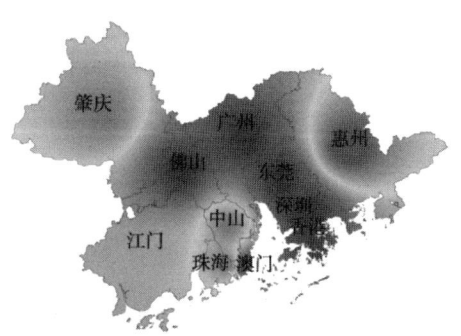

图 5-8 城市间创新网络热力图（2019 年）

说明：图 5-6、图 5-7、图 5-8 是基于自然资源部在线系统，审图 GS（2019）4342 号地图进行制作，底图为原图。

在 2005 年的热力图中，大湾区内的创新格局呈现出一种高度集中的态势。广州和深圳作为区域内的两大核心城市，其创新功能显著，表明这两个城市在发明专利的申请、授权以及创新成果的产出上占据了绝对的优势。相比之下,其他城市如香港、佛山、江门、东莞、中山、珠海、惠州和肇庆等,在创新合作上还处于相对较低的水平,显示出这些城市在创新资源的集聚、创新成果的转化以及创新合作的开展上还有待加强。

然而,到了2009年,这一格局开始发生显著变化。随着区域创新合作的不断深化,广州、深圳之外的香港、佛山和江门等城市在创新网络上变得明显活跃起来,表明它们在发明专利的申请与授权、创新成果的产出以及与其他城市的创新合作上取得了显著进展。这一变化不仅反映了这些城市自身创新能力的提升,也体现了它们在区域创新网络中的地位逐渐上升,开始与广州、深圳等核心城市形成更为紧密的创新合作联系。

到了2019年,粤港澳大湾区的创新合作格局进一步呈现出均衡化、网络化的特点。广州、深圳、佛山、东莞、香港、澳门等城市间的创新合作联系十分紧密,形成了区域内的创新合作核心圈。这些城市不仅在创新资源的集聚、创新成果的产出上保持领先地位,还在创新合作的广度与深度上不断拓展,共同推动了区域内创新生态系统的构建与完善。

与此同时,江门、中山和珠海等城市的创新合作热度虽然稍逊于核心城市,但也呈现出稳步上升的趋势。这些城市在参与粤港澳大湾区建设的过程中,逐渐融入区域创新网络,与核心城市形成了更为紧密的创新合作联系。

然而,惠州和肇庆这两个城市在参与粤港澳大湾区建设中,仍处于创新合作的边缘化状态。这一现状不仅限制了这两个城市自身创新能力的提升,也影响了区域内创新合作的均衡发展。

综上所述,通过 ArcMap 软件所构建的城市间创新网络热力图,可以清晰地看到粤港澳大湾区在创新合作上的空间分布与动态演变。这一演变不仅反映区域内各城市在创新功能上的强弱差异,也揭示了它们在区域创新网络中的地位与角色变化。未来,随着粤港澳大湾区建设的深入推进,各城市还需要进一步加强创新合作,优化创新资源配置,共同推动区域内创新生态系统的构建与完善。

三、动态推演方向

（一）拳头优势明显

网络中心势的递减状态，从 2005 年的 5.37 显著下降至 2019 年的 2.17。这一数据变化不仅揭示了粤港澳大湾区内部城市创新合作格局的深刻调整，还预示着未来区域创新生态的新趋势。这一递减趋势并非意味着创新合作的减弱，相反，它反映了创新合作在大湾区内正经历着从相对分散到更加集中、高效、协同的转变。随着区域一体化进程的加速，广州、深圳、香港、佛山、东莞和澳门等城市在创新合作中的引领作用越发凸显，将成为推动大湾区创新发展的新引擎。

广州，作为大湾区内的历史文化名城与经济重镇，其丰富的教育资源为创新合作提供了坚实的基础。市内高校林立，共计 83 所，涵盖了从本科到专科的多层次教育体系，其中本科高校 36 所，专科院校 47 所。这些高校不仅是人才培养的摇篮，更是科研创新的重要基地。广州的高校在信息技术、生物医药、新材料等前沿科技领域取得了诸多突破性成果，为城市乃至整个大湾区的创新发展注入了源源不断的活力。广州的创新能力极强，得益于其深厚的教育底蕴和活跃的科研氛围，使其成为大湾区中创新合作的支点城市，为大湾区内的产学研合作提供了广阔的平台。深圳，作为改革开放的前沿阵地，其创新实力不容小觑。深圳不仅是"双区"（粤港澳大湾区和社会主义先行示范区）驱动的最大受益者，更是全球科技创新的重要一极。2019 年，深圳拥有 7 家世界 500 强企业，这些企业在电子信息、智能制造、新能源等领域具有强大的国际竞争力，展现了深圳在创新方面的卓越成就。深圳的高校建设同样令人瞩目，虽然起步较晚，但发展迅速，数量不断增加，层次不断提升。深圳的高等教育体系正逐步从量的扩张转向质的提升，形成了集研究型大学、应用技术型大学、高等职业院校于一体的多元化格局。这些高校与企业紧密合作，共同推动了深圳乃至大湾区在科技创新领域的快速发展。广州和深圳作为大湾区的两大核心城市，它们在创新合作中的中心地位日益凸显，将成为"中心的中心"。这两座城市不仅自身创新实力强大，还通过构建开放合作的创新生态系统，吸引了大量国内外创新资源汇聚。广州和深圳之间的创新合作，不仅促进了区域内创新资源的优化配置，还推动了创新成果的快速转化，为区域经济的高质量发展提供了强大动力。

未来，随着粤港澳大湾区建设的深入推进，广州、深圳、香港、佛山、东莞和澳门等城市在创新合作中的作用将更加突出。这些城市将依托各自的优势资源，深化产学研合作，推动创新链、产业链、资金链和政策链的深度融合，共同打造具有全球竞争力的创新高地。同时，大湾区内的其他城市也将积极参与其中，通过加强区域协同，实现优势互补，共同推动大湾区创新生态的持续优化与升级。

（二）溢出效应显著

随着粤港澳大湾区核心城市创新能力的持续提升，这些城市在区域创新合作体系中的引领作用日益显著，其对周边城市的创新溢出效应也越发明显。这一趋势不仅促进了城市间创新合作差距的缩小，还推动了整个大湾区创新网络内部向更加均衡化的方向发展。广州和深圳，作为大湾区早期的核心城市，早已在创新合作中发挥了举足轻重的作用，而近年来，佛山、东莞等城市的崛起，以及珠海等城市的积极参与，共同构建了一条充满活力与潜力的创新走廊，标志着大湾区创新合作进入了一个全新的发展阶段。

广州和深圳，作为大湾区创新合作的双引擎，其在科技创新、人才培养、产业升级等方面的卓越表现，不仅为自身发展注入了强大动力，也为周边城市提供了宝贵的经验与借鉴。广州凭借其丰富的教育资源、深厚的文化底蕴和强大的科研实力，成为大湾区创新合作的重要支点。而深圳，则以其开放包容的创新文化、灵活高效的创新机制和充满活力的创新生态，吸引了全球创新资源的汇聚，成为全球科技创新的重要高地。在广州和深圳的引领下，佛山和东莞迅速成长为新的创新极点。佛山以其强大的制造业基础和完善的产业链，成为大湾区创新成果转化和产业升级的重要基地。

东莞则凭借其灵活的生产能力和高效的产业配套,成为大湾区科技创新和产业升级的重要支撑。这两座城市的快速崛起,不仅强化了核心城市与周边城市的创新联系,也促进了创新资源在更大范围内的优化配置。与此同时,珠海等城市的积极参与,进一步丰富了大湾区创新合作的内涵。珠海凭借其独特的地理位置和优美的自然环境,吸引了大量高端创新资源的入驻,成为大湾区创新合作的新亮点。这些城市在创新合作中的"邻近"和"跳跃"并存的特点,既体现了区域创新合作的深度与广度,也展示了大湾区创新生态的多样性与活力。

展望未来,大湾区内的城市创新合作网络将会更加紧密。随着区域一体化进程的加速推进,核心城市的创新溢出效应将会更加显著。广州、深圳等核心城市将继续发挥其引领作用,通过深化产学研合作、优化创新生态、推动产业升级等方式,不断提升自身的创新能力。同时,这些核心城市也将通过构建更加开放、包容、高效的创新合作机制,加强与周边城市的创新联动,推动创新资源在更大范围内的共享与优化配置。在这一过程中,佛山、东莞等城市的创新潜力将得到进一步释放,珠海等城市的创新优势将得到进一步巩固。这些城市将共同构建起一个更加均衡、高效、协同的大湾区创新合作网络,推动区域创新生态的持续优化与升级。未来,大湾区将成为全球科技创新的重要策源地,为区域经济的高质量发展提供强大动力。

(三)港澳作用弱化

改革开放初期,香港和澳门作为中国的特别行政区,凭借其独特的地理位置、开放的经济体系以及与国际市场的紧密联系,成为中国对外开放的窗口和创新的桥头堡。特别是在科技创新领域,香港和澳门凭借其强大的科研实力、国际化的创新环境以及灵活的市场机制,对深圳和珠海等邻近的内地城市产生了显著的溢出效应,推动了这些城市的科技创新和产业升级。香港,作为亚洲的金融中心之一,拥有世界一流的科研机构和高校,如香港大学、香港科技大学等,这些机构在生物医学、信息技术、材料科学等领域取得了诸多重要突破。同时,香港还汇聚了大量的创新企业和风险投资，为科技创新提供了充足的资金支持和市场机遇。这些优势使香港在改革开放初期对深圳等内地城市的创新合作产生了深远的影响，推动了深圳从一个小渔村发展成为全球知名的科技创新城市。澳门，虽然体量较小，但在科技创新领域同样具有独特的优势。澳门特别行政区政府高度重视科技创新，通过设立科技创新基金、建设科研基础设施等方式，积极推动科技创新产业的发展。同时，澳门还利用其独特的地理位置和人文环境，吸引了大量的国际创新资源，为科技创新提供了良好的国际交流平台。这些努力使澳门在科技创新领域取得了一定的成就，并对珠海等内地城市产生了积极的溢出效应。

然而，随着穗深佛莞等内地城市的快速发展和创新能力的不断提升，这些城市间的合作交流日益频繁，创新合作的深度和广度不断拓展。相比之下，香港和澳门在创新合作中的优势逐渐弱化。特别是近年来，随着内地城市在科技创新领域的投入不断增加，以及创新生态的不断优化，广州和深圳等城市的创新合作能力得到了显著提升，逐渐拉开了与港澳的差距。从发明专利合作数量来看，香港与湾区内其他城市的合作数量在过去15年中变化不大，甚至近几年出现了下滑的趋势，见图5-9。这反映了香港在创新合作中面临的挑战和困境。一方面，随着内地城市创新能力的增强，香港在创新合作中的相对优势逐渐减弱；另一方面，香港自身的创新生态也面临着一些挑战，如科研资金投入不足、创新成果转化机制不畅等问题，这些问题限制了香港在创新合作中的进一步发展。澳门虽然与大湾区内其他城市的合作数量始终保持增长，但受体量影响，总体数量一直徘徊不前。这反映了澳门在创新合作中的局限性。虽然澳门在科技创新领域取得了一定的成就，但由于其经济体量较小、科研资源有限，难以在创新合作中发挥更大的作用。

相比之下，广州和深圳在创新合作中展现出了强劲的实力和潜力。这两个城市不仅拥有世界一流的科研机构和高校，还汇聚了大量的创新企业和风险投资，为科技创新提供了良好的环境和条件。同时，广州和深圳还积极加强与周边城市的创新合作，推动形成了穗深佛莞创新走廊等创新合作高地，为区域创新合作注入了新的活力。随着内地城市创新能力的不断

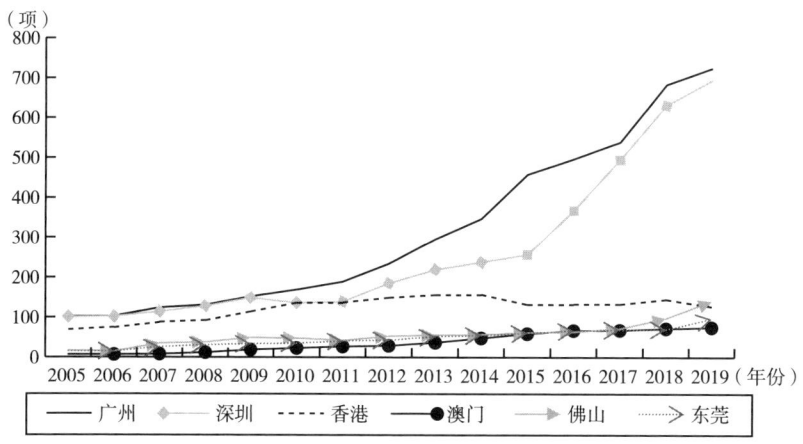

图 5-9　粤港澳大湾区主要城市历年合作发明专利变化

提升和合作交流的日益频繁，香港和澳门在创新合作中的作用逐渐弱化。而广州和深圳则凭借其强大的创新实力和合作优势，成为大湾区内合作创新的领头羊。未来，随着区域一体化进程的加速推进和创新合作的不断深化，广州和深圳将继续发挥引领作用，推动大湾区创新合作向更高水平发展。同时，佛山和东莞等内地城市也将凭借其强劲的后发优势，在创新合作中发挥越来越重要的作用。

第六章

提升粤港澳大湾区创新能力和效率的建议

第一节 城市内部合作视角的建议

一、发挥产学研创新主体作用

高校作为区域创新系统的间接主体,为创新活动培育了大量的高科技人才,是知识创新的主要发源地。劳动者素质对于促进区域创新效率有显著的正向作用。粤港澳大湾区的规模最大、人口最密集,高科技人才需求非常大。加大高校建设投入,为粤港澳大湾区储备更多的创新人才和知识创新成果。加强教育力度,促进城市群将人口红利转变为人才红利,充分挖掘人力资本的总量和质量优势。

政府为创新活动提供资金支持的同时,对企业的主体地位产生影响,从而抑制技术市场的活力。政府应转变职能方式,简政放权,加强监督职能,营造公平公正的竞争市场环境,加强企业的主体地位和创新主体之间的联系,促进区域内部创新资源的流动和整合,有利于企业基于市场价值导向作出合理判断并发掘自身的创新潜力和竞争实力。加强政府的政策导向和引领作用,营造创新发展的良好氛围和相对宽松的制度环境,为创新主体合作交流扫除制度障碍。扶持和引入具有发展优势的高新技术产业,以提升整个创新系统的竞争力和活力,有利于融通资源配置的渠道,为提升整个城市群的创新发展效率提供支持。

二、促进城市内部创新生态优化

各城市应建立完善的创新支持体系，包括政府资金引导、风险投资、孵化器与加速器服务、知识产权保护等，为初创企业、中小企业及大型企业的创新活动提供全方位支持。鼓励社会资本参与创新投资，形成政府引导、市场主导、社会参与的多元化创新投入机制。加大对科研设施、实验平台、数据中心等创新基础设施的投资，特别是要支持建设一批高水平、开放共享的科研设施和平台，为城市内部的科研机构和企业提供便捷高效的创新服务。同时，推动数字化、智能化技术在创新基础设施中的应用，提升创新效率。各城市应制订更具吸引力的人才政策，包括优化人才引进、培养、使用和评价机制，提供优质的公共服务和生活环境，吸引国内外高端创新人才和创新团队。同时，加强职业教育和技能培训，提升本地劳动力的创新能力和职业素养，为城市发展提供源源不断的创新动力。

鼓励高校、科研机构与企业之间建立紧密的合作关系，通过联合研发、成果转化、人才培养等方式，推动科技成果向现实生产力转化。支持企业建立研发中心，提高自主研发能力，同时加强与高校、科研机构的协同创新，形成产学研用深度融合的创新体系。倡导开放、包容、协同、创新的城市文化，鼓励跨界合作、思想碰撞和创意交流。通过举办创新论坛、创业大赛、科技展览等活动，激发全社会的创新热情和创业活力，形成尊重创新、鼓励尝试的良好氛围。

第二节　城市间合作视角的建议

一、缩小城市间创新合作能力上的空间差异

如前所述，粤港澳大湾区的创新能力和创新效率存在较大的差异，城

市之间的创新主体缺少联系和互动，这些都严重制约了创新资源的利用效率。适当的空间差异有利于城市之间创新资源的有效互动，通过合作方式提升彼此创新能力和创新效率，但是过大的空间差异，将使优势地区不断汲取周边地区的科技资源，形成严重的"回波"效应。"回波"效应虽然能够做强优势城市，像粤港澳大湾区龙头城市中的深圳、广州等会变得越来越强，却也令其他城市苦不堪言，人才资源不断向高地集聚，扩大了发展差距，影响创新合作和发展。所以必须采取一定的手段和措施，缩小各城市间创新合作能力的空间差异，让这种差异控制在合理范围。

（一）发挥核心城市带动作用

在探讨粤港澳大湾区的创新合作与发展时，核心城市的带动作用无疑是推动整个区域协同进步的关键。广州、深圳、香港和澳门作为该区域的核心城市，各自拥有独特的资源和优势，共同构成了大湾区创新合作网络的核心框架。这一网络的发展经历了"有序—无序—再有序"的动态过程，反映了区域合作从初步探索到深度融合的演进路径。

深圳，作为粤港澳大湾区的创新高地，其强大的创新合作能力为整个区域树立了标杆。深圳不仅在全球科技创新领域占据领先地位，还通过不断加强基础研究，紧跟并引领世界科技前沿，努力打造成为粤港澳大湾区的创新源和创新极。深圳的成功经验在于其高效的创新生态体系，包括灵活的市场机制、开放的创业环境、丰富的创新资源和强大的产业支撑，这些因素共同促进了创新成果的快速转化和产业升级。未来，深圳应继续深化其创新引领作用，通过加强与港澳及珠三角其他城市的合作，推动大湾区创新合作网络向更高层次发展。

广州，作为国家中心城市和综合性门户城市，其在国际商贸、综合交通枢纽以及科技教育文化等方面的优势显著。广州应充分利用这些优势，加强与港澳及珠三角兄弟城市的合作，共同推进粤港澳大湾区建设。广州与港澳的合作不仅体现在经济、贸易、金融等传统领域，更应深化在科技创新、教育文化、人才交流等新兴领域的合作。通过向港澳学习先进经验，与港澳开展深度合作，为港澳提供优质服务，广州可以进一步提升其在大湾区内的引领地位。同时，广州还应注重发挥其在区域内的辐射带动作用，通过政策引导、资源共享等方式，加强对周边城市的辐射和带动，促进区域经济的均衡发展。

香港和澳门作为大湾区的特别行政区，其在金融、贸易、旅游、文化等方面的独特优势不可替代。在创新合作中，香港和澳门应继续发挥其龙头带动作用，通过政策创新、机制优化等方式，加强与内地城市的合作与交流。香港应利用其国际金融中心的地位，吸引全球创新资本和人才，推动大湾区科技创新和产业升级。澳门则应利用其独特的地理位置和人文环境，加强与内地的文化交流与旅游合作，为大湾区文化旅游业的发展注入新的活力。

在引领带动方面，核心城市应首先关注与经济和创新能力较强的城市的合作，通过共建创新平台、共享创新资源等方式，提升这些城市的创新合作能力。随后，再逐步将合作范围扩展到周边创新能力较弱的城市，通过技术转移、产业合作等方式，帮助这些城市提升创新能力，缩小区域间的创新合作差距。

(二) 政策倾斜差别化

在推动粤港澳大湾区区域创新合作发展的过程中，政策倾斜的差别化策略显得尤为重要。这一策略旨在通过精准施策，优化资源配置，实现区域发展的均衡与高效。在区域创新合作中，一些城市由于历史积累、地理位置、经济基础等因素，已经具备了较大的先发优势，如深圳、广州、香港等。这些城市在科技创新、产业升级、人才吸引等方面具有显著优势，能够带动周边地区的发展。然而，对于相对落后的区域，如何实现跨越式发展，缩小与先发地区的差距，成为一个亟待解决的问题。政策倾斜的差别化策略，正是为了解决这一问题而提出的。该策略主张在资源有限的情况下，优先发展相对落后地区中的优势地区，如东莞、佛山、珠海、中山等城市。这些城市虽然整体上与先发地区存在差距，但在某些领域或方面已经展现出了较强的竞争力和发展潜力。通过给予这些城市资金和政策上的倾斜，可以加速其经济发展，提升其创新合作能力，进而带动整个区域的发展。

在具体实施中，政策倾斜的差别化策略可以从以下几个方面入手。

首先，加大资金投入。政府可以设立专项基金，用于支持这些城市的科技创新、产业升级和基础设施建设。通过资金的注入，可以吸引更多的企业和人才入驻，促进当地经济的发展。同时，政府还可以引导社会资本参与，形成多元化的投资格局，为城市发展提供充足的资金支持。

其次，优化政策环境。政府可以出台一系列优惠政策，如税收减免、土地供应、人才引进等，以降低企业的运营成本，提高企业的竞争力。同时，政府还可以加强与先发地区的合作与交流，推动区域间的产业转移和技术合作，促进区域经济的协同发展。

最后，强化人才支撑。人才是创新的第一资源。政府可以通过提供人才培训、创业扶持、住房补贴等措施，吸引和留住各类人才。同时，政府还可以加强与高校、科研机构的合作，推动产学研深度融合，为城市发展提供强有力的人才保障。

在实施差别化政策倾斜的过程中，需要注意避免"撒胡椒面"式的发展策略。这种策略往往导致资源分散、效率低下，无法形成有效的竞争力。因此，政府应该根据各城市的实际情况和发展需求，制订差异化的政策措施，确保资源能够精准投放、高效利用。

此外，还需要关注"回波"效应的不利影响。先发地区由于具有较强的吸引力，往往会吸引周边地区的资源、人才等要素向其集聚，导致周边地区的发展滞后。为了减轻这种影响，政府可以通过建立区域协调发展机制，加强区域间的合作与交流，推动资源的共享与优化配置。同时，政府还可以通过政策引导和市场机制相结合的方式，鼓励先发地区的企业和人才向周边地区扩散，带动周边地区的发展。

通过实施差别化的政策倾斜策略，可以缩短东莞、佛山、珠海、中山等城市与深圳、广州、香港等先发城市之间的差异，提升这些城市的创新合作能力。随着这些城市的发展壮大，它们将能够带动江门、惠州、肇庆等周边城市的创新合作水平提升，进而实现整个粤港澳大湾区区域创新合作的均衡发展。这一策略的实施，将为大湾区的发展注入新的活力，推动大湾区在全球科技创新竞争中占据领先地位。

二、优化城市间合作网络

（一）提升合作网络中核心城市的控制力

在粤港澳大湾区这一充满活力的经济区域中，城市间的合作网络是推动区域整体发展的重要引擎。广州、深圳、香港和澳门作为跨城市创新合作网络的一级核心城市，以及东莞、佛山、珠海、中山等二级核心城市，共同构成了这一复杂而精细的网络结构。然而，尽管这些城市在区域合作中扮演着举足轻重的角色，其中心性和控制力仍有待进一步提升，以更好地引领和支撑整个大湾区的发展。

中心度是衡量一个城市在网络中重要性的关键指标，直接反映了城市与其他城市的合作广度，包括直接合作广度和间接合作广度。直接合作广度指的是城市与其他城市直接建立的合作关系的数量和质量，而间接合作广度则通过第三方城市间接连接形成的合作网络来衡量。为了提升核心城市的中心性，必须积极拓宽合作范围，深化合作层次。拓展国际合作，广州、深圳、香港和澳门应充分利用其国际影响力，加强与全球科技创新中心的合作，吸引国际高端人才、资本和技术流入，提升区域在全球价值链中的地位。深化区域协同，二级核心城市如东莞、佛山、珠海、中山应加强与一级核心城市的联动，通过共建产业园区、共享创新资源、协同推进产业升级等方式，形成更加紧密的区域合作网络。强化产业链合作，各城市应根据自身产业特色，构建优势互补、协同发展的产业链体系，促进上下游企业间的紧密合作，提升整个区域的产业竞争力。

"结构洞"指数反映了城市在网络中的自由度和等级度，即城市能否在不依赖其他城市的情况下，独立地获取资源和信息，以及在网络中扮演桥梁或中介角色的能力。为了提升核心城市的控制力，需要优化其在网络中的位置，增强其在资源流动和信息传递中的主导地位。构建信息交流平台，利用大数据、云计算等现代信息技术，建立跨城市的信息共享和交流平台，提高信息传递的效率和准确性，降低合作成本。推动金融服务创新，香港作为国际金融中心，应携手其他城市共同探索金融服务创新，如设立跨境投融资便利化机制，为区域内企业提供更加便捷、高效的金融服务。强化政策协同，各城市应加强政策沟通，共同制订和实施有利于区域合作的政策措施，如税收优惠、人才引进、知识产权保护等，为合作提供坚实的制度保障。

基础设施的互联互通是提升城市间合作效率、促进资源高效流动的基础。在粤港澳大湾区，应加快构建高效、便捷、安全的现代化基础设施体系，包括交通、能源、通信等方面。推进高铁、城际铁路、高速公路等交通设施的建设和互联互通，缩短城市间的时空距离，促进人员、物资、信息的快速流动。构建智能、绿色、安全的能源供应体系，推动区域内能源资源的优化配置和高效利用。加强5G、物联网、人工智能等新型基础设施建设，提升区域信息化水平，为合作提供强大的技术支持。

（二）加强基础设施互联互通

在粤港澳大湾区这一世界级城市群中，基础设施的互联互通不仅是促进区域内人流、物流、信息流高效流动的关键，也是深化城市间合作、推动区域经济一体化发展的重要基石。面对全球竞争加剧和新技术革命的挑战，加强基础设施的互联互通，不仅能够提升大湾区的整体竞争力，还能为居民提供更加便捷、高效的生活服务，促进社会的和谐与繁荣。

首先，交通基础设施的深度融合。交通是城市间联系的血脉，是实现资源高效配置和区域协同发展的关键。在粤港澳大湾区，加强交通基础设施的互联互通，首要任务是构建高效、便捷、绿色的综合交通体系。加速推进广深港高速铁路、穗莞深城际铁路等项目的建设，形成覆盖大湾区主要城市的高速铁路和城际铁路网络，缩短城市间的时空距离，促进人员往来和经济活动的频繁交流。完善区域内高速公路网，特别是加强珠江口东西两岸的交通联系，如通过深中通道、虎门二桥等项目的建设，打破地理隔阂，实现两岸经济的深度融合。强化广州白云国际机场、深圳宝安国际机场、香港国际机场等国际航空枢纽的功能，同时提升珠海金湾机场、惠州平潭机场等区域机场的服务能力,形成多层次、广覆盖的航空网络。在港口方面,深化广州港、深圳港、香港港等世界级港口的合作,推动港口资源整合,提升港口群的国际竞争力。

其次,能源与通信基础设施的共享与协同。能源和通信是现代社会运行的基础,其基础设施的互联互通对于保障大湾区经济的稳定运行具有重要意义。构建智能、绿色、安全的区域能源供应体系,推动跨区域电力交易市场的建设,实现能源资源在区域内的优化配置。同时,大力发展可再生能源,如海上风电、光伏发电等,减少对传统化石能源的依赖,提升能源使用的可持续性。加快5G、物联网、大数据中心等新型基础设施建设,推动信息通信技术的广泛应用,构建高效、安全、智能的信息通信网络。通过云计算、边缘计算等技术,实现数据的实时传输和分析,为智慧城市、智能交通、远程医疗等领域提供有力支撑。

再次,智慧城市与公共服务设施的协同发展。智慧城市的建设是推动基础设施互联互通的高级形态,它强调通过技术创新和模式创新,实现城市管理和服务的智能化、精细化。利用大数据、人工智能等技术,优化交通信号控制、公共交通调度、停车管理等,减少交通拥堵,提升出行效率。推动政务服务、教育、医疗、文化等领域的数字化转型,实现跨城市、跨领域的资源共享和服务协同。例如,建立统一的政务服务平台,实现政务服务事项的异地办理;推动优质教育、医疗资源向基层延伸,缩小区域间公共服务差距。

最后,生态环境保护的协同治理。基础设施的互联互通还应注重生态环境的保护,实现经济发展与环境保护的"双赢"。加强区域内河流、湿地、森林等自然资源的保护,推动跨界水污染治理、空气质量改善等项目的合作,构建绿色、低碳、循环的发展模式。

三、打造良好城市间创新合作环境

(一) 建设国际化科技产业创新中心

在全球化与数字化交织的今天,科技创新已成为推动经济高质量发展的核心动力。粤港澳大湾区凭借其独特的地理位置、雄厚的产业基础、丰富的教育资源以及多元的文化背景，正逐步成为世界级科技创新高地。为了充分发挥这一区域的优势，建设国际化科技产业创新中心，成为推动粤港澳大湾区实现更高水平协同发展的关键举措。

首先，优化创新生态环境，打造创新共同体。建设国际化科技产业创新中心的首要任务是优化创新生态环境，包括政策环境、人才环境、资金环境等多个方面。广州和深圳作为区域创新的双引擎，应进一步强化其在科研、教育、成果转化等方面的引领作用。香港和澳门则凭借其国际化视野和资源配置能力，为创新中心提供全球化的视野和资源链接。建立健全与国际接轨的科技创新政策体系，包括知识产权保护、科研资金支持、创新企业税收优惠等，为创新主体提供稳定可预期的政策环境。依托区域内的顶尖高等教育学府和科研院所，构建开放包容的人才引进和培养机制，打造全球科技创新人才高地。同时，加强人才流动与合作，促进知识、技能和经验的跨城市、跨国界交流。建立多元化、多层次的科技创新投融资体系，包括政府引导基金、风险投资、天使投资等，为初创企业和高新技术企业提供充足的资金支持。

其次，完善科技创新链条，形成创新合作走廊。在优化创新生态环境的基础上，进一步完善科技创新链条，实现从基础研究到应用开发、再到产业化的无缝衔接。聚焦芯片、基因工程、大数据、人工智能等前沿领域，加大基础研究的投入力度，提升原始创新能力。建立高效的成果转化机制，推动科技成果从实验室走向市场，形成具有市场竞争力的产品和服务。依托广州、深圳、香港、澳门的创新资源，构建"穗—深—港—澳"科技创新合作走廊，形成资源共享、优势互补、协同创新的发展格局。

最后，加强人才合作培养，打造科技创新人才高地。人才是科技创新的第一资源，建设国际化科技产业创新中心，必须重视人才的引进和培养。整合区域内的教育资源，建立跨学科的人才培养平台，培养具有国际视野和创新能力的高素质人才。加强人才交流合作，发挥广州的文化底蕴、深圳的创新活力、香港的金融优势和澳门的国际化特色，构建多元化的人才交流合作机制，促进人才在不同领域、不同城市间的流动与合作。优化人才服务，提供全方位的人才服务，包括住房、教育、医疗等，为人才创造宜居宜业的生活环境，吸引和留住全球顶尖科技人才。

（二）优化合作平台

优化合作平台，深化粤港澳大湾区协同创新的战略支点。在全球化加速推进与区域一体化深入发展的背景下，粤港澳大湾区作为中国经济最具活力的区域之一，正面临着前所未有的发展机遇与挑战。为了充分发挥其地理优势、产业基础、教育资源及多元文化交融的独特魅力，优化合作平台成为推动粤港澳大湾区协同创新、促进经济高质量发展的关键举措。这不仅要求我们在现有的合作框架上进一步突破，还需要探索新型合作模式，以实现资源的最优配置与高效利用。

首先，强化核心合作平台的引领作用。粤港澳大湾区内的核心合作平台，如深圳前海深港现代服务业合作区、广州南沙新区、珠海横琴合作示范区等，是连接区域内各城市、促进产业协同与创新的重要桥梁。优化这些平台的功能定位，提升其辐射力与影响力，对于构建更加开放、包容、高效的区域合作体系至关重要。前海深港现代服务业合作区应进一步深化深港在金融、专业服务、科技创新等领域的合作，打造国际化、高端化、专业化的现代服务业集群，成为粤港澳大湾区乃至全球现代服务业创新发展的重要窗口。广州南沙新区依托其独特的地理位置和政策优势，南沙新区应加快构建开放型经济新体制，加强与港澳及国际市场的对接，推动高端制造业、现代服务业、科技创新等领域的深度融合，打造成为粤港澳大湾区高水平对外开放的门户。珠海横琴合作示范区横琴应继续深化与澳门的合作，特别是在中医药、旅游休闲、文化创意等特色产业上，探索"一国两制"下经济合作的新模式，推动两地经济一体化发展。

其次，探索新型合作模式，拓宽合作领域。面对全球科技革命和产业变革的新趋势，粤港澳大湾区需要不断创新合作模式，拓宽合作领域，以适应经济发展的新要求。共建产业园区，鼓励粤港澳三地政府、企业、高校及科研机构共同参与产业园区建设，通过共享资源、协同创新，形成特色鲜明、优势互补的产业集群，推动区域经济转型升级。借鉴国内外成功经验，探索在粤港澳大湾区内部或周边地区设立"飞地经济"合作区，通过跨行政区划的资源配置，实现产业联动、优势互补，促进区域经济均衡发展。跨界融合创新，鼓励跨行业、跨领域、跨区域的创新合作，如金融科技、智慧城市、绿色能源等领域，通过搭建开放创新平台，促进新技术、新业态、新模式的不断涌现。

最后，完善合作机制，提升合作效率。优化合作平台还需要在机制建设上下功夫，确保合作的高效与可持续。建立健全沟通协商机制，建立定期沟通协商机制，加强粤港澳三地政府、行业协会、企业之间的信息交流与合作对接，及时解决合作中的难点与痛点。推动政策协同与制度创新，在符合"一国两制"方针的前提下，推动政策协同与制度创新，为合作平台提供更加灵活、高效的政策支持与制度保障。强化项目落地与服务支持，加大对合作项目的落地支持力度，提供一站式、全方位的服务，包括项目审批、资金扶持、人才引进等，确保合作成果能够迅速转化为区域经济发展的新动力。

第七章

珠海横琴粤澳深度合作区实践

第一节 实践背景

横琴粤澳深度合作区位于广东省珠海市香洲区横琴岛，是珠海146个海岛中最大的一个，位于珠海市南部，珠江口西侧，毗邻港澳。横琴周边有香港、澳门、广州、深圳四大国际机场和珠海、佛山两个国内机场。横琴粤澳深度合作区位于中国广东省珠海市横琴新区（横琴岛）所在区域，地处广东省珠海市南部，毗邻港澳。2009年8月14日，国务院正式批准实施《横琴总体发展规划》，将横琴岛纳入珠海经济特区范围，要逐步把横琴建设成为"一国两制"下探索"粤港澳"合作新模式的示范区。2009年12月16日，"横琴新区"管委会在珠海市横琴岛正式挂牌成立，为广东省人民政府派出机构并委托珠海市人民政府管理，规格为副厅级。2021年9月5日，中共中央、国务院印发了《横琴粤澳深度合作区建设总体方案》2021年9月17日上午，横琴粤澳深度合作区管理机构正式揭牌。

习近平总书记强调，横琴粤澳深度合作区开发开放，是深入实施《粤港澳大湾区发展规划纲要》的重点举措，是丰富"一国两制"实践的重大部署，是为澳门长远发展注入的重要动力，有利于推动澳门长期繁荣稳定和融入国家发展大局。但目前横琴实体经济发展还不充分，服务澳门特征还不够明显，与澳门一体化发展还有待加强，促进澳门产业多元发展任重道远。区域发展的动力来源是产业升级转型，尤其要关注高端制造业的集群式发展。通过高端制造业和传统产业的嫁接与共生，来强化产业的创新机制和新陈代谢机制，有助于增强横琴粤澳深度合作区的协同创新能力，进而推动合作区产业结构升级。因此，在充分发挥区域比较优势的基础上，通过高端制造业成长构建良好的合作区产业分工协作体系和创新体系，对优化合作区产业结构、促进粤澳经济的整体协调发展，具有重大的理论和现实意义。

第二节 横琴粤澳深度合作区的环境分析

《横琴粤澳深度合作区建设总体方案》于2021年9月出台，翻开了澳门发展新篇章，是"一国两制"的新实践，为新时代粤港澳大湾区高质量发展提供了新的思路，推动了澳门更好融入国家发展大战略。谋划新兴产业布局，选择重大合作平台在重点领域和关键环节积累经验、先行探索，提升合作区内体制机制改革创新水平，有利于以点带面，引领粤港澳全面深化合作，推动高质量发展新格局。

一、澳门与内地经济联系现状

（一）投资规模稳步提升

澳门依托珠三角，背靠祖国，作为微型经济体，与内地开展密切经济合作，是其保持经济活力的重要支撑。回归后的20多年来，澳门与内地在经贸合作和经济互动的地理区域、行业领域和水平层次上不断拓展。商务部港澳台司数据显示，至2020年底，内地累计使用澳门资本170.3亿美元，批准澳门投资项目17668个，其中澳资累计占比为0.79%。内地对澳门投资呈现了逐年增加的趋势，2002年投资占比仅为11.69%，增加到2021年的18.12%，但总体仍然偏低。澳门与内地之间的对外投资额变动，反映了澳门与内地之间的经济联系越来越紧密。澳门对内地直接投资额在

2017年统计口径变更之前，呈现了缓步上移趋势，略低于香港，在统计口径变更之后，呈现快速提高趋势。截至2020年，澳门对内地投资额是香港的3倍多。

（二）贸易关系日趋紧密

随着港珠澳大桥的开通，珠海成为与澳门和香港唯一直接相连的城市，横琴成为粤澳经济合作的排头兵，两地贸易关系日趋密切。从时间上划分，2000~2007年，澳门最大出口市场是美国，第二是内地。澳门出口到内地的货物总额一路增加，2000年为20.74亿澳门元，2007年增长为30.34亿澳门元，比重变化从2000年的10.23%增加到2007年的15.01%。2008~2020年，澳门最大出口市场变成香港，不再是美国。澳门对内地的进口货物总额处于波动上升态势，2000年为74.29亿澳门元，2020年为306.53亿澳门元。内地进口货物总额所占比重从2000年的40.87%下跌到2020年的35.12%。由于绝对数量上升明显，并不影响两地贸易的紧密关系。自2008年金融危机以来，世界经济分区域持续遭受影响，尤其是2020年疫情以来世界经济遭受重创，澳门进出口贸易持续走低，是内地强大的市场撑住了澳门的经济。祖国内地已经成为澳门第一大货源地和重要的经济支撑，随着粤港澳大湾区战略的推进，尤其是粤澳深度合作区的提出和工作部署，两地之间经贸关系将更加紧密。

但需要注意的是，受到疫情的影响，澳门2022年总体出口货值受到影响较大。商务部澳门经济贸易处数据显示，2022年1~9月总出口货值为101.3亿元，按年上升3.0%；再出口（86.1亿元）及本地产品出口（15.2亿元）分别增加2.8%和4.0%。总进口货值为1023.7亿元，下跌9.4%。首9个月的货物贸易逆差为922.4亿元，较上年同期（1031.7亿元）减少109.3亿元。按出口目的地统计，1~9月输往中国香港特区（77.9亿元）的货值按年上升14.4%，而出口至美国（5.0亿元）与欧洲联盟（1.4亿元）的则分别下跌2.2%和0.6%。出口至内地（9.6亿元）的货值下跌36.6%，其中泛珠三角9省（8.9亿元）减少34.8%。输往"一带一路"国家的货值（3.0亿元）增加23.7%，至葡语系国家（136万元)则减少77.6%。纺织品及成衣出口上升23.2%,14.3亿元,非纺织品也增加0.3%,87.0亿元。

(三)产业合作不断细化

澳门是中国和葡语系国家交融文化的桥头堡,作为中葡文化沟通交流的特色城市,无论是在文化、历史,抑或是地理上都是独特的,具有特殊的优势。对内地出口货物总额方面,2000~2021年中间年份有波动,但始末变化不大,其中2000年为2073.39百万澳门元,2021年为1814.81百万澳门元,略有下降。从货物出口内部结构上能够看出,其中机器、设备与零件逐年上升,从2000年的216.94百万澳门元到2018年863.53百万澳门元,之后逐年下降,到2021年为567.29百万澳门元;电子元器件2000年为68.20百万澳门元,到2021年为358.19百万美元,其间经历了先增加、又降低、再增加的过程;铜及其制品2000年为0.12百万澳门元,到2021年为162.47百万澳门元;香烟及酒2000年为7.76百万澳门元,2021年为71.37百万澳门元;成衣从2000年的18.43百万澳门元增长到2021年的11.59百万澳门元。从这几个增加项目可以发现,尤其是机器、设备与零件、铜及其制品、电子元器件的增加,反映了澳门对内地在制造业方面货物出口联系越来越紧密(见表7-1、图7-1和图7-2)。

表7-1　　　　　　　澳门对内地出口货物结构与金额

年份	2000	2005	2010	2015	2018	2019	2020	2021
所有出口货物	2073.39	2946.07	1102.36	1836.80	2012.82	1577.64	1616.33	1814.81
成衣总数	18.43	127.17	54.58	37.88	3.92	5.93	13.89	128.54
其他纺织品	1411.35	1791.75	263.41	57.43	30.18	9.08	14.72	11.59
机器、设备与零件	216.94	462.26	138.82	356.98	863.53	711.29	697.87	567.29
鞋类	1.70	12.54	4.95	3.62	2.99	3.75	5.53	8.87
香烟及酒	7.76	5.90	17.49	37.49	72.55	48.04	40.41	71.37
钻石及钻石首饰	—	0.64	—	—	—	0.01	0.49	78.76
铜及其制品	0.12	115.07	151.21	226.00	207.99	161.25	127.47	162.47

续表

年份	2000	2005	2010	2015	2018	2019	2020	2021
钟表	0.07	0.09	2.39	2.26	0.40	0.19	3.96	20.51
娱乐场用制品	—	—	0.04	0.17	0.21	1.42	0.04	0.21
电子元器件	68.20	27.38	128.30	798.12	273.17	259.97	291.54	358.19

资料来源：澳门统计暨普查局。

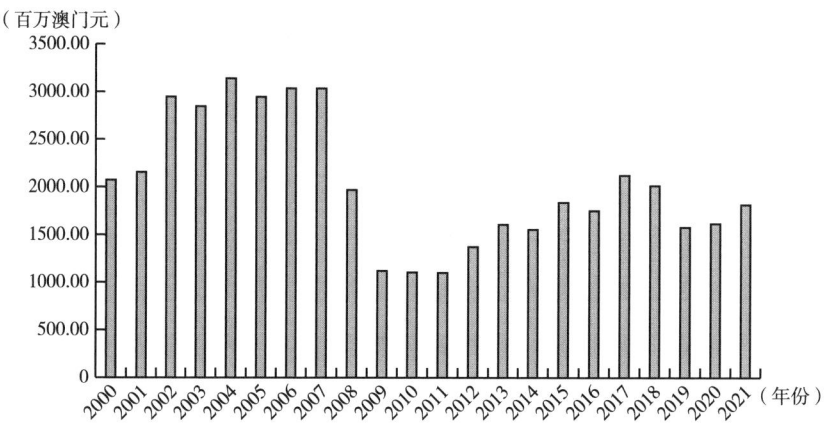

图7-1 澳门对内地出口货物总额变化

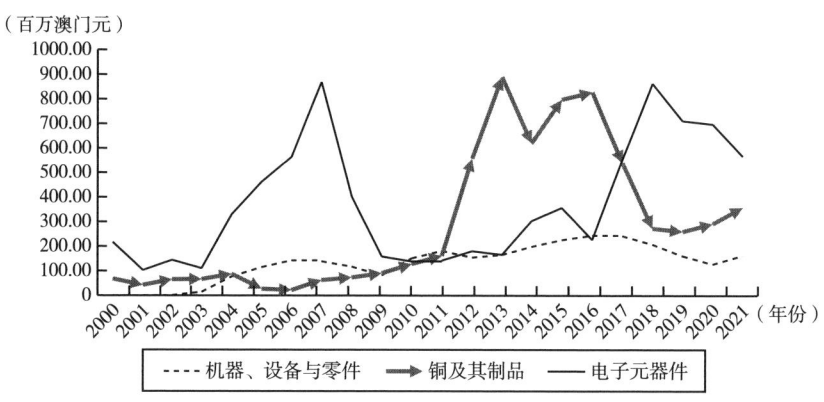

图7-2 制造类货物出口变动

从内地进口情况看，澳门货物进口总额从2000年的7428.87百万澳门元逐年增加到2021年的48515.37百万澳门元，尽管是近3年受到疫情影响，但进口额仍然处于增加态势，反映了澳门对内地总体货物依存度非常高。消费品总体方面,从 2000 年的 2404.70 百万澳门元增长到 2021 年的 14851.91 百万澳门元,增长态势也十分明显。从消费品分类看,除了烟草外,食品及饮品、成衣及鞋类、小客车及电单车、黄金制首饰、手表、手袋及银包、美容化妆及护肤品的进口额度上升态势明显。原料及半制成品方面,从 2000 年的 3797.09 百万美元上升到 2021 年的 5423.56 百万美元,出现了缓慢上升,其中纺织材料明显下降,而建筑材料明显上升。燃料及润滑油方面,从 2000 年的 653.59 百万澳门元增长到 2018 年的 6204.16 百万澳门元,之后受到疫情影响,下降到 2021 年的 5378.65 百万澳门元。资本实物方面,手提电话统计资料比较完整,从 2000 年的 93.49 百万澳门元骤增到 2021 年的 17647.03 百万澳门元。进口货物无论是从总额还是内部结构上的数额,都反映了内地对澳门经济的支持作用非常强大,内地与澳门之间的产业合作不断细化。具体见表 7-2 和图 7-3。

表 7-2　　　　　　　　澳门从内地进口货物结构与金额

年份		2000	2005	2010	2015	2018	2019	2020	2021
所有进口货物		7428.87	13515.26	13718.28	31852.69	31518.49	30647.49	27612.78	48515.37
消费品	总数	2404.70	4800.47	4674.41	9208.22	10866.96	12091.64	11134.88	14851.91
	食物及饮品	350.68	673.53	1388.86	2605.97	3329.79	3830.37	4020.66	4354.94
	成衣及鞋类	1790.51	3222.89	1044.73	1869.49	2595.47	3136.83	2608.95	3891.04
	小客车及电单车	5.05	16.59	6.99	12.52	25.42	25.45	41.00	254.20
	黄金制首饰	17.60	3.69	394.73	1398.74	1474.45	1370.14	791.99	2068.26
	手表	0.86	13.14	20.76	116.74	73.02	71.69	77.39	147.85
	手袋及银包	0.88	7.41	48.73	196.59	189.05	208.90	290.53	334.61
	烟草	82.42	266.27	211.50	359.10	257.35	183.18	76.68	84.10
	美容化妆及护肤品	2.22	8.09	65.00	175.38	280.81	228.93	278.98	382.28

续表

年份		2000	2005	2010	2015	2018	2019	2020	2021
原料及半制成品	总数	3797.09	5766.99	2252.14	5992.21	4210.78	3932.98	4192.91	5423.56
	纺织材料	3226.76	3770.74	453.87	90.74	39.36	31.62	54.71	53.17
	建筑材料	82.55	1003.66	429.67	2675.87	1711.40	1492.79	1707.58	2301.71
燃料及润滑油		653.59	1262.90	4215.01	5514.44	6204.16	6215.56	4566.00	5378.65
资本实物	总数	—	—	—	11137.83	10236.59	8407.31	7719.00	22861.24
	手提电话	93.49	526.49	1108.74	7313.10	6813.93	4780.54	4006.43	17647.03

资料来源：澳门统计暨普查局。

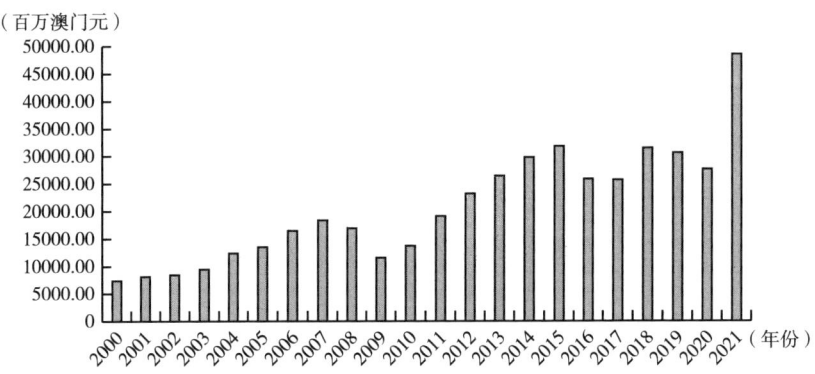

图7-3 澳门从内地进口货物总额变动情况

二、横琴粤澳深度合作区内部环境

按照第七次人口普查数据，珠海横琴现有家庭户11022户，集体户7481户，总人口43618人，其中15~59岁人口38438人。2021年横琴成立了横琴粤澳深度合作区统计局，对区内重要数据进行了统计，由于深度合作区刚成立，因此统计数据年份一般从2021年开始。横琴粤澳深度合作区高新技术产业逐年增长，在横琴注册的科技型企业已达约1万家，建成科技企业孵化器、新型研发机构等各类国家级和省级科技创新平台20家。粤澳合作的横琴科创产业生态圈初步形成。

（一）主要经济指标与GDP情况

2022年前三个季度，横琴粤澳深度合作区完成GDP329.46亿元，同比下降了1.5个百分点。规模以上工业增加值2021年为3.18亿元，2022年前三季度为4.59亿元，同比增长24.7%。虽然地方一般公共预算收入和中外资金融机构本外币存、贷款余额出现了不同程度的上涨，但固定资产投资下降55.1%，社会消费品零售总额下降24.1%，批发零售业销售总额下降3.9%，外贸进出口额下降34.6%，实际使用外资下降67.4%，地方一般公共预算支出下降21.7%，全社会用电量下降8.4%，其中工业用电量下降17.8%。表7-3中数字表明，2022年前三个季度受到国内外政治环境、经济环境和疫情突发事件影响巨大，对未来粤澳深度合作区的发展提出了挑战。

表7-3　　　　　　横琴粤澳深度合作区主要经济指标

指标	单位	2021年	2022年（1~9月）	增速
地区生产总值（GDP）	亿元	454.63	329.46	-1.5
规模以上工业增加值	亿元	3.18	4.59	24.7
固定资产投资	亿元	—	—	-55.1
社会消费品零售总额	亿元	14.86	10.66	-24.1
批发零售业销售额	亿元	1019.69	897.13	-3.9
外贸进出口额	亿元	10.89	246.14	-34.6
其中：出口总额	亿元	314.66	138.99	-36.1
实际使用外资	亿元	139.80	4.44	-67.4
地方一般公共预算收入	亿美元	15.23	84.19	2.6
地方一般公共预算支出	亿元	108.68	83.16	-21.7
全社会用电量	亿千瓦时	8.52	6.07	-8.4
其中：工业用电量	亿千瓦时	1.61	1.04	-17.8
中外资金融机构本外币存款余额	亿元	1605.48	1667.07	7.2
中外资金融机构本外币贷款余额	亿元	1417.67	1777.89	40.1

注：地区生产总值（GDP）为季度数；中外资金融机构本外币存款、贷款余额为当期期末时点数；地方一般公共预算收入增长速度是剔除留抵退税口径。
资料来源：横琴粤澳深度合作区统计局。

从2021年以来各季度GDP看，出现了持续下滑态势。其中，2021年1~4季度为8.5%，2022年第1季度为5.0%，第1~2季度为2.5%，第1~3季度为-1.5%，见图7-4。

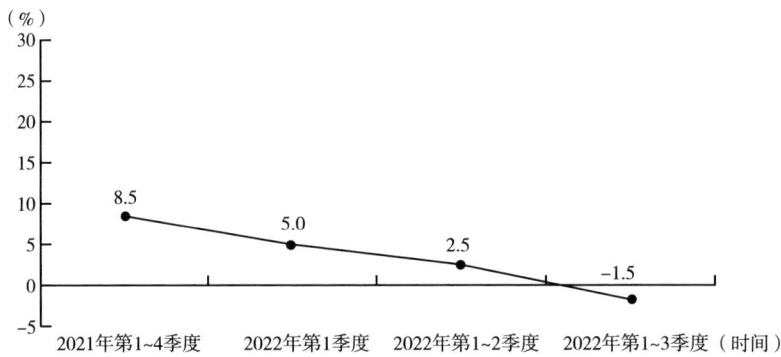

图7-4　季度GDP增速2021年以来变化

2022年前三季度的GDP分项指标同比出现了不同程度下跌，分产业第二产业下跌最大为8.3%，第三产业下降了0.7%。从行业划分看，房地产业跌幅最大，达到27%，住宿和餐饮、建筑业、批发和零售业跌幅也超过了10%。出现增长的有工业、租赁和商务服务业、金融业、信息传输、软件和信息技术服务业，其中工业增幅较大，达到34.4%，具体见表7-4。数据表明，尽管经济形势不景气，但是与制造业相关的指标反映较好，为高端制造业成长奠定了基础。

表7-4　　　　横琴粤澳深度合作区GDP（2022年前三季度）

2022年前三季度		
行业	增加值（亿元）	同比增长（%）
地区生产总值（GDP）	329.46	-1.5
按产业分		
第一产业	0.06	3.2
第二产业	36.81	-8.3
第三产业	292.59	-0.7
按行业分		
工　业	4.65	34.4
建筑业	32.21	-12.6
批发和零售业	29.83	-11.5
住宿和餐饮业	8.92	-14.8

续表

2022 年前三季度		
行业	增加值（亿元）	同比增长（%）
金融业	137.23	9.2
房地产业	34.56	-27.0
信息传输、软件和信息技术服务业	13.66	8.4
租赁和商务服务业	39.84	9.6
科学研究和技术服务业	10.07	-5.6
其他行业	18.49	-4.9

注：1. 增加值绝对额以现价计算，增速以不变价计算；2. 产业划分依据国家统计局 2018 年制定的《三次产业划分规定》（设管函〔2018〕74 号），行业分类采用《国民经济行业分类（GB/T 4754—2017）》；3. 部分数据采用了"四舍五入"的方法，表内其中项相加可能与总计略有差异；4. 地区生产总值数据由珠海市统计局统一核算反馈。

资料来源：横琴粤澳深度合作区统计局。

（二）工业增加值与固定资产投资情况

2022 年实现工业增加值 45861.99 万元，增速达到 24.7%，其中轻工业下跌了 35.5%，重工业增长了 33.7%。从经济类型看，股份制企业工业增加值 42774.54 万元，占比达到 94.92%，外商及港澳台投资企业占比较低。按照行业划分，电气机械和器材制造业实现了非常高的增速，达到 549.7%；通用设备制造业、专用设备制造业也实现了较高增速，分别为 24.3% 和 12.1%；电力、热力生产和供应业跌幅较大，为 34.3%；计算机、通信和其他电子设备制造业跌幅为 9.4%；表 7-5 数据表明，横琴粤澳深度合作区在工业发展方面出现了明显分化，重点产业优势突出。

表 7-5　　　　横琴粤澳深度合作区规模以上工业增加值

指标	2021 年 万元	2022 年（1~9 月） 万元	增速 %
工业增加值	31802.70	45861.99	24.7
按轻重工业分			
轻工业	3888.33	2786.50	-35.5
重工业	27914.37	43075.49	33.7

续表

指标	2021年 万元	2022年（1~9月） 万元	增速 %
按经济类型分			
股份制企业	31310.95	42774.52	27.9
外商及港澳台商投资企业	491.75	3087.48	-5.8
按行业分			
其中：电气机械和器材制造业	19537.17	24371.11	549.7
电力、热力生产和供应业	—	11820.49	-34.3
专用设备制造业	—	3437.06	12.1
计算机、通信和其他电子设备制造业	3238.97	1986.67	-9.4
通用设备制造业	687.90	576.95	24.3

注：统计范围年主营业务收入2000万元及以上的工业法人单位。
资料来源：横琴粤澳深度合作区统计局。

粤澳深度合作区内，2021年和2022年前三季度固定资产投资的多数指标出现了下跌，其中2022年下跌更为明显。科学研究和技术服务业跌幅最大，两个年度分别为95.1%和81.2%。工业投资下降31.9%，其中制造业投资下降56.1%。按照行业划分，只有居民服务、修理和其他服务业、公共管理、社会保障和社会组织方面出现上涨，其余11个行业全部增速为负，且绝对值较大。表7-6中粤澳深度合作区的固定资产投资数据失速，一方面与疫情影响有关，另一方面也与前几年投资过大或完成投资有关。

表7-6　　　横琴粤澳深度合作区固定资产投资增速　　　单位：%

指标	2021年	2022年前三季度
固定资产投资	12.9	-55.1
其中：建筑安装工程投资	-39.0	-15.4
按产业分		
第二产业	-13.3	-31.9
第三产业	13.5	-55.4
按领域分		
基础设施	-36.5	-18.2
工业投资	-13.3	-31.9

续表

指标	2021年	2022年前三季度
其中：制造业投资	-1.3	-56.1
按行业分		
制造业	-1.3	-56.1
电力、燃气及水的生产和供应业	-16.0	-22.9
交通运输、仓储和邮政业	-13.1	-10.4
住宿和餐饮业	-65.5	-19.9
信息传输、软件和信息技术服务业	-24.0	-67.4
房地产业	115.0	-74.9
租赁和商务服务业	-38.5	-1.3
科学研究和技术服务业	-81.2	-95.1
水利、环境和公共设施管理业	-55.4	-24.9
居民服务、修理和其他服务业	-10.0	34.4
教育	76.2	-79.0
卫生和社会工作	-45.5	-66.6
文化、体育和娱乐业	-25.5	-30.0
公共管理、社会保障和社会组织	-79.1	232.2

注：计划总投资500万元以上的固定资产项目投资及所有房地产开发项目投资。
资料来源：横琴粤澳深度合作区统计局。

（三）澳资企业发展情况

2022年1~6月参与调查的澳资企业为3946个，营业收入达到78.43亿元，同比增长74.1%。贡献额度最大的是批发和零售业，达到66.91亿元。营业收入中与高端制造业相关的信息传输、软件和信息技术服务业营业收入为4.8亿元，科学研究和技术服务业为0.91亿元，占比均较低。受营业收入增加、业务扩大的影响，营业成本增加79.3%，略超过营业收入增加幅度，反映出成本上升明显，企业压力加大。从业人员期末人数达到10272人，同比增加27.7%，其中信息传输、软件和信息技术服务业从业人数最多，为2368人，同比增加27.9%，占从业人数的23.05%。科学研究和技术服务业从业人员1141人，同比增加31.5%。

表7-7　　　　　　　　澳资企业2022年1~6月情况

指标	计量单位	总量	同比增长（%）
参与调查的澳资企业	个	3946	—
营业收入	亿元	78.43	74.1
其中：批发和零售业	亿元	66.91	77.0
信息传输、软件和信息技术服务业	亿元	4.80	85.1
租赁和商务服务业	亿元	2.43	136.2
科学研究和技术服务业	亿元	0.91	48.1
其他行业	亿元	3.37	12.3
营业成本	亿元	71.71	79.3
资产总计	亿元	914.04	11.5
负债合计	亿元	333.87	21.7
应付职工薪酬	亿元	4.95	35.8
从业人员期末人数	人	10272	27.7
其中：信息传输、软件和信息技术服务业	人	2368	27.9
批发和零售业	人	1643	37.4
房地产业	人	1491	8.3
租赁和商务服务业	人	1407	14.5
科学研究和技术服务业	人	1111	21.5
建筑业	人	500	35.9
住宿和餐饮业	人	478	59.9
文化、体育和娱乐业	人	291	66.3
其他行业	人	953	40.4

注：本表营业收入数据中，其中项合计不等于各行业之和，是由于数值修约误差所致，未作机械调整。

资料来源：依据广东省统计局审批通过的《横琴粤澳深度合作区澳资（澳门）企业统计报表制度（2021年统计年报和2022年定期统计报表）》开展调查时所采集汇总的实际参与了统计调查的企业上报的数据。

三、横琴粤澳深度合作区外部环境

（一）广东省主要经济指标

横琴粤澳深度合作区地处珠海，背靠广东省，广东省共有21个地市，是我国经济第一大省,连续42年GDP全国第一。2000年GDP为1.08万亿元,2019年首次超过10万亿元,2021年达到12.44万亿元人民币。从结构上看,第二产业和第三产业GDP增长较快,2021年较2000年相比,三次产业GDP分别增长了5.07倍、9.96倍和14.46倍。固定资产投资总额方面,2000年3033.70亿元,到2021年增长到5.26万亿元,21年间环比年增速为4.58%。进出口总额方面2021年为8.27万亿,较2000年上涨了5.87倍,一直呈现逐年递增的总体态势。规模以上制造业总产值2021年为15.98万亿元,增加值为3.43万亿元,利税达到1.51万亿元,分别较2000年增长了14.07倍、12.39倍、20.66倍,利税增长幅度远高于总产值和增加值增长额度,说明广东省规模以上制造业发展质量高、效率好。研发经费支出方面,2021年达到3479.88亿元,绝对值连年持续增长,占GDP的比重也从2000年的0.99增长到2021年的3.14,反映了广东省对科技研发越来越重视,为高端制造业成长和知识融合提供了良好的外部环境。具体见表7-8。

表7-8　　　　　　　　广东省主要经济指标情况

年份	2000	2019	2020	2021
地区生产总值(亿元)	10810.21	107986.92	111151.63	124369.67
第一产业(亿元)	986.32	4350.61	4732.74	5003.66
第二产业(亿元)	5042.75	43368.21	43868.05	50219.19
第三产业(亿元)	4781.15	60268.10	62550.84	69146.82
固定资产投资总额(亿元)	3033.70	46139.63	49461.68	52577.77
进出口总额(亿元)	14082.06	71484.39	70862.64	82681.56
规模以上制造业总产值(亿元)	11352.62	136214.66	138707.96	159796.90
规模以上制造业增加值(亿元)	2768.88	29649.37	29737.46	34319.80
规模以上制造业利税(亿元)	729.92	12330.74	12845.43	15076.96
研发经费支出(亿元)	107.12	1798.17	3098.49	3479.88
研发经费支出占GDP比重(%)	0.99	2.43	2.88	3.14

资料来源:广东省统计年鉴。

(二) 珠海市主要经济指标

珠海市位于广东省南部,珠江出海口西岸,濒临南海,陆地面积1736.46平方千米,领海基线以内海域面积6050平方千米。珠海是内地唯一与香港、澳门同时陆路相连的城市。珠海是中国重要的口岸城市,设有拱北、横琴、青茂、港珠澳大桥珠海公路、珠澳跨境工业区5个陆运口岸,九洲港、湾仔港轮渡客运、珠海港、斗门港、万山港5个水运口岸,共10个国家一类口岸,是仅次于深圳的中国第二大口岸城市。地区生产总值从2000年的335.92亿元,上升到2021年的3881.75亿元,在广东省排名第6位,全国第70位。虽然总量排名一般,但是珠海人均GDP12.47万元,排在广东省第3位,仅次于深圳和广州,排在全国第10位,经济实力强劲。2021年相比2000年,珠海的三次产业GDP分别增长了3.61倍、9.23倍、15.24倍,其中第二产业和第三产业增长迅速,2021年三次产业占比分别为1.4%、41.9%和56.7%。固定资产投资总额方面,2021年达到2161.25亿元,比2020年略有回落,但总体增长趋势不变。进出口总额方面,2021年为3319.57亿元,相比2000年增长了4.96倍,反映了珠海与其他地区的进出口贸易关系越来越密切,开放口岸地位重要程度可见一斑。规模以上高技术制造业相关指标在2000年时尚未统计在内,从最近3年看,主营业务收入缓慢增长,但利税总额增长明显,说明高技术制造业效率较高。受疫情影响,最近3年高技术制造业吸纳就业人数基本保持平稳,维持在近18万人。研发经费支出方面,2021年支出总额达到84.41亿元,较前2年有所回落,研发经费支出占GDP比重从2000年的1.58增长到2019年的2.71,后又回落到2021年的2.17,最近2年低于广东省的平均水平。具体见表7-9。

表7-9　　　　　　　珠海市主要经济指标情况

年份	2000	2019	2020	2021
地区生产总值(亿元)	335.92	3444.23	3518.26	3881.75
第一产业(亿元)	15.27	58.09	51	55.02

续表

年份	2000	2019	2020	2021
第二产业（亿元）	176.3	1519.85	1463.16	1627.47
第三产业（亿元）	144.35	1866.29	2004.1	2199.27
固定资产投资总额（亿元）	95.08	1971.91	2230.42	2161.25
进出口总额（亿元）	668.75	2908.54	2732.9	3319.57
规模以上高技术制造业主营业务收入（亿元）	—	1329.92	1315.73	1350
规模以上高技术制造业利税总额（亿元）	—	109.49	123.77	164.26
规模以上高技术制造业从业人员（人）	—	178988	178307	179311
研发经费支出（亿元）	5.21	93.33	93.94	84.41
研发经费支出占 GDP 比重（%）	1.58	2.71	2.67	2.17

资料来源：广东省统计年鉴、珠海市统计年鉴。

第三节 高端制造业优化横琴产业结构的共生演进

通过横琴粤澳深度合作区产业创新体系的构建，利用高端制造业自身的成长与传统产业的共生、融合，提升产业竞争力与转型能力，分析其促进产业结构合理化和高度化的共生演进机制。

一、横琴产业集群创新体系构成

（一）创新体系构成要素

基于知识合作的横琴产业集群创新体系是产业集群知识合作与技术创新两个主题相结合形成的有机整体。构建基于知识合作的产业集群创新体系，就是要将技术创新过程中引入知识合作行为，使知识合作在技术创新中相互结合，发挥整体耦合作用。搭建创新知识与技术融合的体系是为了打破现有知识结构，促进知识增值和创新，通过系统作用激发知识结构的生成，改变传统知识生产过程和生产模式。知识合作下的产业集群是一个庞杂的技术系统和社会系统，具有复杂广泛的多功能结构和要素。

从学科结构的角度来看，执行知识合作各子任务的所有知识主体都可以被视为产业集群系统中的所有子系统。所有知识合作主体的相应操作都可以看作是产业集群中所有子系统对知识的有效操作。各知识合作主体的协同运作还包括产业集群中技术创新的过程。因此，基于知识合作的产业集群技术创新体系是实现产业集群整体发展和知识协同发展的双重目标。通过支持分布式网络技术和使用计算机处理语言程序改进集群中的数据和信息处理技能，提高知识协作能力。除了适当的组织体系和技术支持外，基于知识合作的产业集群技术创新体系还应有规则、制度、合同及其他相关行为准则等支持机制。在一定程度上可以消除知识拥有者对知识转移风险或文化差异较大的知识联盟负面影响的担忧，进一步提高敏感性和积极性，充分释放合作系统成员的智力潜力。

基于以上讨论，本书从集群创新主体、技术创新活动、知识协同运行和有效机制支持四个方面构建了基于知识协同的产业集群技术创新体系。第一阶段是集群创新，具体组成部分主要包括核心主体政府、企业、大学和研究机构以及科技中介机构、金融机构等。各主体包括知识转让者和知识接受者，或者通过技术创新和知识创造主体共同参与的知识创新过程。第二阶段是产业集群技术创新活动层面的技术创新过程，主要包括战略规划、技术研发、工艺流程、产品准备、营销等活动。第三阶段是知识合作层面，以学科层面为出发点，以知识创新和技术突破为最终目标，整合集群内各创新主体的知识资源和合作能力，开展收集、整合、转移、共享、学习等知识资源的创造和应用。第四阶段是支持有效机制，主要包括组织体系机制、伙伴信任机制、权力分配机制、绩效奖励机制、文化融合机制、知识产权机制等。刚性和灵活性相结合的特殊环境是在群体内创造知识交流和学习氛围的文化理念（见图7-5）。

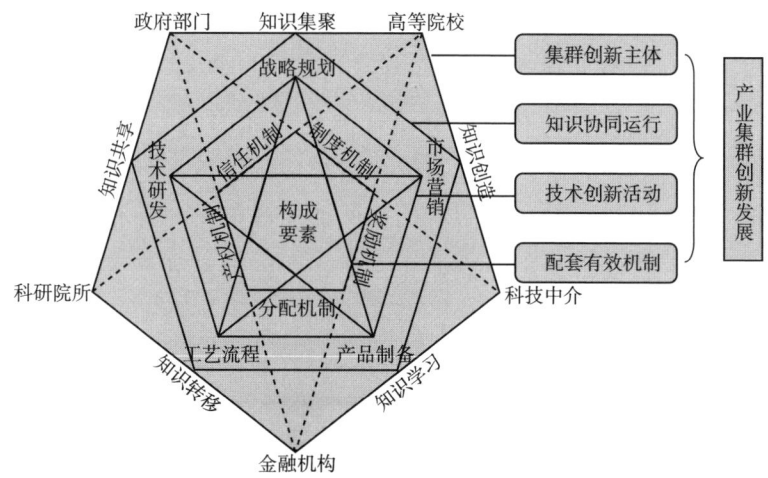

图7-5 横琴产业集群技术创新体系构成

(二) 理论模型

从知识协同和产业集群角度来看,系统创新过程包含知识集聚、转移、共享、创造和学习等模式,可以全方位实施到产业集群创新活动。在产业集群创新活动中,具体又包含工艺流程、技术研发、产品制造、市场推广、战略规划等环节,这些过程必然要求有效识别不同阶段下的技术创新目标,需要对应的"知识元子"的创新,不断更新知识需求。在技术创新过程中可以通过知识协同发挥"知识元子"的辅助作用,通过知识协同把这些元子转移至产业集群创新的各个环节,发挥集群技术创新和参与主体行为模式的耦合作用,能够推动产业集群创新活动的顺利开展(见图7-6)。

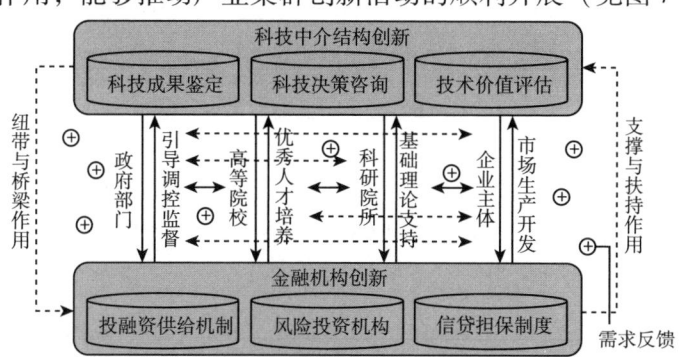

图7-6 横琴创新主体创新效用模型

从图7-7和图7-8展示的横琴创新主体效用模型可以看出,一方面,政府发挥着宏观统筹、调度、引导的作用,主要供给基础设施建设、信息共享平台、创新政策导向和创新环境优化等方面的内容。再如图7-8所示,学研机构是创新方法、原理知识和研究成果的发源地,为企业提供了创新源泉。中介机构起到了学研机构和企业之间的桥梁纽带作用,可以实现技术转移、知识共享和产品商业化,使企业能够高效实施技术应用,发挥技术催化作用,实现产品生产。另一方面,根据学研机构、中介组织和政府等参与主体的实际能力,企业可以获得必要的知识、技术、市场和政策等,满足资金需求和工程要求,共同实现知识和技术协同发展的目标。通过知识互动和需求反馈在产业集群中的互动结合,可以充分凸显各个创新主体在集群体系中的创新任务特点,发挥创新链上的职能优势,使横琴产业集群创新主体之间的凝聚力不断加强,形成产业的互补和关联。

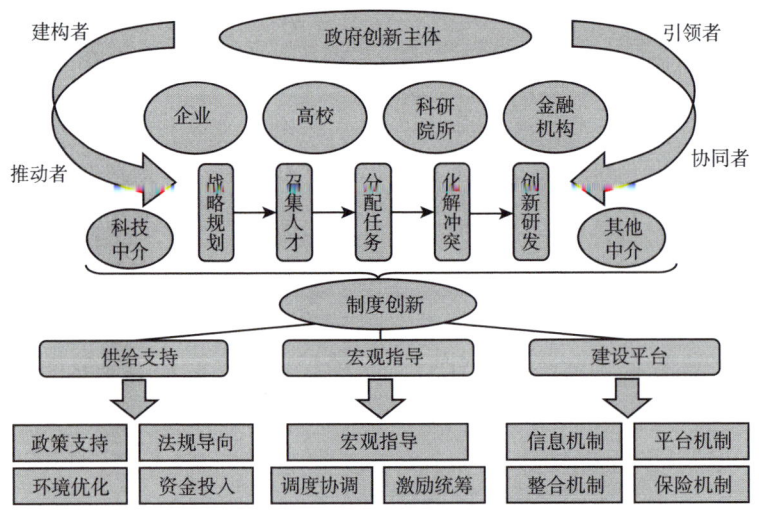

图7-7 横琴政府主导创新效用模型

需要注意的是,产业集群中的各创新主体并不能一直处于知识需求满足状态,当无法满足时,就要借助外部关联性较强的创新主体,通过合作方式延展产业边界,形成主体与主体、主体与集群、集群与集群之间的相互协同,在特定领域进行互补性知识资源的交换合作。横琴粤澳深度合作区产业集群系统之外的创新主体之间通过知识协作,可以进一步促进社会网络关系的相互依存和作用。

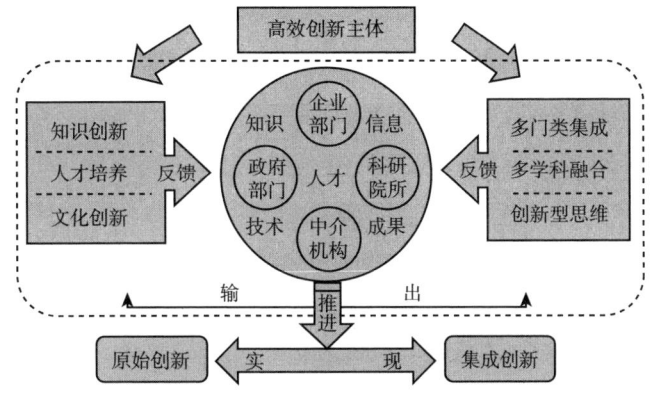

图 7-8　横琴高校主导创新效用模型

（三）运行机理

产业集群中知识合作的运行机制是有效实施知识合作活动、支持合作以及实施产、销、销一体化的全过程。具体而言，它可以是知识收集机制、知识共享机制、知识转移机制、知识学习机制、知识生成机制等，实施基于知识的创新活动。

产业集群知识的收集是知识合作内容的重要组成部分，也是创新行为体之间知识合作的起点。知识收集过程包括确定和获取创新行为者之间的互补知识利益来源，如政策信息、研发知识、原理知识、营销知识、生产知识等。通过基于集群的社交网络，促进有效获取显性和隐性知识。建立所获知识的物理存储系统，为必要的知识转让和共享铺平道路。知识共享是知识转移、学习和形成保留形式的阶段，即，从排他性向共享性的转变，从私人知识向基础知识的群体级共享的转变。知识组织逐渐形成互利共赢的关系。知识转移是指需求驱动的知识提供者，通过编码或解码来表达接收源所需的知识内容，并有效地将其传递给知识接受者，以实现创新行为体之间的定向流动和知识转移。知识教育的前提是打破学科界限，促进合作学科成员在某一领域的交流和沟通，缩小成员之间的知识水平差异，进一步支持基础知识的互动交流和重组，并产生新的知识和技能，将其整合到您自己的知识库中。知识的创造不仅取决于分享、转移、学习和其他行为，还取决于智力价值的创造。最后一步是创造一种新的知识结构形式，并在产业集群技术创新过程中充分利用它，以支持技术创新、生产和研究，实现知识的物化。

但是，这些机制的实施将伴随着产业集群内外复杂的文化、制度、社会和商业变化。因此，为了建立基于知识的产业集群技术创新体系，不仅需要选择能够提高基于知识的合作效率的合作伙伴，还需要建立充分的激励、信任和回馈机制。调整分配机制和收入机制，提高与产业集群合作活动的运行效果，支持产业集群知识合作活动的优化。

二、粤港澳大湾区产业结构差异化的评价

横琴粤澳深度合作区地处粤港澳大湾区内，对粤港澳大湾区进行产业结构差异化分析，有助于横琴找准粤澳深度合作的发展定位。

（一）深莞惠产业结构

深圳：完成了外贸加工业向内生发展型城市的转变，多年来坚定"腾笼换鸟"政策，产业实现了持续升级，创新创业氛围浓厚，是我国拥有上市公司最多的城市，金融科技、软硬件等产业发展迅速，形成了一批"独角兽"企业。

东莞：得益于深圳产业外溢，改变了原来处于优势的代工产业，OPPO、VIVO等一大批有实力的企业落户该市。其拥有亚洲最大的纺织印染厂，也被称为玩具之都。

惠州：8个战略性新兴产业在惠州均有布局，包括前沿新材料、新能源、精密仪器设备3个产业标注为重点布局城市；半导体及集成电路、高端装备制造、智能机器人、激光与增材制造、安全应急与环保作为一般布局城市。

从整体看，深莞惠产业协同的最大挑战是土地资源紧缺，三个城市都在积极提升土地效率，如东莞采取了"一中心四组团"的模式，改变了传

统散落发展模式,增强了企业之间的跨区域融合发展,打破土地资源束缚,实现产业迅速集聚。

(二)广佛肇产业结构

广州:广州已经聚集了众多全国领先的未来产业企业,各区域聚集的未来产业企业各有特点。传统优势在于贸易与汽车,未来将区域交通枢纽的优势地位,重点布局天然气水合物产业、区块链产业、量子科技产业、太赫兹产业和纳米科技产业。

佛山:被称为陶艺之乡,是中国重要的制造业基地。佛山提出"2+2+4"工业产业构图。其中,第1个"2"是指装备制造、泛家居两个超万亿元产业,第2个"2"是指汽车及新能源、电子信息两个超5000亿元产业,"4"是指智能制造装备、新材料、食品饮料、生物医药及大健康四个超3000亿元产业。

肇庆:临近广州和佛山,土地资源优越,但经济基础薄弱。近些年承接珠三角城市各类产业转移,塑料、家具、建材、铝产业发展拥有较快增速。

从整体看,广佛肇三座城市通过产业错位,取得了较好的协同发展,广州主要发展服务型经济,佛山主要发展制造型经济,肇庆可以发展配套产业集群,但新产能仍待挖掘。

(三)珠中江产业结构

珠海:逐步培育形成了电子信息、石油化工、家电电气、精密机械制造、生物医药和电力能源业等主导产业,经济发展质量较高。

中山:经历了传统产业集群不断升级,新兴产业集群不断产生的发展过程,形成了电子电器、五金家电、灯饰光源、装备制造、健康医药、纺织服装等具有较强竞争力的特色产业集群。

江门:在交通及海洋装备、石油化工、电子信息、包装印刷及纸制品、食品饮料,现代农业等方面基础较好,目前发展较为滞后,具有较大的发展空间和后发优势。总体看,三市支柱产业分散、优势不足。

(四) 港澳产业结构

香港、澳门以高度服务业为导向,香港是人民币唯一的离岸结算中心,50%外资入华的重要窗口。其独特的国际贸易、金融、物流地位对内地发展至关重要;港澳拥有丰富的资源和配套。

(五) 粤港澳大湾区产业布局

根据产业园区空间差异化布局,东岸打造研发密集型、资本密集型的高端信息电子和新能源汽车制造产业带;西岸聚集现代装备制造、智能家电升级、康养医疗服务产业带。以江肇惠为主的大湾区外圈城市则主要发展一般制造业、现代生态农业,承接东西岸产业转移和产业配套,见表7-10。

表7-10　粤港澳大湾区11城市的产业布局

序号	城市名称	产业定位
1	广州	增强国际商贸中心、综合交通枢纽功能,着力建设国际大都市
2	深圳	具世界影响力的创新创意之都,发展以深圳证券交易所为核心的资本市场,加快推进金融开放创新
3	珠海	粤港澳大湾区创新高地、重点谋划横琴粤澳深度合作区,打造珠江西岸的核心城市
4	东莞	聚焦粤港澳大湾区"科技创新+先进制造"的城市定位
5	佛山	国家制造业创新中心、全球制造创新中心
6	中山	参与深圳产业链分工,共建大湾区世界级产业制造基地
7	惠州	建设港区东岸战略性新兴产业及科创新中枢
8	肇庆	珠三角制造业与服务业高度融合的重要平台
9	江门	珠三角西翼与粤西地区联系的交通门户、珠江西岸先进装备制造产业基地
10	香港	国际金融、贸易、航运中心和国际创新科技中心
11	澳门	世界旅游休闲中心

第四节　横琴产业结构合理化的趋势分析

产业结构合理化含义是在优化产业结构中各产业的协调发展状况,土地、资本、劳动力、信息、技术等劳动要素在不同行业的市场投入数量和比例不一,影响了产业规模和产业成熟度,表现为劳动生产要素投入对产业协调程度的影响。一般情况可以利用聚类分析和灰色关联度方法来测度产业结构合理化。

一、测度方法

(一) 聚类分析

聚类分析是将常用距离、相关系数等表达事物相似程度的一些变量进行统计,按照相似性由近及远地对事物进行归类,直到将所有要素归类为特定区域,形成一个反映相似性紧密程度的关系图,为实际分类和政策决定做定量分析的方法。

设有 n 个 p 维的数据集,记作 $X_1,X_2,\cdots,X_n$,$X_i(1\leq i\leq j\leq n)$ 构成,对这个数列可以进行分类,但不能打乱原来的顺序,最终的类别会这样展示:$(X_i,X_{i+1},\cdots,X_{i+k})$,其中 $1\leq i\leq n$,$k\geq 1$,$i+k\leq n$。

1. 描述类的直径

样本 $(X_i,X_{i+1},\cdots,X_j)$ 构成类,其均值为:

$$\overline{X}_{ij} = \frac{1}{j-i+1}\sum_{j=i} X_i \tag{7-1}$$

离差平方和就是这个类的直径:

$$D(i,j) = \sum_{j=i}(X_i - \overline{X}_{ij})(X_i - \overline{X}_{ij}) \tag{7-2}$$

2. 描述误差函数

将 n 个有序样本分成 k 类,可以描述为:

$p(n,K):\{(i_i=1,i_2+1,\cdots,i_2-1)(i_2,i_2+1,\cdots,i_3-1)(i_k,i_k+1,\cdots,n)\}$。

其中,$i_i=1<i_2<\cdots<i_k<n$,将误差函数描述为:

$$\varphi[p(n,K)] = \sum_{j=1}(i_j,i_{j+1}-1) \tag{7-3}$$

用误差函数判断分类合理程度,该值越小,表示离差平方和越小,分类越合理。

有序样本聚类理论是根据样本序列对所有样本进行分类,并确保样本组内的最大相似度和样本组之间的最小相似度。因此,结果是全局最优的,并且可以利用统计分析软件实现有序样本聚类分析方法。

(二) 灰色关联度分析

分析系统关联因素的方法传统上采取统计应用中的主成分分析、方差分析、回归分析等,这些方法在数量较少时无法找出数据的分类关联规律,首先,必须要求数据量够大才能找出典型分布特征;其次,要求数据之间必须呈现线性规律,要求苛刻;最后,容易出现定性分析无法解释量化结果的情况,数据规律和关系无法被有效验证。由于灰色关联度分析较传统方法有更多的优点,因此可以利用这种方法验证产业结构合理化。

关联度作为一种统计技术分析方法,能够准确反映事物之间、因素之间的关联效应,是量化各因素在系统中的关联程度的手段。它为预测精度分析、因素分析提供了依据,可以从随机性的数列中找到内部关联性,为判断主要因素提出相应途径,为决策提供基础。由于系统与环境之间总是存在能量、信息、物质等要素的交换,它们在特性上不仅表现出量的特征,还表现出序列的特征。那么对这些流量进行分析时,就能够获取系统功能和结构的信息,当大数据量时采取传统统计方法就可以完成。但是当数据较少、处于"灰色"系统时,传统方法失效,就需要利用灰色关联度法处理。它实质上是一种用离散数列代替连续数列,用有限数列代替无限空间,用近似收敛取代了无限收敛的方法。所谓关联度就是序列的关联程度的数值,也就是两个有序结构量的表征。

关联度的基本思想可以形容为两条曲线之间的相似走向反映的关联性。如果说参考数列是X_0,因素数列(被比较数列)是$X_i(i=1,2,\cdots,N)$,而且存在$X_0=\{X_0(1),X_0(2),\cdots,X_0(n)\}$,$X_i=\{X_i(1),X_i(2),\cdots,X_i(n)\}$,那么有:

$$\zeta(k)=\frac{\min i[\min k|x_0(k)-x_i(k)|]+\rho\max k[\max k|x_0(k)-x_i(k)|]}{|x_0(k)-x_i(k)|+\rho\max i(\max k|x_0(k)-x_i(k)|)}$$

(7-4)

表示曲线X_0与X_i在第K点上形成的关联系数。在对各单位进行关联度分析时，要先做无量纲的归一化处理。其中，$|x_0(k)-x_i(k)|$是X_0与X_i在K点上形成的绝对差；$\min i(\min k|x_0(k)-x_i(k)|)$表示两级最小差，其中的$\min k|x_0(k)-x_i(k)|$是第一级最小差，表示$x_i$曲线上的点与$X_0$之间的最小差值，$\min i(\min k|x_0(k)-x_i(k)|)$是第二级最小差，表示在所有曲线上搜寻到最小差值之后，按照顺序规律找到所有曲线x_i的最小差值；$\max i(\max k|x_0(k)-x_i(k)|)$表示两级最大差，含义与最小差相反；$\rho$是分辨系数，取值在0~1，通常取0.5。从各点的关联情况看，可以总结X_i曲线与参考曲线X_0的关联系数为：

$$r_i[r_i=\frac{1}{N}\sum_{k=1}^{N}\zeta_i(k)] \tag{7-5}$$

二、横琴产业结构合理化聚类分析

本书从集群创新主体、技术创新活动、知识协同运行和有效机制支持四个方面构建了基于知识协同的产业集群技术创新体系。结合这个体系和产业结构合理化的特点，制定出产业结构合理化的指标体系，见表7-11。

表7-11　　　　　　　产业结构合理化指标体系

一级指标	表现	二级指标
集群创新主体	创新主体资源配置	资源投资效率
技术创新活动	科技成果创新	产业技术进步率
知识协同运行	产业协调发展	就业—产业偏离度
有效机制支撑	市场机制支撑	消费率
	生态机制支撑	万元GDP排放量

上述指标体系包括一级指标4个，二级指标5个，所有二级指标均可以通过计算得到，统计数据来源于2012~2021年的《广东省统计年鉴》《珠海市统计年鉴》以及横琴粤澳深度合作区统计局、澳门统计暨普查局。对于缺失数据采取插补法等进行补充，以满足研究中统计计算的实际需要，见表7-12。

表7-12　　　　　　　　横琴产业结构合理化指标数据

年份	资源投资效率	产业技术进	产业—就业偏离度	消费率	万元GDP排放量
2012	3.27394	3.12769	1.46	0.39	0.00025
2013	2.77425	3.03417	1.47	0.41	0.00027
2014	2.88494	3.42884	1.32	0.42	0.00032
2015	2.88573	3.57492	1.34	0.42	0.00026
2016	2.43683	3.66429	1.33	0.43	0.00021
2017	2.83846	3.72563	1.24	0.41	0.00018
2018	3.21754	3.79867	1.23	0.44	0.00017
2019	3.43845	4.02394	1.26	0.45	0.00018
2020	3.44137	4.22386	1.15	0.46	0.00015
2021	3.03296	4.09003	1.21	0.45	0.00014

将表7-12进行聚类分析,可以对其标准化转换为表7-13。

表7-13　　　　　　　　变量标准化结果

	直径 $D(i,j)$									
	1	2	3	4	5	6	7	8	9	10
1	0.2008									
2	2.1358	1.2015								
3	3.8456	1.5928	0.2237							
4	3.6692	1.9274	0.6163	0.2135						
5	4.1159	2.5474	0.9587	0.3628	0.0543					
6	4.4284	2.7152	1.3547	0.4858	0.0654	0.0345				
7	4.7771	3.1472	1.7335	0.7513	0.1752	0.0963	0.0327			
8	5.0034	3.4927	2.1136	0.9217	0.2281	0.1593	0.0629	0.0097		
9	5.2828	3.7495	2.3655	1.4448	0.3893	0.2497	0.1463	0.0779	0.0754	
10	5.5473	3.7925	2.4971	1.5329	0.4041	0.2509	0.1532	0.0867	0.0851	0.0271

继续对其进行最小误差值计算,得到表7-14。

表 7-14　　　　　　　　　　最小误差函数

	2	3	4	5	6	7	8	9
3	1.239 (3)							
4	1.706 (3)	0.159 (4)						
5	1.992 (3)	0.407 (5)	0.161 (5)					
6	2.393 (3)	0.385 (5)	0.169 (5)	0.013 (6)				
7	2.719 (3)	0.419 (5)	0.227 (5)	0.061 (6)	0.012 (7)			
8	3.005 (3)	0.527 (5)	0.307 (5)	0.118 (6)	0.047 (7)	0.011 (8)		
9	3.337 (3)	0.638 (5)	0.439 (5)	0.213 (8)	0.069 (8)	0.021 (8)	0.010 (9)	
10	3.556 (3)	0.754 (5)	0.517 (8)	0.317 (8)	0.155 (8)	0.065 (10)	0.021 (10)	0.010 (10)

然后，可以得到最优分割结果，具体见表 7-15。从表 7-15 可以看出，共有 8 种分类结果，选择误差函数最小的 0.0088 组，将 1，2，3，4，5，6，7，8 to 9，10 作为分隔结果，对应年份分别是 2012 年、2013 年、2014 年、2015 年、2016 年、2017 年、2018 年、2019 年、2020 年、2021 年。

表 7-15　　　　　　　　　　最优分割结果

分类树	误差函数	最优分割结果
2	2.7784	1 to 2, 3 to 10
3	0.7698	1 to 2, 3 to 4, 5 to 10
4	0.4999	1, 2, 3 to 4, 5 to 7, 8 to 10
5	0.3001	1, 2, 3 to 4, 5 to 7, 8 to 10
6	0.1497	1, 2, 3, 4, 5 to 7, 8 to 10
7	0.0701	1, 2, 3, 4, 5 to 7, 8 to 9, 10
8	0.0235	1, 2, 3, 4, 5 to 6, 7, 8 to 9, 10
9	0.0088	1, 2, 3, 4, 5, 6, 7, 8 to 9, 10

三、横琴产业结构合理化灰色关联度分析

根据表 7-11 中的产业结构合理化指标体系，把原始数据引入该体系

进行计算，同样选择 2012~2021 年跨度为 10 年的数据。粤港澳大湾区已经上升为国家战略，在区内重点建设深圳中国特色社会主义先行示范区和横琴粤澳深度合作区，因此这里可以选择 2020 年深圳的指标作为参考值。具体见表 7-16。

表 7-16　　　　　　　　　横琴与深圳的指标对比

合理化	2012 年	2013 年	2014 年	2015 年	2016 年	深圳 2020 年
资源投资效率	3.27394	2.77425	2.88494	2.88573	2.43683	2.85486
产业技术进步率	3.12769	3.03417	3.42884	3.57492	3.66429	4.32539
就业—产业偏离度	1.46	1.47	1.32	1.34	1.33	0.86
消费率	0.39	0.41	0.42	0.42	0.43	0.67
万元 GDP 排放量	0.00025	0.00027	0.00032	0.00026	0.00021	0.00009
合理化	2017 年	2018 年	2019 年	2020 年	2021 年	深圳 2020 年
资源投资效率	2.83846	3.21754	3.43845	3.44137	3.03296	2.85486
产业技术进步率	3.72563	3.79867	4.02394	4.22386	4.09003	4.32539
就业—产业偏离度	1.24	1.23	1.26	1.15	1.21	0.86
消费率	0.41	0.44	0.45	0.46	0.45	0.67
万元 GDP 排放量	0.00018	0.00017	0.00018	0.00015	0.00014	0.00009

将横琴与深圳进行对比，可以利用灰色关联度把产业结构合理化指标计算得出。具体步骤包括：

步骤一，对表 7-16 数据进行无量纲化处理，得到表 7-17。

表 7-17　　　　　　　　　数据无量纲化处理

年份	2012	2013	2014	2015	2016	2017	2018	2019	2020	2021	深圳
资源投资效率	0.7855	-0.7724	-0.4273	-0.4248	-1.8243	-0.5722	0.6096	1.2983	1.3074	0.0341	0.8034
产业技术进步率	-1.3756	-1.6132	-0.6103	-0.2391	-0.0120	0.1439	0.3295	0.9020	1.4100	1.0699	1.5039
就业—产业偏离度	1.5230	1.6188	0.1820	0.3736	0.2778	-0.5843	-0.6801	-0.3927	-1.4464	-0.872	-0.3923
消费率	-1.7265	-0.8178	-0.3635	-0.3635	0.0909	-0.8178	0.5452	0.9995	1.4539	0.9995	1.175
万元 GDP 排放量	0.6749	1.0124	1.8561	0.8437	0.0000	-0.5062	-0.6749	-0.5062	-1.0124	-1.1812	-1.342

步骤二，计算参考数列 X_0 对各子序列 X_i 中绝对差 Δi_k（$i=0,1,2,\cdots,10; k=1,2,3,4,5$），计算结果见表 7-18。

表 7-18　　　　　　　　深圳与横琴各因子绝对差值

指标	年份	资源投资效率	产业技术进步率	就业—产业偏离度	消费率	万元 GDP 排放量
X_1	2012	0.0179	2.8795	0.3479	0.3845	2.0169
X_2	2013	1.5758	3.1171	0.4438	0.5242	2.3544
X_3	2014	1.2307	2.1142	0.9929	0.9785	3.1981
X_4	2015	1.2282	1.7429	0.8014	0.9785	2.1857
X_5	2016	2.6277	1.5159	0.8972	1.4329	1.3419
X_6	2017	1.3756	1.3601	1.7593	0.5242	0.8358
X_7	2018	0.1938	1.1744	1.8551	1.8872	0.6671
X_8	2019	0.4949	0.6019	1.5677	2.3415	0.8358
X_9	2020	0.5039	0.0939	2.6214	2.7959	0.3296
X_{10}	2021	0.7693	0.4339	2.0469	2.3415	0.1608

根据表 7-18 可以看出，最小绝对差值为 $\Delta\min = 0.0179$，最大绝对差值 $\Delta\max = 3.1981$。

步骤三，分辨系数取值 $\rho = 0.1$，2012~2021 年相关指标的关联系数，如表 7-19 所示。

表 7-19　　　　　　　　深圳与横琴各因子关联系数

指标	年份	指标值
X_8	2019	0.4896
X_9	2020	0.4842
X_{10}	2021	0.4838
X_7	2018	0.4755
X_6	2017	0.4703
X_5	2016	0.4691
X_4	2015	0.4659
X_3	2014	0.4637
X_2	2013	0.4592
X_1	2012	0.4583

利用上述聚类分析结果，结合最小误差函数的9段分割结果，并赋9段分割结果系数分别为 r_1、r_2、r_3、r_4、r_5、r_6、r_7、r_8、r_9，其中 $r_8 = \dfrac{(X_8 + X_9)}{2}$，那么 $r_1 = 0.4583$、$r_2 = 0.4592$、$r_3 = 0.4637$、$r_4 = 0.4659$、$r_5 = 0.4691$、$r_6 = 0.4703$、$r_7 = 0.4755$、$r_8 = 0.4868$、$r_9 = 0.4838$。

灰色关联度结果可以根据上述关联分析结果进行排序，即：

$r_1 < r_2 < r_3 < r_4 < r_5 < r_6 < r_7 < r_9 < r_8$。

灰色关联度趋势可以用来反映横琴粤澳深度合作区的产业结构合理化程度，如图7-9所示。

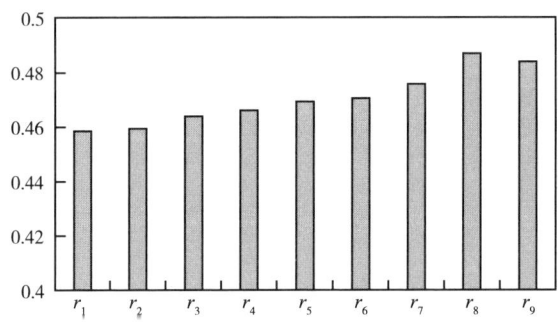

图7-9　产业结构合理化灰色关联度趋势

由此可见，尽管横琴粤澳深度合作区在2021年产业结构合理化与2019年和2020年相比略有下滑，但总体趋势越来越趋于合理化。而且在2021年适时推出横琴粤澳深度合作区建设的总体规划，将会有助于通过知识融合方式，促进高端制造业成长和产业结构合理化。

第五节　横琴产业结构高度化的趋势分析

参考国内外相关研究资料，产业结构高度化指标体系构建可以通过表7-20展示。

表7-20　　　　　　　　产业结构高度化指标体系

一级指标	表现	二级指标
集群创新主体	产业结构推进力	第三产业增加值占比
技术创新活动	产业技术进步程度	产业技术进步速度
知识协同运行	对外适应能力	外商直接投资
有效机制支撑	公共投入效果	公共支出收入比

一、横琴产业结构高度化聚类分析

上述指标体系包括一级指标4个，二级指标4个，所有二级指标均可以通过计算得到，统计数据来源于2012～2021年的《广东省统计年鉴》《珠海市统计年鉴》以及横琴粤澳深度合作区统计局、澳门统计暨普查局。对于缺失数据采取插补法等方法进行补充，以满足研究中统计计算的实际需要，见表7-21。

表7-21　　　　　　　横琴产业结构高度化指标数据

年份	第三产业增加值占比	产业技术进步速度	制造业外商直接投资（亿美元）	公共支出收入比
2012	0.6226	3.2423	1.06	3.1765
2013	0.6538	3.3754	1.55	2.4063
2014	0.6821	3.4555	2.57	1.7493
2015	0.6935	3.6295	4.26	1.6984
2016	0.7274	3.4297	5.24	1.816
2017	0.7743	3.6362	7.26	2.2363
2018	0.8037	3.7492	10.71	2.3099
2019	0.8448	3.8837	16.05	1.7469
2020	0.8546	4.1629	18.27	1.3513
2021	0.8669	4.1124	15.23	1.3358

将表7-21进行聚类分析，可以对其标准化转换为表7-22。

表7-22　　　　　　　　　　变量标准化结果

直径D(i, j)

	1	2	3	4	5	6	7	8	9	10
1	0.1795									
2	0.2658	0.1009								
3	1.1053	0.5692	0.3374							
4	1.5296	1.0118	0.6146	0.2682						
5	1.8477	1.3351	0.7087	0.3647	0.0241					
6	2.2619	1.5463	1.1324	0.4564	0.1931	0.0534				
7	3.0024	2.2849	1.3618	0.9983	0.4628	0.2964	0.1426			
8	3.6121	2.8365	2.8214	1.3306	0.6281	0.5093	0.3621	0.0057		
9	4.2873	3.2068	2.3182	1.5948	0.7698	0.6498	0.7464	0.1011	0.0478	
10	4.6982	3.8465	2.7029	1.8824	0.9128	0.7518	0.8552	0.1867	0.0837	0.0369

继续对其进行最小误差值计算,得到表7-23。

表7-23　　　　　　　　　　最小误差函数

	2	3	4	5	6	7	8	9
3	0.089 (4)							
4	0.667 (4)	0.092 (4)						
5	0.978 (4)	0.291 (5)	0.093 (5)					
6	1.269 (4)	0.392 (5)	0.158 (5)	0.013 (6)				
7	1.578 (4)	0.403 (5)	0.185 (5)	0.073 (6)	0.012 (7)			
8	2.395 (4)	0.659 (5)	0.343 (8)	0.124 (8)	0.055 (8)	0.011 (8)		
9	2.882 (4)	0.714 (5)	0.427 (8)	0.201 (8)	0.069 (8)	0.043 (8)	0.010 (9)	
10	3.036 (4)	0.883 (8)	0.501 (8)	0.278 (8)	0.155 (8)	0.067 (8)	0.046 (9)	0.009 (10)

然后,可以得到最优分割结果,具体见表7-24。从表7-24可以看出,共有8种分类结果,选择误差函数最小的0.0117组,将1,2,3,4,5,6,7,8 to 9,10作为分隔结果,对应年份分别是2012年、2013年、2014年、2015年、2016年、2017年、2018年、2019年、2020年、2021年。

表 7-24　　　　　　　　　　　　最优分割结果

分类树	误差函数	最优分割结果
2	1.8738	1 to 3, 4 to 10
3	0.8184	1 to 3, 4 to 7, 8 to 10
4	0.4547	1 to 3, 4, 5 to 7, 8 to 10
5	0.2642	1, 2 to 3, 4, 5 to 7, 8 to 10
6	0.1548	1, 2, 3, 4, 5 to 7, 8 to 10
7	0.0953	1, 2, 3, 4, 5 to 6, 7, 8 to 10
8	0.0468	1, 2, 3, 4, 5 to 6, 7, 8 to 9, 10
9	0.0117	1, 2, 3, 4, 5, 6, 7, 8 to 9, 10

二、横琴产业结构高度化灰色关联度分析

根据表 7-20 中的产业结构高度化指标体系，把原始数据引入该体系进行计算，同样选择 2012~2021 年跨度为 10 年的数据，选择 2020 年深圳的指标作为参考值。具体见表 7-25。

表 7-25　　　　　　　　　　横琴与深圳的指标对比

高度化	2012 年	2013 年	2014 年	2015 年	2016 年	深圳 2020 年
第三产业增加值占比	0.6226	0.6538	0.6821	0.6935	0.7274	0.6213
产业技术进步速度	3.2423	3.3754	3.4555	3.6295	3.4297	3.7269
外商直接投资	1.06	1.55	2.57	4.26	5.24	86.83
公共支出收入比	3.1765	2.4063	1.7493	1.6984	1.816	1.0832
合理化	2017 年	2018 年	2019 年	2020 年	2021 年	深圳 2020 年
第三产业增加值占比	0.7743	0.8037	0.8448	0.8546	0.8669	0.6213
产业技术进步速度	3.6362	3.7492	3.8837	4.1629	4.1124	3.7269
外商直接投资	7.26	10.71	16.05	18.27	15.23	86.83
公共支出收入比	2.2363	2.3099	1.7469	1.3513	1.3358	1.0832

将横琴与深圳进行对比，可以采用 DPS 软件计算产业结构高度化指标的灰色关联度。具体步骤包括：

步骤一，对表 7-25 数据进行无量纲化处理，得到表 7-26。

表 7-26　　　　　　　　　　数据无量纲化处理

年份	2012	2013	2014	2015	2016	2017	2018	2019	2020	2021	深圳
第三产业增加值占比	-1.2677	-0.9321	-0.6277	-0.5051	-0.1404	0.3641	0.6803	1.1224	1.2278	1.3601	-1.2817
产业技术进步速度	-1.4604	-1.0092	-0.7376	-0.1477	-0.8251	-0.1250	0.2581	0.7141	1.6607	1.4895	0.1825
制造业外商直接投资	-0.5846	-0.5646	-0.5229	-0.4538	-0.4138	-0.3313	-0.1903	0.0279	0.1187	-0.0056	2.9203
公共支出收入比	2.1417	0.8486	-0.2545	-0.3400	-0.1425	0.5631	0.6867	-0.2586	-0.9228	-0.9488	-1.3729

步骤二，计算参考数列 X_0 对各子序列 X_i 中绝对差 $\Delta i_k (i=0,1,2,\cdots,10; k=1,2,3,4,5)$，计算结果见表 7-27。

表 7-27　　　　　　　　深圳与横琴各因子绝对差值

指标	年份	第三产业增加值占比	产业技术进步速度	制造业外商直接投资	公共支出收入比
X_1	2012	0.0140	1.6430	3.5049	3.5147
X_2	2013	0.3496	1.1917	3.4849	2.2215
X_3	2014	0.6540	0.9201	3.4432	1.1184
X_4	2015	0.7766	0.3302	3.3741	1.0329
X_5	2016	1.1413	1.0076	3.3341	1.2304
X_6	2017	1.6458	0.3075	3.2515	1.9361
X_7	2018	1.9620	0.0756	3.1106	2.0596
X_8	2019	2.4041	0.5316	2.8923	1.1144
X_9	2020	2.5095	1.4782	2.8016	0.4501
X_{10}	2021	2.6418	1.3070	2.9258	0.4241

从表 7-27 可以看出，最小绝对差值为 $\Delta\min = 0.0140$，最大绝对差值 $\Delta\max = 3.5147$。

步骤三，分辨系数取值 $\rho = 0.1$，2012～2021 年相关指标的关联系数，如表 7-28 所示。

表7-28　　　　　　　　深圳与横琴各因子关联系数

指标	年份	指标值
X_8	2019	0.4875
X_9	2020	0.4833
X_{10}	2021	0.4801
X_7	2018	0.4764
X_6	2017	0.4712
X_5	2016	0.4638
X_4	2015	0.4635
X_3	2014	0.4632
X_2	2013	0.4575
X_1	2012	0.4438

利用上述聚类分析结果，结合最小误差函数的9段分割结果，并赋9段分割结果系数分别为 r_1、r_2、r_3、r_4、r_5、r_6、r_7、r_8、r_9，其中 $r_8 = \frac{(X_8 + X_9)}{2}$，那么 $r_1 = 0.4438$、$r_2 = 0.4575$、$r_3 = 0.463$、$r_4 = 0.4635$、$r_5 = 0.4638$、$r_6 = 0.4712$、$r_7 = 0.4764$、$r_8 = 0.4854$、$r_9 = 0.4801$。

灰色关联度结果可以根据上述关联分析结果进行排序，即：

$r_1 < r_2 < r_3 < r_4 < r_5 < r_6 < r_7 < r_9 < r_8$。

具体见图7-10，利用灰色关联度结果展示了横琴粤澳深度合作区的产业结构高度化的趋势。

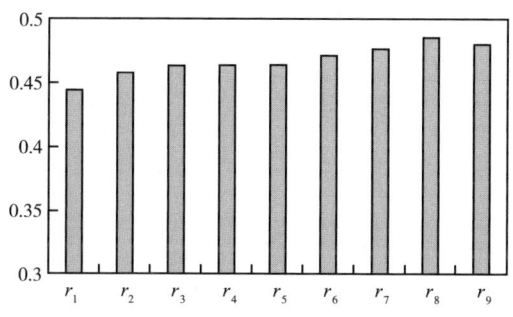

图7-10　产业结构高度化灰色关联度趋势

因此，说明横琴粤澳深度合作区产业结构越来越趋于高度化。

第六节 产业结构测度结果分析

一、产业结构合理化与高度化双高的原因

横琴产业结构合理化指标在 2021 年达到 0.4838，高度化指标达到 0.4801，成就双高的原因主要有以下几点。

(一) "一国两制"制度优势发挥了巨大作用

澳门自 1999 年回归以来，经济实现了多元化发展，主动融入了国家发展大局。自 2009 年，国务院正式批准实施《横琴总体发展规划》，将横琴岛纳入珠海经济特区范围，经济更是实现了跨越式发展。澳门在"一国两制"制度优势的影响下，成为全球最富裕的地区之一。为了解决澳门长期以来产业结构单一的问题，2021 年又成立横琴粤澳深度合作区，实现经济适度多元，以增强澳门经济韧性，促进澳门和珠海的经济社会健康可持续发展。

(二) 粤港澳大湾区产业转移和辐射

横琴粤澳深度合作区地处粤港澳大湾区之中，粤港澳大湾区不仅通过大循环促进了全国区域经济一体化合作区建设，同时也带动了微循环中的横琴粤澳深度合作区和深圳中国特色社会主义先行示范区的建设。在这样的影响下，提升了科技创新能力，有效激发了澳门和珠海的知识融合、产业结构调整和经济发展，增强了高端制造业发展的动能。澳门—珠海为极点，可以发挥自由港和特区的比较优势，培育新的增长点。通过湾区经济的"多核、多圈、共生、叠合"，辐射联动多个都市圈，形成扩散效益。根据《广东省制造业高质量发展"十四五"规划》，"十大"战略性新兴产业和"十大"战略性支柱产业分别有 10 项和 9 项落户珠海。通过发挥横琴

作用,可以依托珠海制造业基础和澳门科教产业优势,增强中心城市与节点城市的互动合作,提高粤澳两地产业发展和资源要素协调性、互补性,加快科技成果的转化应用,促进珠江口西岸产业竞争力提高,推动产业集聚和创新发展,促进产业链与知识链深度融合,增大澳门和珠海极点辐射作用。

(三) 经济内循环和外循环的良性互动

澳门与葡语国家有广泛的经济文化交流,澳门是"一带一路"的重要节点城市,扩大开放合作有助于扩大国际经贸合作的新通道。建设横琴粤澳深度合作区加强了内地与葡语国家的经济往来,通过引领性和包容性的制度框架,构建起了"走出去"和"引进来"的双向交流平台,能够平衡重大生产力布局和均衡经济发展极点,促进经济内循环和外循环的良性互动。通过"一国两制"的新实践,实现了国家安全和制度安全,通过"一带一路"的总谋划,实现了经济安全和产业结构安全,促进了产业结构合理化和高度化。

二、面临的挑战

横琴地位随时间推移逐渐得到提升,但是在谋求高质量发展的进程中,还存在不小的挑战。

(一) 产业多元化的挑战

制度不同对产业优势互补造成了一定影响。澳门和广东在制度的协同方面难度极大,双方的政治制度、经济制度、社会制度、文化理念、生活方式差异较大,两地在处理市场经济运行中的方式、做法、理念并不相同,致使优势互补难度较大。这就给粤澳两地在人才政策、财政税收、要素便捷流通等方面带来了挑战,区域经济协调发展需要适当突破政策顶层设计的束缚。通过建立横琴粤澳深度合作区的目的就是为区域内的企业进行制度解绑,突出产业协调化、一体化发展的重要性。但目前合作区刚刚成立1年多,加之疫情影响,政策效应的释放作用还处于进程之中,横琴和澳门之间的产业渗透还不够。港资企业截至 2022 年 10 月，不足 5%，占比还非常低，距离知识高度融合与产业一体化发展的要求还相差甚远。

（二）科技创新的挑战

澳门与横琴在管理制度上差别迥异，发展模式完全不一样，尤其是行政壁垒还在破墙阶段，对知识共享和创新要素流动的影响较大，合作区内的知识链和产业链并未实现有效交互，创新资源无法高效整合。横琴目前已经落户 4 个国家重点实验室，分别是澳门大学和澳门科技大学共同设立的中药质量研究国家重点实验室、澳门大学设立的模拟与混合信号超大规模集成电路国家重点实验室、澳门大学设立的智慧城市物联网国家重点实验室、澳门科技大学设立的月球与行星科学国家重点实验室。但是总体而言，科技创新成果短期内还不容易形成大的突破，科技创新基础尚未牢固，科技载体和创新平台资源合力作用不明显，良好的科技氛围还有待形成。创新集聚和产业集聚中的机制建设相对滞后，创新利益在粤澳创新主体之间如何共享、如何分配、如何支撑还没有形成共识。

（三）人才高地面临的挑战

人才质优量弱亟待改善。横琴出台了一系列吸引人才的政策，但是相比珠海市和粤港澳大湾区其他城市，优惠力度并不明显，导致人才集聚效果一般，能够引进优质人才，但是数量上不客观，无法支撑合作区创新型人才高地建设。首先，在人才自主培育方面，合作区可以依托澳门科技大学横琴校区和珠海市的大学城智力资源，但是由于缺少连贯投入，目前企业科研员工终身学习意识和创新意识仍需要提高。其次，在人才引进方面，合作区的产业刚刚布局，尚未实现真正转型升级，产业对经济发展的带动效果也有待观察，所以在就业、发展和创新角度，对国际科技创新高端人才吸引力较弱，承接国际顶级科技创新中心的水平不足。最后，横琴粤澳深度合作区生活便利化程度还不够，包括教育、医疗、生活设施各方面的基础配套尚未完成，因此人才对于横琴的态度还处于观察之中，稳定人才的保障基础需要夯实。

(四) 金融发展面临的挑战

金融业产值占比较低。横琴和珠海在金融业方面存在重叠，呈现同方向变化趋势。由于横琴成立年限较晚，横琴合作区内金融产业基础薄弱，如果用珠海的金融产业代替横琴金融产业会更加客观。在金融危机之后，澳门和珠海更加重视金融支撑，金融业产值呈现稳定增长态势，2021年澳门金融业产值为267.85亿元，略高于珠海的金融业产值，澳珠两地金融业产值之和占比粤港澳大湾区金融业比重的3.92%。作为湾区内重要城市，金融业产值比重低，说明横琴缺少实力强劲的金融机构，资本市场总体规模不大。2021年珠海市中外资金融机构本外币存款余额为10496.05亿元，其中境外存款仅为609.35亿元，两个指标在粤港澳大湾区中城市排名偏后。以上数据反映了横琴合作区尚缺乏强有力的金融机构，金融机构资金总量不大，金融业基础相对薄弱，制约其他产业的经济发展。

经济联系强度不足。受到疫情影响，澳门与珠海之间的经济联系停滞，甚至很多指标倒退回2017年之前，经济联系强度弱化明显。虽然横琴粤澳深度合作区经济总量实现了上行，但是澳门经济总量从2019年的552.84亿美元，断崖式下跌到2020年的255.86亿美元，2021年也仅恢复至299.05亿美元。其GDP产值占全世界的占比，也从2018年最高的0.064，下跌到2020年最低的0.0301，GDP产值和占比受疫情影响均十分严重，见图7-11。经济和人员往来变化较大，两地经济社会运行基础不兼容的特点暴露无遗，说明两地经济联系强度不高。

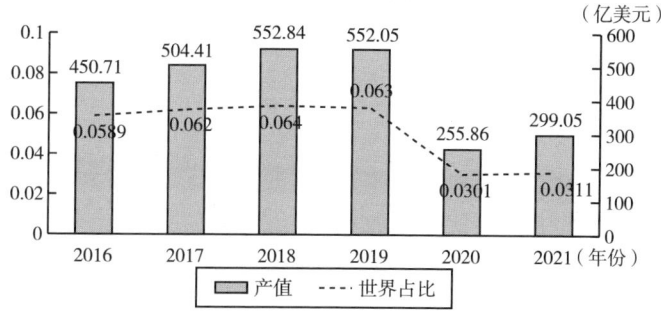

图7-11 近年澳门GDP产值与世界占比变化

财政货币环境差异巨大。各自独立的金融主管部门对横琴和澳门进行监管，致使两地由不同的机构进行金融信息统计。由于缺少统一的直属主管和监管机构，相互独立的决策无法构建统一的信息共享平台。横琴和澳门之间的金融信息披露效率不高，滞后性明显，不利于在高交易成本条件下实现金融市场的互联互通。金融市场开放程度仍然不够，横琴对港澳金融机构设置了较高门槛，既不利于"请进来"，也不利于"走出去"。金融粤港澳大湾区内存在三种不同法律体系、三个独立关税区、三种货币，经济环境差异明显。其中，三个不同法律体系包括大陆法系、香港法系、澳门法系，对投资者利益保护不足，这将会影响经济金融纠纷案件的协作，企业到境外发债为例，存在"渠道少、管制多、结算难"的问题，备案审批困难。三个独立关税区增加了三地之间的经济要素流通速度，但同时也增加了粤港澳大湾区的金融流动成本。三种货币主要指人民币、港币和澳元，目前在横琴粤澳深度合作区主要利用美元作为结算货币进行经济贸易往来，容易受到美元在国际市场价格的影响。

第七节 横琴产业结构升级的制度安排

制度经济学的研究内容之一是制度对资源配置的影响。不同的资源配置方式会形成不同的经济结构，制度会通过经济结构影响经济增长。从长远来看，制度会发生变化，制度变化有两种方式：一种是诱导；另一种是强制性的。中国的制度变迁主要是强制性的，也就是说，经济发展中的大多数制度都是政府根据效用函数做出的利己安排，而不是完全根据市场需求自发形成的。在强制性制度安排中，政府更多地考虑了不同制度安排下产生的成本和收益。新制度安排产生的收益大于成本，这将导致制度变革。金融体系是制度安排的重要组成部分。本节将重点研究融资模式安排、汇率制度安排、利率制度安排和监管制度安排等金融制度安排对横琴的影响。

一、融资方式制度安排

直接融资和间接融资是两种典型的融资方式，分别称为市场化金融体系和金融中介银行导向金融体系。融资方式的制度安排对金融结构有最直接的影响。目前，中国以银行融资为主，属于典型的以金融中介机构为主的金融体系。发展趋势是金融市场的不断完善和扩大，这导致直接融资规模不断增加，银行融资规模相对下降。全世界金融体系的演变趋势也是如此。融资模式的制度偏好决定了当前的金融结构形式。在市场经济发展相对较早的西方国家，无论金融体系是以市场为导向还是以金融中介为导向，当前金融体系的形成都是诱导性制度选择的结果。经济发展中会形成不同的融资需求，逐渐转变为一种有待确定的长期规则形式，而这些长期规则就是金融体系。随着广东、香港、澳门大湾区民营企业规模的不断增长，融资"瓶颈"越来越突出。市场自发形成了一些直接融资方式，政府从制度上予以确认。在这种制度安排下，资本市场取得了初步发展。在横琴合作区，在资本市场上可以通过股票和债权获得资本的企业大多是实力雄厚的企业，而小微企业仍然缺乏资本。因此，广东省和珠海市加强了对互联网金融等融资方式的支持，本质上也是一种制度安排。当然，长期制度偏好的变化是由于政府效用函数的不断优化。保持最佳效用函数收益需要及时调整金融制度安排。最后，形成了以银行为主、资本市场为辅的快速发展的金融结构。由金融体系决定的金融效率并不总是确定的。每一种制度安排都可能在一定时期内带来最佳的资源配置效率，这种财务效率会随着时间的推移而改变。在融资制度安排下，不同金融结构能够为横琴实体经济提供的融资能力和效率在不断变化。为了保持资源配置的高效率，我们必须及时调整融资制度。

二、汇率方式制度安排

长期以来，中国的汇率市场一直由固定汇率制度主导。在市场化改革的过程中，汇率市场化也在推进。目前，以市场供求为基础，参照一篮子货币进行调整的有管理的浮动汇率制度基本形成。未来汇率制度改革的方向仍然是减少政府对汇率形成机制的干预，更多依靠市场供求关系来决定汇率。在现行汇率制度不完全市场化的情况下，横琴粤澳深度合作区可以利用汇率调整手段实现国际收支平衡、国内价格稳定和减少国际资本影响的政策目标。汇率制度的安排不能避免政府在市场干预中过多地增加自己的目标功能，政府的目标功能往往与市场需求不一致，财政资源无法有效配置。从机制有效性来看，减少政府干预和主要由市场调节形成的汇率机制将是资源有效配置的保障。同时，深化人民币汇率制度化是深化人民币汇率机制化和国际化的重要组成部分。

三、利率方式制度安排

在利率制度从官方决定向市场化自主决策转变的过程中，金融机构的成本增加，传统优势逐渐消失。中国利率长期受到调控，存款和贷款利率受到抑制。储蓄者为低收入的国有企业提供资金，而银行则依靠政策以低成本获得高收入。利率市场化后，存款利率势必上升，金融机构融资成本将持续增加，盈利空间将受到挤压，传统大商业银行将面临考验。同时，由于存款资金成本增加，银行业无法为资金需求者提供利率相对较低的贷款，促使一些企业寻求其他融资方式。此外，居民将减少各种形式的储蓄，增加对各种金融产品的投资，银行的资产负债表结构将发生变化，表外业务将继续增加。横琴的粤澳深度合作区也不例外。当金融机构的融资成本较高时，直接融资模式必然会增加，股票市场和债券市场的资产份额将稳步增加，横琴金融体系的分布格局将继续向金融市场融资倾斜。当然，由于中国是银行主导的金融体系，各类企业短期内仍主要依赖金融中介融资。利率市场化将对银行产生重大影响。为了在日益激烈的市场中生存，横琴银行需要改进金融创新，为客户提供多样化的金融工具，做出产品收益和风险的多样化组合，摆脱单一的表内业务结构。同时，利率市场化也将影响金融体系的内部结构，推动金融结构不断调整以满足市场需求。

四、监管方式制度安排

金融监管的目的是进行风险控制。此前金融危机对国家监管部门最重要的启示是，不能放弃对金融业的监管；过度严格监管的缺点是限制了金融市场的创新，阻碍了金融结构对实体经济的适应性。在一定时期内，政府将权衡金融监管方式带来的成本和收益，从而确定一揽子管理的具体方式。目前，中国的金融业受到单独监管。在中国人民银行的全面领导下，银监会、证监会和保监会分别对银行业、证券业和保险业进行监管。所有行业只能从事各自领域的业务，而不能从事商业运营。一般来说，它们受到相对严格的监督。在珠海金融中介机构的发展过程中，对现有机构的扩张有更多的支持，这进一步提高了这些金融机构的垄断程度，同时对新进入者进入该行业有更多的限制。例如，对公司 IPO 实施严格的审计制度，导致先入市的企业资产迅速扩张，但后来企业很难进入市场。过度监管导致金融结构固化，横琴粤澳深度合作区动态优化的金融结构演变路径往往受阻。

第八节 政策保障

一、重视引智工作建设

发挥人才实力的作用。一个区域乃至一个国家发展好坏靠硬实力和软实力，但归根结底就是人才。完善人才制度，积极营造人才发展的好环境，让横琴合作区成为国际人才高地，实现"木秀鸟自鸣"的美好愿景。优化国际人才引进措施，让高端化外籍人才更方便进入合作区，构建合作区内的技术移民体系，让人才能够引得进，也可以留得住，更能发展好。疏通澳门和珠海之间科研经费使用制度、职业资格互认制度、人才评价制度，打造两地人才绿色通道，允许科研经费跨境使用，简化报销流程，建立符合国际管理的人才竞争机制和激励保障机制。重点科研项目给予配套经费支持,对境内外高端人才要加大税收优惠力度,吸引人才进入横琴。为了提升知识融合质量,可以出台更多支持粤港澳青年创新创业政策的措施,尤其在横琴探索原创科研的新举措,打造优质创新创业载体。据统计,截至2022年10月末,合作区实有企业54410户,其中内资企业46484户,外商及港澳台投资企业7926户(含澳资企业5148户,较9月增加56户)。合作区10月末实有就业登记人数67080人,同比增长2.0%。其中,本年新增就业登记8122人。分行业看,金融业、建筑业、批发和零售业吸纳就业能力较强,就业登记人数分别比上年同期增长99.9%、21.4%、15.4%。科技含量高的产业的吸纳潜力仍然较大,需要不断完善人才的子女入学、住房、生活配套等服务保障,切实解决人才来到横琴粤澳深度合作区之后的后顾之忧。

加速人才体制机制改革。坚定支持合作区引进世界知名高校,推进高等教育国际化,吸引国际和港澳台的"精、尖、高、特、缺"人才,坚持既要外引又要内培的"两条腿走路"原则,建设海内外人才创新基地。高校和科研机构培养了大量的科学家和企业家,是知识融合的摇篮,成为创新人才集聚和创新知识产生的重要载体,处于整个知识链和创新链的前端。横琴应该着力建设人才培育的良好环境,促进创新链、产业链、人才链和教育链的有效衔接。澳门现有高校具有较强的科研实力,同时拥有良好的国际关系,是从教育和科研角度联系合作区内外的窗口,要发挥好澳门窗口的作用,发挥"本土留学"优势,并通过引进世界教育资源,满足内地对高等教育和知识创新的需要。发挥重大科技基础设施的作用,通过大科学装置、重点实验室吸引国际人才,培育国内创新技术,提升科技设施人才造就能力、人才承载能力、人才集聚能力。澳门大学横琴校区的建设不仅开辟了澳门高等教育向内地扩展的新局面,拓展了办学规模和空间,也推动了澳门高校科研成果在珠海进行转移,进而辐射整个粤港澳大湾区。要继续支持香港和澳门的高校采取双聘教授的机制,鼓励它们采取一校两区的做法,在横琴共建研究创新、联合实验室、创新中心,提升学科优势,探索在交换生学习、实习等方面的交流。

二、促进产学研多主体协同

依托国家重点实验室。依托已经建立的4所国家重点实验室,发挥澳门的国际葡语中心作用,打造粤澳联合的重大科技创新平台,建设横琴粤澳科技创新高地,成为联通国内外的关键创新极点。立足合作区现状和未来需求,兼顾广东、珠海和澳门多地的省域、市域、区域规划,不断促进广珠澳科技创新走廊建设和要素集聚效能,发挥"两廊两点"的作用。带动新兴产业发展、引领前沿科技探索和集聚创新创业人才需要重大科技基础设施的投入,要在澳门和横琴提前谋划、部署一系列重大科技基础设施,充分发挥国家重点实验室的科技引领作用。围绕澳门产业多元化布局的区域阻碍,努力在横琴建设一批国家重大科技基础设施,用好用足珠海和澳门的现有产业基础,让大平台、大设施发挥共享共建共荣作用,提升大科学工程和大科学计划的作用。为了在横琴粤澳深度合作区示范引领效应,需要加快在知识链和产业链上形成优势互补效果,通过依托澳门的优秀高等院校,建立产学研协同机制,打造产业合作平台,实现各创新主体进行深度资源整合和创新合作,实现合作区内的高质量发展。当年硅谷的成功来自斯坦福工业园建设,高校、科研院所和企业形成了融科学、技术、生产于一体的协作关系,实现了科研成果产业化和产业成果科研化的互动促进。澳门高校的研究基础较为扎实,但是缺少产业转化平台和企业的支持,导致多年来科研成果产业化效果不理想。充分考虑粤澳两地的高校资源和产业资源优劣势,根据两地不同主体的需求来设计互为支撑的科技生态格局,才能够解决合作区科研成果转化的问题,切实打通市场应用的"最后一公里",疏通基础研究和成果转化阻碍,促进科技创新与经济发展相互支持。横琴现在已经建立了澳门的4所国家重点实验室分支机构,知识融合逐渐发挥作用,对产学研示范基地建设,尤其是对高端制造业成长带来了很大的促进作用。

共建共享科研设施。为了扩大横琴产业集聚的效果,可以考虑加大气力吸引国内外优秀高校、科研机构和世界级创新型企业,通过项目落地,不断转化优势成果，实现科技成果的产业化。共建共享科研仪器、设施、研发机构，推进广东与澳门联合实验室建设，鼓励参与主体通过产业技术创新战略联盟或者资金、技术入股方式进行创新合作。产学研之间要建立知识融合中的利益分享机制和风险共担机制，搭建服务于企业家、工程师和科学人员之间的科技创新对接平台，促进技术创新和转换合作。

三、实施产业数字化发展战略

构建横琴产业数字赋能的制度支持体系。梳理横琴粤澳深度合作区传统产业发展痛点的基础上，加快政策体系构建，让数字经济能够真正赋能传统制造业转型。站在粤澳珠政府合作视角，从顶层设计上加强产业数字化发展战略的制度设计。加强对数据安全的法规指引，优化数字化促进知识融合与产业升级的软环境，配套数据安全法规建设，加大对传统产业的数字化改造。在民生和电子政务数字化等公共信息化建设方面加大政府资金投入，完善传统产业数字化转型的扶持政策，扩大政府数字化工作平台和政务平台的数量。税收财政方面可以向产业数字化倾斜，针对产业低端化的特点，可以出台对传统企业的数字化、信息化建设的投入政策文件。企业数字化和信息化建设的投入金额和比例可以从政策上制订好级别和批次，指导传统企业主动拥抱数字化改革，达标的企业可以获得税费抵扣和补贴优惠，加速企业技术升级改造。根据企业规模进行等级划分，在合作区内制订分类标准，条件合适时可以对不同等级的数字化专项资金进行优惠或补贴。向发达国家的高端制造产业派出政府官员、企业精英，学习先进国家和地区的先进经验，主动与世界一流先进合作区联系和畅联，加强政府数字化、企业数字化、高校数字化项目的培育和支持。对标世界先进湾区和先进合作区，从互联网通信、电子政务管理、数字化交运网络等领域入手，发展高端制造业，提升横琴粤澳深度合作区产业转型的营商和技术环境。

建立重大公共卫生事件协调数字化平台。横琴粤澳深度合作区应注意到本次疫情对合作区经济发展和技术合作带来的影响，在重大公共卫生事件预防体系中要加入以大数据、智慧供应链、区块链、人工智能等为主体的数字技术。重视横琴粤澳深度合作区建立多层次、全方位的重大公共卫生事件的数字化运行体系，提升数字化平台运行效果。一方面，横琴合作区政府信息化部门要提高自身数据挖掘与分析的能力，在算法上提高并建立自身共享式的重大公共卫生事件信息监测和监控平台。数字化重大公共卫生事件信息平台应向社会、企业全面开放，避免信息鸿沟带来的社会舆论影响。另一方面，为了节省从基层到区域再到省层面的时间，横琴合作区政务部门应该组建公共卫生安全网络直报体系，专事专报，保障合作区的经济安全和综合环境安全。

三地协同推进数字化转型。横琴粤澳深度合作区地处粤港澳大湾区，要依托香港、澳门、广州和深圳等龙头城市的优势产业基础和科研资源，用好用足大湾区内的政策，在科技研发和高端制造、中医药等澳门品牌工业、文旅会展商贸和现代金融的"四新产业"上，以点带面地推动传统产业数字化升级。联合龙头城市中的龙头行业协会，定期开展互联网技术应用的产品推介活动，鼓励企业通过软件服务、基础设施服务通过模式转换来解决企业信息化升级和云端的难题，提高企业在供应链管理中ERP企业资源计划、MES制造执行系统的普及率。打破产业之间、企业之间和企业之内的"信息孤岛"，使企业熟悉互联网产品的竞争优势、技术结构、组成和功能，鼓励企业发展新基建，研发实现数字基建的新技术，实现传统产业向数字型产业的转型。鼓励横琴粤澳深度合作区内的企业、学校和医院实施云招商、云招聘、云诊断等数字化措施，并在媒体上做好舆论宣传。对于技术、资金、知识融合能力基础差的中小型企业，建议在原有组织架构基础上，为满足企业存货和保持企业最低生存资源需求，先建立数字化运营部门，然后再慢慢形成跨业务、跨职能的业务体系。当然对于这类企业应该从财政、税收、补贴等方面给予支持和优待。

构建对标国际组织的数字统计测度体系。借鉴OECD、WTO、UNCTAD等国际组织在电子商务、数字贸易和数字经济等方面的研究成果和工作实践，构建适合我国特点的数字化体系。数字贸易、数字经济等概念在学界和实践界一直存在认识不统一的问题，尤其是对于"数字"的统计口径解释分歧较大,因此要通过规则规章的形式对相关概念进行界定,明确横琴粤澳深度合作区数字相关产业和数字经济的测度标准。通过明晰合作区区域布局和产业链条的统计指标,采取更加丰富的数据定量研究,对产业分工体系进行研究,进而通过数字化转型促进产业结构向合理方向演进。

四、培育世界级产业集群

以科技研发和高端制造产业为引领。虽然横琴面积有限,但是不影响它培育世界级产业集群。《横琴粤澳深度合作区建设总体方案》正式公布,明确提出要重点发展四大新产业,其中科技研发和高端制造产业列首位。目前横琴已经创下规模宏大的元宇宙超级试验场、直径约是头发丝万分之一的纳米银材料、全球算力新纪录的国产芯片、全球前列的横琴人工智能超算中心等,一系列高端科技成果成为合作区新名片的同时,也点亮了合作区的未来发展道路。截至2022年10月,注册地为横琴的科技型企业约1万家,建成科技企业孵化器、新型研发机构等科技创新平台20家,合作区科技研发和高端制造产业生态圈初步形成。利用高端制造产业的带动,布局芯片的商业化落地,广泛应用于包括大资料分析智慧城市、生命科学、医疗健康、自动驾驶等领域。合作区要稳固个人所得税双15%的优惠政策,帮助企业提升薪酬竞争力,吸引聚合国内外高端人才。

利用元宇宙以数字化赋能并重塑物理空间。元宇宙在消费端和产业端的巨大应用前景,也将带动相关软硬件产业创新发展,包括计算芯片和图形芯片、存储和通信、元宇宙消费端设备、元宇宙软件等。而这也可以促进合作区优势产业——集成电路产业的进一步发展。元宇宙技术已经能够在虚拟世界中模拟环境温度、湿度等一些物理指标,从而替代现实技术研发的前期阶段。现实世界中难以出现的极端场景、高危场景、高试错成本场景,可以在元宇宙中做到高质量的还原测试验证,从而提高研发测试效率和精度,并大幅降低研发成本。促进元宇宙相关技术和硬件设备的成熟与应用,进一步赋能现实工厂向数字化、网络化、智能化转变。通过在元宇宙虚拟空间中建构对应的元宇宙工厂，建立现实工厂和元宇宙工厂实时交互能力，形成高效可视、信息共享、高效协同、供需互动的制造业虚拟世界，提高生产和运维效率。作为一个跨应用、跨生态的崭新领域，元宇宙产业与横琴方案所确定的主攻方向高度契合，通过元宇宙技术的进步，不断赋能"四大产业"的发展，推动构建下一代互联网产业集群与国际数字贸易枢纽港，实现传统产业数字化升级。合作区要围绕文旅会展、高端制造、智慧城市等领域建设"元宇宙超级试验场"，抓紧形成建设方案、技术路线和时间表打造"元横琴"，构建集技术创新、融合应用、用户体验、规则制定为一体的元宇宙创新平台。

"四新产业"不断协同创新。科技研发和高端制造方面，采用"创新驱动型+市场驱动型"相结合的发展模式，一方面积极争取国家和省级重大战略性项目，重点布局和引培"前瞻创新"型项目和企业；另一方面可以有针对性地学习借鉴"香港—深圳"国际电子元器件及物料贸易中心的成功经验，建立"（香港）澳门—横琴—珠海"国际高端制造及物料贸易中心。澳门虽然缺少制造业，但基础研究有独特优势，如澳门理工大学在集成电路方面建设了国家重点实验室，澳门的研发成果可在横琴转化，进而在横琴和澳门之间形成前端研发和后期终试、产业化的链条，彼此发挥各自的优势。粤澳两地协同推进科技创新发展的实践并不局限在高端制造，横琴还需要在科技研发方面协同，加快推动建设研发机构、产学研示范基地，探索依靠产学研带动科研成果转化、培育新兴产业的新模式。中医药等澳门品牌工业方面，明确要以国家中医药服务出口基地为载体，发展中医药服务贸易，实施对在澳门审批和注册、在横琴合作区生产的中医药产品、食品及保健品，允许使用"澳门监造""澳门监制"或"澳门设计"标志，支持港澳药品医疗器械在大湾区内地9市生产等一系列利好政策。借助在澳门设立企业的便利，中药企业最新科研成果可以在澳门实现产业化，让其中药产品进入澳门市场。在中医药产品出口率、国际市场占有率偏低方面破解我国中医药产业发展卡点堵点，完善中医药质量标准体系构建。文旅会展商贸方面，随着"一线放开、二线管住"逐步落实，构建横琴与澳门一体化高水平开发的新体系，赋能文旅、会展和商贸产业发展。

探索"一会展两地办"的创新合作模式,引进来自大湾区各地的展商,吸引人流进场,将澳门品牌与横琴平台深度融合,促进两地间的合作与交流。现代金融方面,完成更多的跨境数据验证平台以金融作为试点应用场景在琴澳两地上线运行,让更多全澳资合格境外有限合伙人(QFLP)试点企业、外资私募企业落户横琴。

五、加强金融支持保障

金融手段加强对高新技术产业的创新创业支持。依据市场化和自愿化原则,鼓励社会资本成立多币种的私募股权投资基金、创业投资基金,率先支持高端制造产业和科技研发产业,为其发展成为世界前沿提供必要金融支持,降低企业投资高度不确定性的风险支出。传统金融习惯服务于传统型产业,对知识融合类的创新产业具有天然排斥感,通过成立和发展新型投资基金模式能够丰富传统金融手段,弥补不足。基于横琴粤澳深度合作区的特殊制度环境可以探索创投、股权投资、风投等双向流动、双向投资、双向募集的私募投资模式。

建立横琴粤澳合作区中葡国家金融服务平台。葡语系国家在世界上超过2亿人口规模,既有巴西这样的新型国家,更有葡萄牙这样的老牌发达国家,是中国企业"走出去"发展的重要贸易对象,具有非常大的市场潜力。中葡国家合作过程中需要双方均可信赖的金融中介服务,需要有适应葡语系国家金融的人才。澳门可以发挥中葡国家间桥头堡作用,利用文化、语言、历史的优势,不断吸引葡语系国家的金融机构来澳,首先将澳门打造成对葡语国家的离岸金融中心,然后向世界离岸中心努力。

利用金融手段加强不同地区民生金融合作。支持澳门在横琴创新发展融资租赁、债券市场、财富管理等现代金融业务,利用澳门人员流动便利、税率优惠的优势,加速澳门金融业服务外溢。降低澳资金融机构设立保险、银行等机构的门槛,支持横琴粤澳深度合作区对澳门扩大金融服务开放领域,加速境内外金融业务联动发展,打通人民币双向流动的渠道。支持在合作区创新信用证保险、跨境医疗保险、跨境机动车保险等业务,不断优化服务粤澳居民的生活环境，促进两地实现一体化发展。鼓励和支持境内投资者使用人民币对境外进行投资，探索开展跨境人民币结算业务，服务于产业合理化和高度化。借助开展跨境人民币结算业务的机会，提升人民币在全球支付中的占比，扩大人民币交易量，提高人民币国际化水平，提升人民币的影响力和国际化进程。借助澳门这个平台，满足葡语系国家对人民币的需求，能够更好地服务于横琴粤澳深度合作区的产业结构升级演进。

参考文献

[1] Lin, S. F., Xiao, L., & Wang, X. J. Does air pollution hinder technological innovation in China? A perspective of innovation value chain. *Journal of Cleaner Production*, Vol. 278, No. 1, 2021, pp. 1 – 12.

[2] Liu, Z. J., Chen, J. Development Strategy of Guangdong, Hong Kong and Macao Talent Cooperation Demonstration Zone in the New Period. *Science and Technology Management Research*, Vol. 39, No. 8, 2019, pp. 122 – 127.

[3] King, R. G., Levine, R. Finance and Growth: Schumpeter Might Be Right. *The Quarterly Journal of Economics*, Vol. 108, No. 3, 1993, pp. 717 – 737.

[4] Akar, E. O. The Functions of Intermediate – Sized Cities in Innovation Diffusion and National Socio – Economic Development in Developing Countries. *African Urban Quarterly*, Vol. 6, No. 3 – 4, 1991, pp. 175 – 184.

[5] Cohen, W. M., Klepper, S. The anatomy of industry of R&D intensity distribution. *American Economics Review*, Vol. 82, No. 4, 1992, pp. 773 – 799.

[6] Cooke P., Uranga, M. G., & Etxebarria, G. Regional Systems of Innovation: an Evolutionary Perspective. *Environment and Planning*, Vol. 30, No. 9, 1998, pp. 1563 – 1584.

[7] Fujita, M. Development, geography, and economic theory – Krugman, P. *Journal of Economic Literature*, Vol. 34, No. 4, 1996, pp. 2003 – 1584.

[8] Paci, R., & Pigliaru, F. Is dualism still a source of convergence in Europe? *Applied Economics*, Vol. 31, No. 11, 1999, pp. 1423 – 1436.

[9] Unger, B. Innovation Systems and Innovative Performance: Voice Systems. *Organization Studies*, Vol. 21, No. 5, 2000, pp. 941 – 969.

[10] Fritsch, M. Co-operation in regional innovation systems. *Regional Studies*, Vol. 35, No. 4, 2001, pp. 297-307.

[11] Florida, R. The Economic Geography of Talent. *Annals of the Association of American Geographers*, Vol. 92, No. 4, 2002, pp. 743-755.

[12] Haner, U. E. Innovation quality-a conceptual framework. *International Journal of Production Economics*, Vol. 80, No. 1, 2002, pp. 31-37.

[13] Isaksen, A., Trippl, M. Innovation in space: The mosaic of regional innovation patterns. *Oxford Review of Economic Policy*, Vol. 33, No. 1, 2017, pp. 122-140.

[14] Asheim, B. T. Smart specialisation, innovation policy and regional innovation systems: what about new path development in less innovative regions? *Innovation: The European Journal of Social Science Research*, 32 (1): Vol. 32, No. 1, 2019, pp. 8-25.

[15] Arturo, V., Mike, C. A comprehensive framework to research digital innovation: The joint use of the systems of innovation and critical realism. *The Journal of Strategic Information Systems*, Vol. 28, No. 3, 2019, pp. 242-256.

[16] Ghazinoory, S., Philips, F., Masoud A. M., & Bigdelou, N. Innovation lives in ecotones, not ecosystems. *Journal of Business Research*, Vol. 135, 2021, pp. 572-580.

[17] Woo, E. J. The Relationship between Green Marketing and Firm Reputation: Evidence from Content Analysis, The Journal of Asian Finance. *Economics and Business*, Vol. 8, No. 4, 2021, pp. 455-463.

[18] Yun, J. J., Lee, M., Park, K., Zhao, X. Open Innovation and Seria Entrepreneurs. *Sustainability*, Vol. 11, No. 18, 2019, pp. 5055.

[19] Kim, Y. J., Lee, D. H. Dynamic patterns of technological innovation in magnesium alloys in the Korean automotive industry. *International Journal of Technology Management*, Vol. 90, No. 1-2, 2022, pp. 28-53.

[20] 周博文、张再生:《基于DEA模型的我国众创政策效率评价》,载于《财经科学》2017年第9期。

[21] 陈立泰、蔡吉多:《城市群创新能力的区域差距及空间相关性分

析》，载于《统计与决策》2019 年第 22 期。

［22］苏屹、李丹：《能源产业集聚与绿色创新绩效的空间效应研究》，载于《科研管理》2022 年第 6 期。

［23］綦良群，肖雪：《服务化对先进制造企业 GVC 升级的影响研究——动态能力的中介作用》，载于《科技管理学报》2023 年第 6 期。

［24］孙凯：《中国区域创新能力影响因素灵敏度分析》，载于《数理统计与管理》2021 年第 3 期。

［25］Caves, R. E. Multinational Firms, Competition, and Productivity in Host – Country Markets. *Economica*, Vol. 41, No. 162, 1974, pp. 176 – 193.

［26］Robert J. G. Declining American economic growth despite ongoing innovation. *Explorations in Economic History*, Vol. 69, 2018, pp. 1 – 12.

［27］Paul, T., Chris, S. An examination of product innovation in low – and medium – technology industries: Cases from the UK packaged food sector. *Research Policy*, Vol. 46, No. 3, 2017, pp. 605 – 623.

［28］Kim, S. H., Jun, B. & Lee, JD. Technological relatedness: how do firms diversify their technology? *Scientometrics*, Vol. 128, 2023, pp. 4901 – 4931.

［29］Choi, H., & Chung, J. Protection of intellectual property rights (IPRs) and multinational firm boundaries: an examination of Korean firms' exports to affiliates. *Asian Journal of Technology Innovation*, Vol. 32, No. 2, 2023, pp. 246 – 273.

［30］冉启英、张晋宁：《多渠道国际技术溢出对区域创新能力的影响研究——基于制度环境视角》，载于《工业技术经济》2020 年第 5 期。

［31］雷淑珍、高煜、刘振清：《政府财政干预、异质性 FDI 与区域创新能力》，载于《科研管理》2021 年第 2 期。

［32］Friedman, M. Facing Inflation. *Challenge*, Vol. 16, No. 5, 1973, pp. 29 – 37.

［33］Verspagen, B. Endogenous innovation in neoclassical growth models: A survey. *Journal of Macroeconomics*, Vol. 14, No. 4, 1992, pp. 631 – 662.

［34］Kwon, S. How does patent transfer affect innovation of firms? *Technological Forecasting and Social Change*, Vol. 154, 2020, pp. 119959.

[35] Lee, S. J., Lee. E. H., Oh, D. S. Establishing the Innovation Platform for the Sustainable Regional Development: Tech – Valley Project in Sejong city, Korea. *World Technopolis Review*, Vol. 6, No. 1, 2017, pp. 5.1 – 5.12.

[36] Seo, J. M., Tan, L. S., Baek, J. B. Defect/Edge – Selective Functionalization of Carbon Materials by "Direct" Friedel – Crafts Acylation Reaction. *Advanced Materials*, Vol. 29, No. 19, 2017, pp. 1606317.

[37] 王益民、王艺霖、程海东:《高管团队异质性、战略双元与企业绩效》,载于《科研管理》2015年第11期。

[38] 史丹、叶云岭、于海潮:《双循环视角下技术转移对产业升级的影响研究》,载于《数量经济技术经济研究》2023年第6期。

[39] 林辉、朱珍珍、陈宝敏:《创新驱动抑或低成本战略——基于融资结构与行业集中度视角的实证检验》,载于《中国经济问题》2021年第1期。

[40] Knickel, K., Brunori, G., Rand, S., Proost, J. Towards a Better Conceptual Framework for Innovation Processes in Agriculture and Rural Development: From Linear Models to Systemic Approaches. *The Journal of Agricultural Education and Extension*, Vol. 15, No. 2, 2009, pp. 131 – 146.

[41] Smithers, J., Blay – Palmer, a. Technology innovation as a strategy for climate adaptation in agriculture, *Applied Geography*, Vol. 21, No. 2, 2001, pp. 175 – 197.

[42] Dadura, A. M., Lee, T. R. Measuring the innovation ability of Taiwan's food industry using DEA. *Innovation: The European Journal of Social Science Research*, Vol. 24, No. 1 – 2, 2011, pp. 151 – 172.

[43] Hauser, C., Siller, M., Schatzer, T., Walde, J., Tappeiner, G. Measuring regional innovation: A critical inspection of the ability of single indicators to shape technological change. *Technological Forecasting and Social Change*, Vol. 129, 2018, pp. 43 – 55.

[44] Zuckerman, E., Rajendra – Nicolucci, C. From Community Governance to Customer Service and Back Again: Re – Examining Pre – Web Models of Online Governance to Address Platforms' Crisis of Legitimacy. *Social Media + Society*, Vol. 9, No. 3, 2023, pp. online.

[45] 柴国生：《技术创新对经济增长驱动作用差异性实证研究——以河南省为例》，载于《创新科技》2018年第1期。

[46] 王智毓、冯华：《科技服务业发展对中国经济增长的影响研究》，载于《宏观经济研究》2020年第6期。

[47] 黄寰、黄辉、肖义等：《产业结构升级、政府生态环境注意力与绿色创新效率——基于中国115个资源型城市的证据》，载于《自然资源学报》2024年第1期。

[48] Meeusen, W., van den Broeck, J. Technical efficiency and dimension of the firm: Some results on the use of frontier production functions. *Empirical Economics*, Vol. 2, 1977, pp. 109 – 122.

[49] Charnes, A., Cooper, W. W., Rhodes, E. Measuring the efficiency of decision making units. *European Journal of Operational Research*, Vol. 2, No. 6, 1978, pp. 429 – 444.

[50] Banker, R. D., Charnes, A., Cooper, W. W. Some models for estimating technical and scale inefficiencies in data envelopment analysis. *Management science*, Vol. 30, No. 9, 1984, pp. 1031 – 1142.

[51] Seiford, L. M., Zhu, J. Infeasibility of Super – Efficiency Data Envelopment Analysis Models. *INFOR: Information Systems and Operational Research*, Vol. 37, No. 2, 1999, pp. 174 – 187.

[52] Fried, H. O., Lovell, C. A. K., Schmidt, S. S., & Yaisawarng S. Accounting for Environmental Effects and Statistical Noise in Data Envelopment Analysis. *Journal of Productivity Analysis*, Vol. 17, 2002, pp. 157 – 174.

[53] Cai, Y. Factors Affecting the Efficiency of the BRICSs' National Innovation Systems: A Comparative Study Based on DEA and Panel Data Analysis. *Economics Discussion Paper*, Vol. 52, No. 2, 2011, pp. 2 – 25.

[54] Kotsemir, M., Shashnov, S. Measuring, analysis and visualization of research capacity of university at the level of departments and staff members. *Scientometrics*, Vol. 112, 2017, pp. 1659 – 1689.

[55] Kim, Y. J., Park, S. B. A Study on the Effects of SNS Informativeness, Play-

fulness and Reliability on Purchase Intention and Business Performance. *Management & Information Systems Review*, Vol. 38, No. 3, 2019, pp. 113 – 125.

[56] Kim, J. H., Lee, B. S. Efficiency of Analysis Agricultural R&D Program by Data Envelopment Analysis. *Korea Trade Review*, Vol. 45, No, 1, 2020, pp. 47 – 64.

[57] 王飞航、李友顺：《基于三阶段数据包络分析模型的我国西部地区国家级高新区创新效率评价》，载于《宏科技管理研究》2019 年第 1 期。

[58] 徐建中、赵亚楠：《基于 J – SBM 三阶段 DEA 模型的区域低碳创新网络效率研究》，载于《管理评论》2021 年第 2 期。

[59] Malmquist, S. Index numbers and indifference surfaces. *Trabajos de Estadistica*, Vol. 4, 1953, pp. 209 – 242.

[60] Barro, R. J., Sala – i – Martin, X. Convergence. *Journal of political Economy*, Vol. 100, No. 2, 1992, pp. 223 – 251.

[61] Färe, R., Primont, D. The unification of Ronald W. Shephard's duality theory. *Journal of Economics*, Vol. 60, No. 2, 1994, pp. 199 – 207.

[62] Furman, J. L., Porter, M. E., Stern, S. The determinants of national innovative capacity. *Research Policy*, Vol. 31, No. 6, 2002, pp. 899 – 933.

[63] Sigarchian, S. G., Malmquist, A., Martin, V. The choice of operating strategy for a complex polygeneration system: A case study for a residential building in Italy. *Energy Conversion and Management*, Vol. 163, No. 1, 2018, pp. 278 – 297.

[64] Wang, D. D. Performance assessment of major global cities by DEA and Malmquist index analysis. *Computers, Environment and Urban Systems*, Vol. 77, 2019, pp. 1 – 11.

[65] Dranove, D., Garthwaite, C., Heard, C., et al. The economics of medical procedure innovation. *Journal of Health Economics*, Vol. 81, 2022, pp. 102549.

[66] Park, H. S., Yang, D. H. The Theoretical Comparison of Malmquist and Luenberg Productivity Indices & Empirical Analysis. *Health Policy and Management*, Vol. 25, No. 2, 2015, pp. 118 – 128.

[67] 陈创练、朱晓琳、高锡蓉：《中国城市劳动和资本要素配置效率动

态演进及其作用机理——基于经济增长理论的 Malmquist 指数和 Prodest 生产函数法》，载于《经济问题探索》2020 年第 12 期。

[68] 臧兴兵、万燕：《基于超效率 DEA 和 Malmquist 指数的中部地区主要城市物流效率实证研究》，载于《物流工程与管理》2021 年第 3 期。

[69] 王数、戴小平、陶玲玲：《高水平创新型城市（县区）动态评价指标体系构建和实证研究——以宁波市为例》，载于《统计科学与实践》2022 年第 2 期。

[70] 郭金兴、曹亚明、包彤：《天津科技创新水平研究：基于区域科技创新指数的分析》，载于《城市》2019 年第 6 期。

[71] 吕健、刘朝晖：《廊坊市创新型城市评价指标体系研究》，载于《中国市场》2022 年第 10 期。

[72] 李劲、柴茂昌：《青年创新型城市建设及指标体系构建研究——基于广州的实践探索》，载于《青年探索》2022 年第 2 期。

[73] 方创琳、马海涛、王振波等：《中国创新型城市建设的综合评估与空间格局分异》，载于《地理学报》2014 年第 4 期。

[74] 周笑非：《内蒙古城市化与技术创新关联性分析》，载于《科学管理研究》2011 年第 3 期。

[75] 鲁元平、王品超、朱晓盼：《城市化、空间溢出与技术创新——基于中国 264 个地级市的经验证据》，载于《财经科学》2017 年第 11 期。

[76] 卓乘风、邓峰、白洋等：《区域创新与信息化耦合协调发展及其影响因素分析》，载于《统计与决策》2017 年第 19 期。

[77] 仇怡：《城镇化的技术创新效应——基于 1990~2010 年中国区域面板数据的经验研究》，载于《中国人口科学》2014 年第 4 期。

[78] 曾卓骐、王跃：《战略性新兴产业上市公司动态创新效率测度及其影响因素研究——基于两阶段 DSBM 模型与 Tobit 模型》，载于《科技进步与对策》2022 年第 21 期。

[79] 刘敏、张镱、董政等：《重大工程团队动态创新能力演化动力模型研究——以港珠澳大桥岛隧项目为例》，载于《管理案例研究与评论》2022 年第 3 期。

［80］于文婕、董晓松：《基于动态能力理论的共享经济竞争力与创新力问题研究》，载于《中国报业》2018年第22期。

［81］约翰内斯·尤玻莱纳、泰斯·范·德·格拉夫、林雪霏：《国际可再生能源机构：制度创新的一个成功案例》，载于《国外理论动态》2017年第2期。

［82］闫旭、梅丽霞：《中美资本市场的估值差异研究：以中芯国际为例》，载于《中国资产评估》2022年第12期。

［83］叶林、李萌：《城市创新的概念缘起、主题分布及其政策推动——基于广州国际城市创新奖案例文本的分析》，载于《学术研究》2024年第2期。

［84］Howard, E. *The garden city*. Ann Arbor: Art, Architecture and Engineering Library, 1898, pp. 118 – 120.

［85］Henry, W., McGee, Jr. Afro – American Resistance to Genrification and the Demise of Integrationist Ideology in the United States. *Urb. Law*, Vol. 23, 1991, pp. 25.

［86］Strange, W., Hejazi, W., Tang, J. The uncertain city: Competitive instability, skills, innovation and the strategy of agglomeration. *Journal of Urban Economics*, Vol. 59, No. 3, 2006, pp. 331 – 351.

［87］史育龙、周一星：《关于大都市带（都市连绵区）研究的论争及近今进展述评》，载于《国际城市规划》2009年第S1期。

［88］Southworth, H. M. What Has Regional Research Contributed to Marketing?. *Journal of Farm Economics*, Vol. 34, No. 5, 1952, pp. 875 – 883.

［89］Kim, K. C. Regional Cooperation in Asia—Asian Regionalism. *Global Economic Review*, Vol. 7, No. 1, 1978, pp. 115 – 131.

［90］Cooke, P. Regional innovation systems: origin of the species. *International Journal of Technological Learning, Innovation and Development*, Vol. 1, No. 3, 2008, pp. 393 – 409.

［91］Cockburn, I. M., Stern, S. Finding the endless frontier: lessons from the life sciences innovation system for technology policy. *Capitalism and Society*, Vol. 5, No. 1, 2010.

[92] Arocena, R., Sutz, J. Looking at national systems of innovation from the South. *Industry and innovation*, Vol. 7, No. 1, 2000, pp. 55 - 75.

[93] 黄鲁成：《宏观区域创新体系的理论模式研究》，载于《中国软科学》2002年第1期。

[94] 李永忠、冯俊文、高朋等：《区域创新能力及其评价综述研究》，载于《技术经济》2007年第12期。

[95] Farrell, J., Monroe, H. K., Saloner, G. (1998). The Vertical Organization of Industry: Systems Competition versus Component Competition. *Journal of Economics & Management Strategy*, Vol. 7, No. 2, 1998, pp. 143 - 182.

[96] Charnes, A., Cooper, W. W., Rhodes, E. (1978). Measuring the efficiency of decision making units. *European Journal of Operational Research*, Vol. 2, No. 6, 1978, pp. 429 - 444.

[97] Aigner, T. Biofabrics as dynamic indicators in nummulite accumulations. *Journal of Sedimentary Research*, Vol. 55, No. 1, 1985, pp. 131 - 134.

[98] Schumpeter, J. A. *The economic theory of development*. London: Oxford University Press. 1912, pp. 52 - 53.

[99] Cooke, P. Regional innovation systems: Competitive regulation in the new Europe. *Geoforum*, Vol. 23, No. 3, 1992, pp. 365 - 382.

[100] Wiig, K. A., Bilkey, D. K. Lesions of rat perirhinal cortex exacerbate the memory deficit observed following damage to the fimbria - fornix. *Behavioral neuroscience*, Vol. 109, No. 4, 1995, pp. 620.

[101] Autio, E. Evaluation of RTD in regional systems of innovation. *European planning studies*, Vol. 6, No. 2, 1998, pp. 131 - 140.

[102] Tödtling F, Trippl M. One size fits all?: Towards a differentiated regional innovation policy approach. *Research policy*, Vol. 34, No. 8, 2005, pp. 1203 - 1219.

[103] Krugman, P. Increasing returns and economic geography. *Journal of political economy*, Vol. 99, No. 3, 1991, pp. 484 - 499.

[104] Kokko, A., Zejan, M., Tansini, R. Trade regimes and spillover effects of FDI: Evidence from Uruguay. *Weltwirtschaftliches Archiv*, Vol. 137, 2001,

pp. 124 – 149.

[105] Solow, R. M. Technical change and the aggregate production function. *The review of Economics and Statistics*, Vol. 39, No. 3, 1957, pp. 312 – 320.

[106] Lucas, R. E. Methods and problems in business cycle theory. *Journal of Money, Credit and banking*, Vol. 12, No. 4, 1980, pp. 696 – 715.

[107] Romer P M. Growth based on increasing returns due to specialization. *The American Economic Review*, Vol. 77, No. 2, 1987, pp. 56 – 62.

[108] Arrow K J. Rationality of self and others in an economic system. *Journal of business*, 1986, pp. S385 – S399.

[109] Romer P M. Crazy explanations for the productivity slowdown. *NBER macroeconomics annual*, Vol. 2, 1987, pp. 163 – 202.

[110] Perroux F. Economic space: theory and applications. The quarterly journal of economics, Vol. 64, No. 1, 1950, pp. 89 – 104.

[111] Andersson, M. Ekonomporträttet: Albert Otto Hirschman. *Ekonomisk Debatt*, Vol. 26, No. 3, 1998, pp. 201 – 208.

[112] Myrdal, G. Economic nationalism and internationalism: The Dyason lectures, 1957. *Australian Outlook*, Vol. 11, No. 4, 1957, pp. 3 – 50.

[113] Sinclair, R. Von Thünen and urban sprawl. *Annals of the Association of American geographers*, Vol. 57, No. 1, 1967, pp. 72 – 87.

[114] Ricardo, D. *On the principles of political economy*. London: J. Murray, 1821. pp. 34 – 36.

[115] 陈丽娟：《我国智能制造产业发展模式探究——基于工业 4.0 时代》，载于《技术经济与管理研究》2018 年第 3 期。